RESSUSCITADO
SEGUNDO AS ESCRITURAS

Coleção BÍBLIA E HISTÓRIA

- A mulher israelita: papel social e modelo literário na narrativa bíblica – *Athalya Brenner*
- Culto e comércio imperiais no apocalipse de João – *J. Nelson Kraybill*
- É possível acreditar em milagres? – *Klaus Berger*
- Esperança da glória, A – *David A. deSilva*
- Jesus exorcista: estudo exegético e hermenêutico de Mc 3, 20-30 – *Irineu J. Rabuske*
- Metodologia de exegese bíblica – *Cássio Murilo Dias da Silva*
- Moisés e suas múltiplas facetas: do Êxodo ao Deuteronômio – *Walter Vogels*
- O judaísmo na Antiguidade: a história política e as correntes religiosas de Alexandre Magno até o imperador Adriano – *Benedikt Otzen*
- O projeto do êxodo – *Matthias Grenzer*
- Os evangelhos sinóticos: formação, redação, teologia – *Benito Marconcini*
- Os reis reformadores: culto e sociedade no Judá do Pimeiro Templo – *Richard H. Lowery*
- Para compreender o livro do Gênesis – *Andrés Ibañez Arana*
- Profetismo e instituição no cristianismo primitivo – *Guy Bonneau*
- São João – *Yves-Marie Blanchard*
- Terra não pode suportar suas palavras; reflexão e estudo sobre Amós, A – *Milton Schwantes*

Série MAIOR

- A morte do Messias; comentário das narrativas da Paixão nos quatro Evangelhos (2 vols.) – *Raymond E. Brown*
- Anjos e Messias; messianismos judaicos e origem da cristologia – *Luigi Schiavo*
- Entre o céu e a terra, comentário ao "Sermão da Montanha" (Mt 5-7) – *Franz Zeilinger*
- Fariseus, escribas e saduceus na sociedade palestinense – *Anthony Saldarini*
- Introdução ao Novo Testamento – *Raymond E. Brown*
- O Nascimento do Messias; comentário das narrativas da infância nos evangelhos de Mateus e Lucas – *Raymond E. Brown*
- Pedro e Roma; a figura de Pedro nos dois primeiros séculos – *Joachim Gnilka*
- Rei e Messias em Israel e no Antigo Oriente Próximo – *John Day (Org.)*
- Ressuscitado segundo as escrituras – *Willibald Bölsen*
- Tobias e Judite – *José Vílchez Líndez*

Willibald Bösen

RESSUSCITADO
SEGUNDO AS ESCRITURAS

FUNDAMENTOS BÍBLICOS DA FÉ PASCAL

Dados Internacionais de Catalogação na Publicação (CIP)
(Câmara Brasileira do Livro, SP, Brasil)

Bösen, Willibald
  Ressuscitado segundo as escrituras : o fundamento bíblico da fé pascal / Willibald Bösen ; [tradução Renatus Porath]. – Paulinas, 2015.
  São Paulo : (Coleção Bíblia e história. Série maior)

  Título original: Auferweckt gemäß der Schrift : das biblische Fundament des Osterglaubens.
  Bibliografia.
  ISBN 978-85-356-3857-8

  1. Bíblia 2. Jesus Cristo - Ressurreição I. Título. II. Série.

14-11740   CDD-220

Índice para catálogo sistemático:
1. Bíblia   220

Título original: Auferweckt gemäß der Schrift. Das biblische Fundament des Osterglaubens
© Verlag Herder, Freiburg im Breisgau 2006.

1ª edição – 2015

Direção-geral: Bernadete Boff
Editores responsáveis: Vera Ivanise Bombonatto
e Matthias Grenzer
Tradução: Renatus Porath
Copidesque: Amália Ursi
Coordenação de revisão: Marina Mendonça
Revisão: Ivan Antunes
Gerente de produção: Felício Calegaro Neto
Capa e diagramação: Jéssica Diniz Souza

Nenhuma parte desta obra poderá ser reproduzida ou transmitida por qualquer forma e/ou quaisquer meios (eletrônico ou mecânico, incluindo fotocópia e gravação) ou arquivada em qualquer sistema ou banco de dados sem permissão escrita da Editora. Direitos reservados.

Paulinas
Rua Dona Inácia Uchoa, 62
04110-020 – São Paulo – SP (Brasil)
Tel.: (11) 2125-3500
http://www.paulinas.org.br – editora@paulinas.com.br
Telemarketing e SAC: 0800-7010081
© Pia Sociedade Filhas de São Paulo – São Paulo, 2015

Para minha esposa

Siglas e abreviaturas

1Clem	Primeira Carta de Clemente
Ant	*Antiquitates Judaicae*, Flávio Josefo
Ap	*Contra Apionem*, Flávio Josefo
Aram.	Aramaico
AT	Antigo Testamento
BBB	Bonner Biblische Beiträge
Bell	*De bello Judaico*, Flávio Josefo
BuK	Bibel und Kirche
EKK	Evangelischer Erwachsenenkatechismus (Catecismo Evangélico de Adultos)
FRLANT	Forschungen zur Religion und Literatur des Alten und Neuen Testaments
GBL	Grosser Bibellexikon
GL	Gotteslob (hinário)
gr	Grego
HBS	Herders Biblische Studien
KatBl	Katechetische Blätter
KEK	Katholischer Erwachsenen-Katechismus (Catecismo Católico de Adultos)
KKK	Katechismus der Katholischen Kirche (Catecismo da Igreja Católica)
lat.	latim, latino
LThK	Lexikon für Theologie und Kirche
M	Mídia
NBJ	Nova Bíblia de Jerusalém
par.	paralelo(s)
SBS	Stuttgarter Bibelstudien
ThWNT	Theologisches Wörterbuch zum Neuen Testament
v.	versículo, volume
cf.	confira
WUB	Welt und Umwelt der Bibel
ZNT	Zeitschrift für Neutestamentliche Wissenschaft
ZThK	Zeitschrift für Theologie und Kirche

Prefácio

"Visto que muitos já tentaram compor uma narração dos fatos que se realizaram e cumpriram entre nós" (Lc 1,1). Com esta frase, Lucas introduz seu Evangelho, palavras com as quais, passados mais de mil e novecentos anos, todo ensaio teológico deveria iniciar. Realmente, nos dois mil anos da era cristã, não há tema teológico que tenha produzido tanta literatura como o da ressurreição de Jesus. Praticamente, perde-se de vista o volume de publicações sobre esse assunto. Que reflexões justificam mais um livro sobre o tema? Uma dupla ponderação!

Se há *um* tema teológico que precisa ser articulado sempre de novo, então é o da ressurreição de Jesus. Não há outro que seja mais central, mais fundamental e mais existencial! Com esse tema, um diamante precioso foi presenteado ao cristianismo; contudo, ele só começa a reluzir quando polido, isto é, desde que seja contemplado e celebrado. Por isso *nenhuma* geração poderá eximir-se da tarefa de articular o tema *de forma nova:* novo, em termos *de conteúdo,* colocando *acentos* que o relacionam com a atualidade; novo, também, quanto a seus *aspectos formais.*

Cada época tem seus impasses com o tema. O presente ensaio retoma questões formuladas, reiteradamente, em seminários e palestras. No que diz respeito a questões de fé, o ser humano na atualidade não se contenta mais com frases edificantes, ele quer compreender o máximo possível e ainda examinar o seu pano de fundo. Ao ocupar-se mais de perto com o tema, para muitos *a* grande surpresa foi ver que há muito a compreender em relação ao mistério pascal e que em nada se assemelha a um mergulho cego num lago turvo – ao contrário, o tema repousa sobre bons argumentos. A presente pesquisa trilha novos caminhos na *sua apresentação.* Nosso comportamento em relação à leitura modificou-se consideravelmente. Sob a influência da mídia concebida de forma interativa, muitas pessoas não tomam mais o tempo necessário ou até se sentem incapazes de estudar conteúdos mais difíceis, isto é, não têm condições de separar em partes esses objetos de estudo, analisando-os e aprofundando-se neles; há uma ânsia de compreender já no primeiro contato, se possível mesmo antes da leitura. Redatores e autores de revistas e periódicos de áreas como política, economia e esportes vêm ao encontro de seus leitores, expondo seus conteúdos com habilidade, recorrendo a fotos cativantes, ilustrações coloridas e gráficos inteligentes; tudo isso torna-se agradável ao olhar, além de despertar para leitura.

É possível algo assim também na teologia? Sem dúvida, a experiência adquirida em sala de aula e em palestras permite uma resposta positiva. Por isso, este livro se vale de mais de cem diferentes recursos da mídia (M), isto é, gráficos, esquemas de textos, obras de arte e ilustrações, procurando assim elucidar melhor o difícil tema da ressurreição de Jesus, seu conteúdo, bem como suas duas "colunas" – aparições e sepultura vazia. Além disso, a obra assim formatada tem a intenção de tornar mais compreensíveis os textos bíblicos a serem considerados, no que tange à estrutura, ao surgimento e ao processo de transmissão. Por fim, pretende-se cativar a alma do leitor, tão relevante para o tema em questão, convidando-o à contemplação.

A presente obra não visa tanto ao especialista da área, mas sim ao leigo interessado em questões teológicas. De fato, este se encontra, com mais frequência, em auditórios da universidade do que em Igrejas e participa mais de seminários e palestras do que de celebrações eclesiásticas. Ao lidar com a literatura acadêmica, tem suas dificuldades e maior ainda é sua resistência à assim chamada literatura de edificação. Ele está à procura de uma teologia pensada a partir da razão, sem, no entanto, deixar de "aquecer" o coração e produzir como fruto a fé, com o auxílio da graça.

Além disso, o presente ensaio quer servir de auxílio para estudantes, professoras, professores, catequistas, pessoas engajadas na formação de adultos e também sacerdotes na tarefa da transmissão e proclamação do Evangelho. Os recursos didáticos distribuídos ao longo da obra foram elaborados em seminários, testados em palestras e geralmente bem recebidos como auxílios na compreensão dos conteúdos.

A ideia de escrever este livro nasceu em seminários, aulas e palestras. Uma vez "colocada sobre a mesa", a ideia tomou forma, instigada por um interesse vivo por parte de participantes, crescendo durante cinco anos como uma cebola, camada após camada. Na apresentação do tema, as dificuldades de ouvintes a respeito da ressurreição foram acolhidas, acreditando-se, assim, que muitas outras pessoas, igualmente interessadas em questões teológicas, se identifiquem com essas inquietações, sendo alcançadas desta maneira.

Meus agradecimentos a Sra. Dra. Marie-L. Schibarski por sua busca incansável na literatura e por ter acompanhado o surgimento desta obra com sua oração.

Devo agradecimentos a Sra. Hildegard Wirges, que nesses vinte anos de docência me introduziu na arte, como caminho até Deus, além de me acompanhar em muitos seminários e preleções com seu conhecimento de causa e sua rica coletânea de material. Quero agradecer ao gráfico Klaus-Peter Hüsch, pela competência mais uma vez comprovada neste terceiro projeto de livro. Tributo minha gratidão por fim à Editora Herder, nas pessoas do Sr. Burkhad Menke, por assumir este projeto no programa de publicações da editora, e da Sra. Monika Kampmann, pelo acompanhamento amigável e profissional. Dedico o livro a minha esposa, Inge Bösen, como forma de agradecer seu incansável acompanhamento nestes quarenta anos, marcados pela crítica e pelo desprendimento.

WILLIBALD BÖSEN

"Se enxergares uma flor,
forçando sua saída por uma grade de ferro,
– exibindo seu esplendor de cores na luz,
– com suas raízes no escuro do cativeiro,
então saberás:
tal sou eu
– um ser humano nascido da Páscoa!"

Josua Boka, África do Sul

I. O que está em jogo na ressurreição de Jesus?

O que está em jogo na *ressurreição de Jesus*? Sobre poucos outros temas há tamanho consenso na teologia para além de todas as fronteiras confessionais; ela responde com clareza e ênfase incomuns, recorrendo a Paulo: "Se Cristo não *ressuscitou*, então nossa *proclamação é vazia* e vossa *fé, sem sentido*" (1Cor 15,14). Em outras palavras, para a fé cristã, a ressurreição de Jesus tem significação *fundamental*, isto é, constitui *sua base*. Teólogos da exegese, da sistemática e da pastoral procuram apreender sua singularidade e unicidade por meio de contínuas novas formulações. Para Kertelge, ela é "data de fundação do cristianismo" (p. 162), para Scheffczyk, "verdade central da fé", sobre a qual as opiniões divergem, na atualidade (p. 109), para Krieger, é "o artigo que decide sobre permanência e queda da fé cristã" (p. 1). O Catecismo Holandês a designa "centro e pedra angular" (p. 200), Gnilka, "o centro" (p. 496), Koch a chama de "questão que decide o destino" (p. 1) da fé cristã. Outros a identificam como foco de convergência de todas as irradiações e temas do cristianismo; ainda outros falam dela como o evento salvífico puro e simples, isto é, como o próprio coração, sem o qual o cristianismo não vive.

Uma das figuras que mais impressiona e dá plasticidade, usada na descrição do mistério da ressurreição, é a da *pedra-chave da abóbada* (cf. M 2).

O momento de maior tensão entre os construtores de abóbadas, de todos os tempos, era quando se inseria sua pedra-chave no alto, afastando-se a seguir a guarnição de madeira de sustentação. Por exemplo, há poucos anos verificou-se isso entre os arquitetos e artesãos da Igreja de Nossa Senhora em Dresden, Alemanha. As fileiras de tijolos, arranjados artisticamente, acomodavam-se com alguns ruídos e rangidos, mas a sustentabilidade última da construção arqueada vinha da pedra de acabamento, colocada no alto. *Um edifício é tão firme e sólido quanto sua pedra-chave da abóbada.*

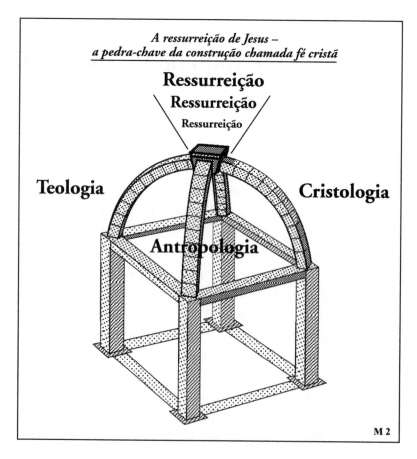

M 2

É o que acontece com a ressurreição de Jesus. Ela constitui *a pedra final e decisiva*, que dá sustentação a toda a construção chamada fé cristã. Quem a "quebrar" não põe em risco apenas um "edifício secundário". Quem nega a ressurreição de Jesus atinge o edifício da fé no seu fundamento. A teologia (doutrina sobre Deus) corre risco de vida, a cristologia (doutrina do *significado salvífico de Jesus*) perde sua fundamentação essencial e à antropologia (doutrina do ser humano) escapa sua fonte de esperança que lança luz sobre a vida e a morte. Por isso a ressurreição de Jesus não pode ser considerada adendo à fé, mas *a constituição da própria fé*.

Síntese: Sem Páscoa, a fé cristã é como ferro falso.

Fontes: Kertelge. *Markusevangelium*, p. 162; Scheffczyk. *Auferstehung Jesu Christi*, p. 109-119; K. S. Krieger. "Auferstehung Jesu". In: *BuK* 52 (1997), p. 1; *Glaubensverkündigung*, p. 200; Gnilka. *Matthäus II*, p. 496; G. Koch. *Die Auferstehung Jesu Christi*. 2. ed. Tübingen, 1965, p. 1.

1. A ressurreição de Jesus como prova da divindade de Deus

Até que ponto a ressurreição de Jesus equivale à *pedra de sustentação, ao lugar de teste para* a *Teo-Logia*, a doutrina sobre Deus, isto é, à *prova da divindade de Deus*? – A resposta é simples e evidente ao mesmo tempo: porque nenhum outro tema além da ressurreição leva a pergunta por Deus ao ponto crucial! Porque ela me força a deixar claro para mim mesmo o que acredito que Deus seja capaz; quão competente o considero, principalmente, na luta contra a morte, a maior inimiga, a quem nada e ninguém escapam; ela é como um monstro faminto, perambulando pelo mundo e devorando o que lhe obstruir o caminho. Diante desse duelo, onde fica Deus? Terá de se curvar diante da morte? A morte – *mais forte* do que Deus? A morte – um poder *ao lado* de Deus? Estamos começando a compreender: a fé na ressurreição de Jesus é, "em última análise, um enunciado sobre Deus e seu poder de superar a morte" (Hoppe, p. 24). Expressando de forma diferente: com a ressurreição de Jesus, como a ação de Deus que tudo decide, "a pergunta por Deus inevitavelmente (está) colocada" (in: Schlier, p. 16).

Na Páscoa do ano 30 d.C., *Deus* coloca um sinal, impossível de não ser percebido: pelo fato de ele "ter libertado (Jesus) das angústias da morte" (At 2,24), isto é, como o primeiro dos humanos saído do Hades, do reino dos mortos, dotado de vida nova, do final dos tempos, Deus apresenta a prova de ter vencido o duelo com o último inimigo, a morte, não apenas pontualmente, mas de forma cabal, saindo-se vencedor inquestionável. A Páscoa é a festa da *"divindade de Deus*, isto é, da realidade de Deus que, segundo Rm 4,17, tem o poder de despertar os mortos e de chamar à existência as coisas-que-não-são" (Mussner, p. 136). Jesus confronta os saduceus, que não creem na ressurreição, com as palavras: "Não é por isso que errais, desconhecendo [...] o poder de Deus?" (Mc 12,24). Ele faria a mesma censura hoje: "Vocês, que tanto sabem e podem, não têm a menor ideia daquilo que Deus é capaz!".

> O filósofo francês, Voltaire († 1778), um crítico sarcástico do cristianismo, ao ser interrogado por uma senhora sobre como pode haver gente que acredita na ressurreição, deu esta resposta surpreendente: "Madame, a ressurreição é a coisa mais simples do mundo. Quem criou o ser humano uma primeira vez também o poderá fazê-lo uma segunda vez" (cf. Hoffsümmer, p. 63s).

Por isso, durante séculos, os cristãos *riam alto* no culto da Páscoa (Hertle, *Risus paschalis*, p. 114-117): eles caçoavam da morte usando palavras como: "Onde está tua vitória, ó morte amarga? Tu mesma tens que estremecer. Quem lutou contigo é nosso Deus, Senhor sobre morte e vida..." (GL 848.2, *Paderborner Anhang*).

Na ressurreição de Jesus, *Deus* evidencia-se como o poderoso, como o vencedor sobre a morte, o inimigo maior. A morte ganha *um novo rosto* à luz da ressurreição de Jesus: ela não é mais a que domina com poderes ilimitados, agindo a bel-prazer; tornou-se *servidora de Deus, mensageira e servente divina*. Deus é quem a envia até nós; a mão divina prescreve o caminho à morte.

Quem sabe disso lida com a morte de forma diferente, mesmo não imitando um Francisco de Assis, que até hoje entusiasma o mundo, crianças e adultos (cf. M 3).

> Em 1226, Francisco de Assis, 44 anos, cego e com dores insuportáveis, vivendo em Assis, está à espera de um médico, amigo seu de Arezzo. Após a consulta, Francisco lhe pergunta: "O que achas do meu estado?". Ao que o médico lhe responde: "Com a graça de Deus, tudo ficará bem". Francisco lhe replica: "Irmão, dize-me a verdade, não sou nenhum covarde que teme a morte". O médico: "Pai,

Francisco de Assis (✝1226)
saúda a morte como boa amiga

Escultura em estatura humana no cemitério dos capuchinhos em Blieskastel/Saar

M 3

segundo a nossa ciência médica, teu sofrimento é incurável, morrerás no fim de setembro ou no quarto dia de outubro". Inesperadamente, Francisco de Assis ergue os braços e exclama com alegria: "Irmã Morte, seja bem-vinda!". Pouco depois, ele ampliaria seu "Hino ao Sol" com mais uma estrofe: "Louvado sejas, meu Senhor, por nossa irmã a morte corporal...!" (J. Green. *Bruder Franz*. Freiburgo i. Br., 1993. p. 405-408).

A morte vem das mãos de Deus. Sabemos que vem da mão bondosa de Deus que quer o melhor para nós, mesmo que às vezes sintamos diferente. Conforme Michelangelo, "Se amamos a vida, não deveríamos temer a morte; pois ela provém da mesma mão".

Síntese: Quem considerar a ressurreição de Jesus algo impossível questiona a Deus quanto a seu poder e senhorio sobre ela.

Fontes: R. Hoppe. "Der Auferstehungsglaube der Jüngerinnen und Jünger". "Er hat ihn wirklich auferweckt!". In: *WUB* 27 (2003), 21-26; Schlier. *Auferstehung*, p. 16; Mussner. *Auferstehung*, p. 136; W. Hoffsümmer (ed.), Kurzgeschichten 4: 233 *Kurzgeschichten für Gottesdienst, Schule und Gruppe*. 6. ed. Mainz, 1998, p. 63s; V. Hertle. "Der Risus paschalis – das Ostergelächter". In: *KatBl* 2 (1984), p. 114-117.

2. A ressurreição como evidência da eleição singular de Jesus

Quem é *Jesus de Nazaré*? Assim soa a pergunta central do cristianismo. É ele apenas um dos grandes da história da humanidade ao lado de Moisés, Buda, Sócrates, Maomé, Gandhi e outros? Na condição de *Filho de Deus*, sendo da mesma essência com o Pai, como *salvador e redentor do mundo*, ele não se eleva às alturas celestiais, isto é, até o próprio Deus, como o formularam os quatro grandes concílios ecumênicos (cf. Niceia, 325; Constantinopla, 381; Éfeso, 431; Calcedônia, 451) e ainda o proclamam as Igrejas cristãs hoje como artigo central de fé?

Realmente não se trata apenas de uma pequena diferença que ainda causa dificuldades a muitas pessoas! Mesmo que não consigamos explicar o *mistério* de Jesus, podemos ao menos elucidar algo de seu pano de fundo (cf. M 4).

1) Os quatro evangelhos não deixam qualquer dúvida quanto à *humanidade* de Jesus, "em tudo como nós, com exceção do pecado" (Hb 4,15); segundo Jaspers, ele foi um ser humano *admirável* com um perfil de personalidade expressivo (cf. M 4: círculo exterior). Tinha um pendor por pessoas à margem da sociedade de então, por doentes, mulheres e crianças, entre outras; evidenciava sabedoria (cf. as parábolas). No relacionamento com seus opositores, demonstrava grande habilidade diplomática (cf. Mc 12,13-17, par. Jo 7,53-8,11). Atacava as mazelas sociais e religiosas com coragem e destemor; o "sangue lhe ferveu nas veias" na purificação espetacular do templo (cf. Mc 11,15-19, par.). Essa ligação intensa que manteve com o mundo e as pessoas, ele também a manteve com Deus. *Jesus foi um dos seres humanos mais nobres que já viveram, um que merece ser destacado como grande entre os maiores da humanidade.*

2) Contudo, isso não é tudo o que se pode observar em Jesus! Em muitas palavras e narrativas, os quatro evangelhos apontam para além, revelando um Jesus *misterioso e enigmático* (cf. M 4: círculo interno e escuro). Sua reivindicação de ser o portador do *domínio régio de Deus*, por exemplo, causava perplexidade (cf. Mc 1,15); sua contraposição "eu porém vos digo" soa provocadora, pois com ela se distanciava de Moisés e da tradição judaica (cf. Mt 5,21.28.32.34.39.44). Os judeus devem ter se sentido atingidos duramente ao vê-lo falar de Deus de forma carinhosa: "Abbá" ("Tu, querido e bom pai!"), cf. Mc 14,36. Sua *violação intencional do sábado* devia parecer a muitos um ataque frontal à Torá (cf. Mc 2,1-12; Lc 7,36-50). Insuportável são suas posturas em que ele se coloca *acima dos profetas e reis do Antigo Testamento* (cf. Mt 12,42, par. Lc 11,31). Parece ter perdido toda a noção de realidade, quando, diante de sua morte violenta e iminente, anuncia aos presentes à última ceia um poder salvífico, capaz de reconciliar com Deus, valendo-se da fórmula "por vós!" (Mc 14,24, par.). Esta e outras atividades, além de seus pronunciamentos, mostram um *Jesus que não se deixa enquadrar, rompendo os padrões normais e sendo portador de algo mais inexplicável*. Por isso também as reações vão desde a rejeição total até a entrega entusiástica (cf. M 4: Jesus na avaliação dos contemporâneos).

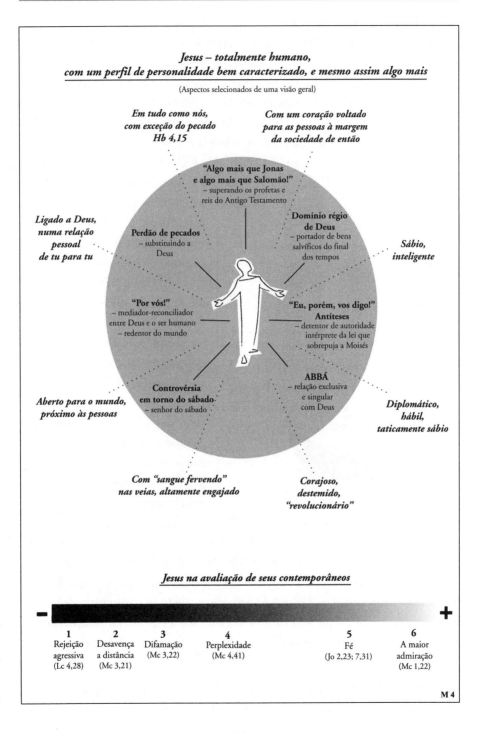

3) Esse ser humano *admirável*, apesar de tão *enigmático*, morre na sexta-feira, o 14 de *nisã* do ano 30 d.C., aproximadamente às 15 horas, numa das cruzes erguidas pelos romanos diante dos muros de Jerusalém (cf. Bösen, p. 268-323). Provavelmente a história o teria esquecido, talvez ainda discutíssemos sobre ele na academia como o fazemos com Moisés, Buda, Sócrates e outras grandezas deste mundo, não tivesse acontecido aquilo que descrevemos como "ressurreição". O que significa "ressurreição" no seu cerne, Paulo o sintetiza no início de sua Carta aos Romanos com as palavras: Jesus foi "instituído *Filho de Deus com poder* por sua ressurreição dos mortos" (Rm 1,3s). Visualizado através da cosmovisão bíblica (cf. M 5), isso significa que o elege dentre os grandes deste mundo, elevando-o para junto de si *nas alturas celestiais* de uma forma insuperável, concedendo-lhe *o lugar de honra à sua direita*. O que isso significa em detalhes, ocupar-nos-á em seguida (cf. Excurso I.4). Por enquanto basta a constatação: a ressurreição é "a confissão de Deus em favor do Jesus terreno" (Wengst, p. 42), é "o ponto de exclamação com que Deus confessou sua adesão a Jesus" (Simonis, p. 15), é "o parecer julgador do Pai" sobre Jesus, sobretudo, "o grande juízo divino sobre o evento da cruz, sua ratificação e proclamação" (Barth, p. 214); é, "ao mesmo tempo, o selo de autenticidade de Cristo, conferido por Deus" (Cantalamessa, p. 63). Para a doutrina de *Jesus como Cristo*, portanto para a *Cristologia*, a ressurreição é *a data fundante*, isto é, *a hora do nascimento* (cf. Schenke, p. 118s). A *filiação divina* de Jesus e sua *ressurreição* estão intimamente ligadas, o que leva Paulo a formular sua tese: "Se confessares com tua boca: 'Jesus é o *Kyrios*, o Senhor!' e em teu coração creres: 'Deus o ressus- citou dentre os mortos!', serás salvo" (Rm 10,9)

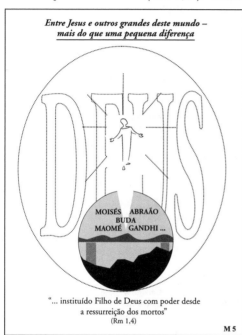

Entre Jesus e outros grandes deste mundo – mais do que uma pequena diferença

MOISÉS ABRAÃO
BUDA
MAOMÉ GANDHI ...

"... instituído Filho de Deus com poder desde a ressurreição dos mortos"
(Rm 1,4)

M 5

Sem o *encontro com o ressuscitado*, os discípulos nunca teriam tido a ideia de ver em Jesus mais que um profeta; somente o *encontro com o ressuscitado* abre-lhes os olhos; só então entendem o que antes os deixava perplexos, meneando suas cabeças: sua *reivindicação de superioridade* em questões de lei, sua *autoapresentação* como portador do domínio régio de Deus, soando tão arrogante, sua *relação singular com Deus*, como se evidencia no *Abbá* com que se dirige a Deus, sua *postura soberana* sobre o sábado e outras coisas mais. A Páscoa não altera a "qualidade" de Jesus, mas apenas sua percepção. A ressurreição, o sim poderoso de Deus em relação a Jesus, é como uma "bola de fogo" (cf. M 6: centro) em cujos "feixes de luz" os discípulos começam a ver e entender seu mestre de uma forma nova.

Com seus olhos iluminados pela "bola de fogo" pascal, os discípulos percebem que toda a vida terrena de Jesus, seu falar e agir, não pode mais ser interpretada apenas no horizonte do *humano* (cf. M 6: "feixe de luz" escuro), mas precisa ser perpassada e iluminada por inteiro a partir do *divino* ("feixe de luz" claro).

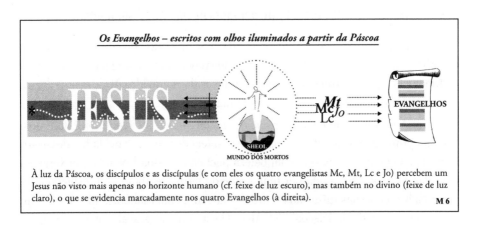

À luz da Páscoa, os discípulos e as discípulas (e com eles os quatro evangelistas Mc, Mt, Lc e Jo) percebem um Jesus não visto mais apenas no horizonte humano (cf. feixe de luz escuro), mas também no divino (feixe de luz claro), o que se evidencia marcadamente nos quatro Evangelhos (à direita). **M 6**

Isso faz com que os quatro evangelistas apresentem o *homem* Jesus perpassado pelo esplendor *celestial-divino*, a ponto de todas as narrativas, das histórias da infância até os relatos da paixão, conterem traços do *milagroso* (cf. em M 6 os traços claros e escuros nos evangelhos, à direita).

Por isso na fé pascal, como Blank viu bem, "não está em jogo apenas o problema especial, se a ressurreição ocorreu... mas está em pauta o todo 'da figura de *Jesus*'[...]" (p. 185); trata-se de Jesus como a automanifestação e o autoesvaziamento de Deus (K. Rahner). A Páscoa, portanto, é meta e ponto de orientação da fé cristã, tendo Jesus como sua figura de identificação.

> *Síntese*: Se Jesus não tivesse ressuscitado, talvez falássemos dele hoje como de um grande profeta judeu, mas não *do Salvador, Libertador e Redentor do mundo*. Seu significado *divino* só fica claro aos discípulos nos encontros com o ressuscitado; somente a partir da Páscoa eles sabem que é ele de fato. Por isso, Páscoa é *data fundante da cristologia*.

Fontes: Bösen. Letzter Tag, p. 268-323; Wengst. Ostern, p. 42ss; W.Simonis. Jesus von Nazareth: seine Botschaft vom Reich Gottes und der Glaube derUrgemeinde. Historisch-Kritische Erhellung der Ursprünge des Christenteums. Düsseldorf, 1985, p. 15; Kruhöffer. Grundlinien, p. 214; R. Cantalamessa. Das Ostergeheimnis. Gedenken und Gegenwar, Köln, 2000, p. 62-65; Schenke. Urgemeinde, p. 118s; Blank. Johannes 4/3, p. 185.

3. A ressurreição de Jesus como fonte geradora de um "novo" ser humano

Quem remove a pedra final, chamada "ressurreição", do edifício da fé cristã põe abaixo a *teologia* e *a cristologia*. Essa intervenção demolidora não põe em risco os fundamentos da *antropologia*, também inserida no quadro M 2, mas reduzirá dois conteúdos importantes sobre o ser humano.

a) A ressurreição é *o enraizamento de um "novo" ser humano*. Esta é uma tese tão provocadora quanto as duas que a antecederam. A "novidade" desse ser humano é captada na imagem com beleza poética de Josua Boka: "Se enxergares uma flor, forçando sua saída por uma grade de ferro – exibindo seu esplendor de cores na luz, com suas raízes no escuro do cativeiro, então saberás: tal sou eu – um ser humano nascido da Páscoa!" (cf. M 1). O ser humano pascal, como essa designação o denuncia, *vive a partir da ressurreição e em sua direção*; com isso, seus pés estão firmes sobre o solo deste mundo, mas com sua cabeça já se põe para dentro do "céu" iluminado pela ressurreição de Jesus, enchendo seus olhos de luz. Tais olhos iluminados pela luz pascal têm uma visão mais ampla e profunda.

Com esse olhar, o ser humano reconhece, primeiramente, que a morte não tem a última palavra, ela não representa nenhum "ex-itus", nenhuma "saída", ao contrário, ela é "transitus ad vitam", passagem para a vida" (cf. M 7: a morte como portal para o *shalom* do final dos tempos). Tal pessoa, na hora decisiva no fim de sua vida, poderá se consolar com as palavras de Inácio de Antioquia, despedaçado por animais ferozes no Coliseu de Roma, em 110 d.C.: "Não estou nenhum pouco preocupado, pois sei que sairei por uma porta para entrar por outra".

Mais ainda: na esperança vivida numa continuação da vida após a morte, também nosso *morrer* ganha claridade; à luz da Páscoa também *a vida aqui e agora* se transforma (cf. M 7: a trajetória entre nascimento e morte). A pergunta pela vida *após* a morte é de enorme relevância para a vida *antes* da morte. Com razão, J. Moltmann afirma: "Por isso Páscoa não pode significar mais: há vida após a morte. Isso soa consolo barato. Páscoa tem de significar: a vida aqui se transforma...!" (p. 255). De que forma isso acontece, ocupar-nos-á mais adiante.

Essa *visão sobre a morte* e *a nova valorização da vida*, traços essenciais da antropologia cristã, fazem do ser humano pascal alguém com "esperança viva" (1Pd 1,3). Esperança é mais do que "açúcar que mesmo em pequenas porções tudo adoça" (da China); é antes um elemento constitutivo da vida humana. "Onde morre a esperança, morre a vida" (R. Lettmann). "Quem tem esperança torna-se capaz de aguentar o mundo" (J. Moltmann). Um ser humano sem esperança murcha como flor sem água.

b) Quem ou o que nos garante que essa promessa grandiosa do ser humano pascal não passa de um sonho idealizado? Quem nos dá certeza de que Deus também fará *conosco* o que fez com *Jesus* dois mil anos atrás? Só assim podemos esperar por "olhos" iluminados a partir da Páscoa. – A realidade da *dupla ligação a Jesus* confere à nossa esperança de um "tratamento similar" uma base firme.

1) Estamos ligados a Jesus de *maneira natural* pela própria *condição humana*; Jesus é um dos nossos, um humano de carne e sangue; com exceção da condição de pecador, nada ele tem a mais (cf. Hb 4,15). João, o quarto evangelista, sintetiza a *humanidade* de Jesus, no v. 14 de seu Prólogo, com uma densidade insuperável: "e o *logos* tornou-se carne e armou sua tenda entre nós!" (Jo 1,14). "Carne", reprodução do grego *sárx*, designa o ser humano em sua condição de criatura e de fragilidade. Jesus submete-se às duras leis da condição humana, não apenas por segundos, minutos ou horas, como os deuses gregos, mas por uma longa vida, descrita pelo evangelista com a imagem do mundo nômade. Jesus foi nosso "irmão de sangue", no sentido mais verdadeiro da palavra.

2) Estamos ligados a Jesus também de *maneira sobrenatural*, isto é, pelo *batismo*. No batismo foi-nos impingido um "sinal", fomos "marcados a ferro", caracterizando-nos para sempre como seus parceiros e companheiros de sofrimento. Como um judeu não pode reverter sua circuncisão, nem mesmo com o auxílio do melhor cirurgião, também o cristão não poderá mais apagar aquele "sinal" recebido no batismo. A circunstância de essa "marca" ser invisível, ao contrário da circuncisão, favorece seu esquecimento ou que a neguemos, mas não possibilita sua remoção.

Essa dupla ligação a Jesus, a *natural* pela condição humana e a *sobrenatural* pelo batismo, garante-nos um mesmo destino no fim de nossa vida. A ressurreição de *Jesus* é uma espécie de *garantia* para a *nossa* ressurreição. Paulo não se cansa de acentuar essa relação (cf. M 8: metade, à esquerda). Em 1Cor 6,14 ele escreve à sua comunidade em Corinto: "Ora, Deus, que ressuscitou o *Senhor*, ressuscitará também *a nós* pelo seu poder". Para que os coríntios não se esqueçam, de forma alguma, dessa ideia, ele a repete em 2Cor 4,14: "Pois sabemos que aquele que ressuscitou o Senhor Jesus ressuscitará também a nós com Jesus...". – O que para Corinto foi importante, também o foi para Roma, registrando em Rm 6,5: "Porque se fomos unidos com *sua morte*, no nosso destino, também *nós* seremos unidos com *sua ressurreição*, no nosso futuro" (cf. Rm 8,11). Vivemos no "cabo de reboque" (Kyrilla Spiecker, OSB) de sua consumação.

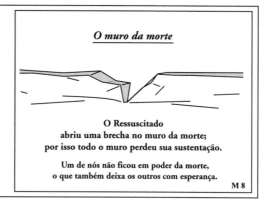

| 1Cor 6,14
"Deus ressuscitou o Senhor; ressuscitará também a nós pelo seu poder."
2Cor 4,14
"Pois sabemos que aquele que ressuscitou o Senhor Jesus ressuscitará também a nós com Jesus..."
Rm 6,4s
"Pelo batismo nós fomos sepultados com ele na morte para que, como Cristo foi ressuscitado dentre os mortos pela glória do Pai, assim também nós vivamos vida nova. Porque se nos tornamos uma coisa só por uma morte semelhante à sua, seremos uma coisa só com ele também por sua ressurreição." |

M 8

Na pessoa de Jesus e por meio dele, Deus abriu uma brecha no "muro da morte", bem antes do prazo prenunciado pelos profetas (cf. M 8); esse forte baluarte, cuja queda só se esperava no fim dos tempos, ganha rachaduras perigosas num momento inesperadamente cedo. Essas fissuras apontam para o início do fim, mesmo que este ainda venha a demorar. Um de nós não ficou no poder da morte, o que deixa também os outros com esperança (cf. EEK, p. 402).

> *Síntese:* A ressurreição de Jesus "cria" um "novo" ser humano, pleno de esperança viva, para quem, à luz da Páscoa, não só a morte perdeu muito de seu horror, mas também a *vida aqui e agora* ganha nova qualidade.

Fontes: J. Moltmann. "Die Auferstehung des Gekreuzigten und die Zukunft Christi". In: B. Klappert (ed.). *Diskussionen um Kreuz und Auferstehung. Zur gegenwärtigen Auseinandersetzung in Theologie und Gemeinde.* Wuppertal, 1967, p. 255; EEK, p. 402.

II. Afinal, o que se entende por ressurreição?

Quando Paulo, nos inícios dos anos 50, proclama "o Evangelho de Jesus e da ressurreição" (At 17,18), no areópago de Atenas, alguns dos filósofos epicuristas e estoicos, discutindo com ele, perguntam-se de forma despreziva: "o que quer esta 'gralha de semeadura'?" (At 17,18). Essa expressão, pouco elogiosa, circunscreve o tagarela sabichão que quer atrair a atenção por meio de comunicações sensacionalistas. "Ouvindo a afirmação de uma 'ressurreição', nosso ser interior, por assim dizer, bate a porta" (Thielicke, p. 170) – tanto nas primeiras décadas após a Páscoa, quanto hoje no século XXI. "Nenhum outro dado sobre Jesus sofre tanto mal-entendido, tamanha interpretação errônea, além de ser reduzido ao trivial e ser tão falsificado quanto o é a ressurreição" (Spoto, p. 264). Há mais de dois mil anos, a ressurreição pertence aos temas instigantes com opiniões muito divergentes, como sobre poucos outros (cf. Krufhöffer, p. 210-224).

Há os que veem na ressurreição uma *invenção grosseira dos discípulos* (cf. M 9). Sustentados pelo forte desejo de salvar a obra de Jesus e, com isso, também a si mesmos, discípulas e discípulos tiveram a ideia de contar que seu mestre ressuscitou.

Para um segundo grupo, a ressurreição é simplesmente um *comentário elucidativo sobre a cruz*. Para demonstrar o significado salvífico do madeiro vergonhoso do Gólgota, os discípulos proclamaram: Jesus ressuscitou. Para eles, a confissão da ressurreição tinha uma função metódica e não passava de um *código*, um *elemento interpretativo* ou de uma *figura de estilo* a serviço do significado da cruz (cf. R. Bultmann).

Ainda para outros, a ressurreição é um *sinal* apontando para o fato de que a "causa" de Jesus *continua*. Como Goethe, Schiller, Beethoven e outros expoentes da história continuam a viver através de suas obras, também Jesus continua vivo através de sua ética.

Na atualidade, com o interesse voltado para a psicologia e a antropologia, é apreciada a explicação que entende a ressurreição como *processo*. Cada qual terá de se submeter a ele no caminho do encontro de si mesmo e do vir-a-ser-humano. Segundo D. Sölle, "isso ocorre sempre de novo com pessoas que estavam mortas e se levantam dentre os mortos" (p. 123). Como o descreve M. L. Kaschnitz em três versos breves: "Às vezes nos erguemos – erguemo-nos para a ressurreição – no meio do dia".

Finalmente, não poucos entendem a ressurreição no sentido de um "retorno" *à vida terrena*, a exemplo do "retorno" de muitas pessoas que são reanimadas. Para esse grupo, Jesus só teve morte aparente, mas, após receber os devidos cuidados de seus discípulos, ficou são, apresentando-se, a seguir, como "ressuscitado".

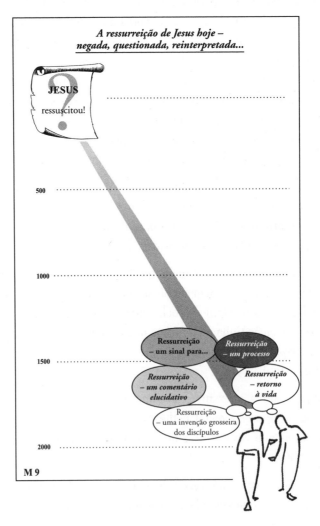

Muitas tentativas foram feitas no século XX para ajeitar a fé pascal, de tal modo que a razão crítica do ser humano moderno a pudesse receber como mensagem (cf. Gnilka, p. 496). O resultado foi "diluições cada vez maiores" (Stecher, p. 49), nas quais "a consistência do elemento cristão", se não colocado radicalmente em xeque, no mínimo, "ficou tão aguado, tornando-se irreconhecível" (Ibidem).

O que de fato se oculta atrás desse substantivo tão decisivo para o cristianismo? A quais interpretações esquematizadas acima podemos nos aliar? Caso nenhuma delas entrar em cogitação, como entender então "ressurreição"? – Nenhuma das reflexões filosófico-sistemáticas, por mais profundas que sejam, nos levarão adiante, apenas os *escritos neotestamentários*, por conterem os registros da fé pascal das comunidades primitivas do século 1 d.C. e permitirem, assim, o acesso mais próximo da compreensão original. A questão colocada promete uma pesquisa nada simples, mas cativante.

Fontes: Thielicke. *Ich glaube*, p. 170; Spoto. *Jesus*, p. 264; Kruhöffer. *Grundlinien*, p. 198-224; Sölle. *Wählt das Leben*, p. 23; Gnilk. *Matthäus II*, p. 496; Stecher. *Singen*, p. 49.

1. Uma primeira aproximação

Em geral, análises filológicas são pouco atrativas; no nosso tema sobre a ressurreição de Jesus não há como evitá-las. Somente uma análise exata dos conceitos pode afastar o grande perigo de uma especulação apressada demais e distante do texto.

1.1 "Ele foi ressuscitado" (grego, egérthe) como fórmula decisiva de fé

O verbo grego *egeírein*, usado pela Igreja nos primórdios para circunscrever o mistério da ressurreição de Jesus, *ocorre com frequência*, contudo pode ter *muitos significados* (cf. Kremer, p. 40-47). Pode significar "levantar do *sono*", "levantar da *cama*", "erguer-se da *doença*" e, até mesmo, "levantar da *morte*". Os autores do NT o utilizam na descrição da ressurreição de Lázaro (cf. Jo 12,1: "Lázaro, a quem ele *despertara da morte*" [*égeiren*]; da filha de Jairo (cf. Mc 5,41: "Menina, eu te digo, *levanta-te!*" [*egértheti*]).

Trata-se de uma palavra pequena com muitos significados diferenciados, que não evidencia de antemão *o aspecto totalmente novo da ressurreição de Jesus!*

Por isso o perigo da má compreensão e do entendimento errôneo é grande. A Igreja primitiva o percebe e enfrenta-o com um processo interpretativo interessante, no qual podem ser visualizadas pelo menos quatro "etapas" (cf. M 11).

1.2 Várias tentativas para chegar à precisão e interpretação

1) Bem no início deve ter sido assim: toda vez que o assunto era a ressurreição de Jesus, exclamava-se cheio de alegria: *egérthe!*, isto é, "ele foi ressuscitado!" (cf. M 11: I). Essa fórmula simples, constituída de apenas uma palavra, encontra-se tanto na tradição condensada nas *fórmulas confessionais* antigas quanto na *tradição narrativa* (M 10 e M 52): "Ele foi ressuscitado" escreve Paulo em 1Cor 15,4c; "ele ressuscitou!" (Mc 16,6), é o teor da mensagem do anjo na narrativa da sepultura do Evangelho de Marcos. "Ressuscitado" é o núcleo central, o enunciado de destaque de ambas as mensagens da ressurreição.

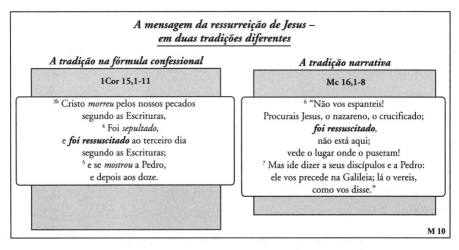

O *contexto* revelará ao leitor que em ambos os casos não se trata apenas de um *despertar do sono* ou *erguer-se de uma doença*. Na antiga fórmula pré-paulina *1Cor 15,3-5*, o verbo "ressuscitado" vem precedido do verbo "sepultado" (cf. M 10). A condição de "sepultado" acentua com toda intensidade a *realidade da morte*, evidencia que, na sepultura, Jesus experimentou "a entrega definitiva ao poder da morte" (Blank, p. 148) e na ressurreição vivenciou sua libertação. O *querigma* da ressurreição, em *Mc 16,6c*, "ele ressuscitou" não constitui apenas o núcleo estrutural, o centro, o ápice da narrativa *marquina* sobre a sepultura (cf. Kittel, p. 36), representa, por assim dizer, um diamante (*Glaubensverkündigung*, p. 202), colocado no centro da mensagem angelical, organizada de forma concêntrica (cf. M 10). A afirmação "ele foi ressuscitado" confere à narrativa de oito versículos seu brilho, mas só pode ser interpretada no contexto de morte e mundo dos mortos, dada a sua inserção na história da sepultura e sua dupla referência à sepultura vazia (cf. M 101).

2) Apesar de o contexto da fórmula *paulino-marquina* indicar de forma inequívoca a direção em que ela quer ser entendida, mesmo assim a Igreja nos primórdios sentiu-se motivada a proceder a uma elucidação a mais (cf. M 11:II). O mais significativo parece ser a interferência redacional de *Mateus*. Totalmente comprometido com a tradição, a redação de Mateus assume do texto base a história da sepultura *marquina* (Mc 16,6c), a fórmula da ressurreição, oriunda da comunidade primitiva, "ele foi ressuscitado" (Mt 28,6), complementando-a, porém, com uma segunda fórmula: "dos mortos" (Mt 28,7). – Uma geração anterior já considerava relevante esse pensamento da ressurreição *da morte*, como pode ser depreendido de textos como 1Ts 1,10 (cf. "Jesus, a quem o Deus vivo e verdadeiro ressuscitou *dentre os mortos*..."), Rm 10,9 (cf. "Deus o ressuscitou *dentre os mortos*") e Rm 6,9 (cf. "Com efeito, nós o sabemos: ressuscitado *dentre os mortos*, Cristo não morre mais...").

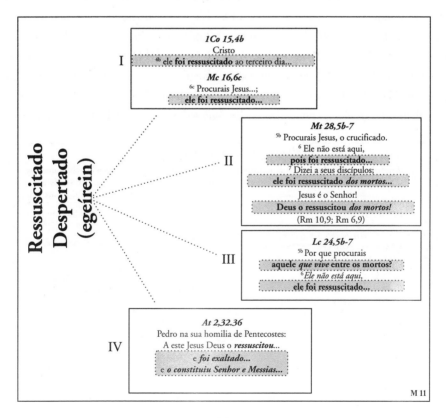

3) Outra elucidação significativa, encontramos em *Lucas* (cf. M 11:III). Pressentindo que a fórmula breve "ele foi ressuscitado" traria dificuldades para leitores do grego, Lucas, superando em ousadia a complementação feita por Mateus, modifica de tal maneira a mensagem angelical, antecipando logo para o início, o que lhe parece relevante na ressurreição de Jesus. "Por que procurais o *vivo* dentre os mortos!?" (Lc 24,5b). Com essa pergunta questionadora, os dois anjos saúdam as mulheres dentro da sepultura. Jesus *vive*, ele não está *no reino dos mortos*, contrariando as expectativas das visitantes. A título de esclarecimento, retomando a fórmula da comunidade primitiva, os anjos acrescentam: "Ele foi ressuscitado!" (v. 6b). Para Lucas, Páscoa é o *triunfo da vida sobre a morte*. Dois outros textos em Lucas confirmam seu interesse nesse aspecto, enxergando aqui o núcleo central da ressurreição de Jesus; em Lc 24,23, ele coloca na boca dos discípulos de Emaús a mesma frase: "Elas (as mulheres) dizem que ele *vive*!". No sumário em At 1,3, ele sintetiza os 40 dias de aparições do ressuscitado na seguinte frase: "[...] a eles (isto é, aos apóstolos), apresentou-se *vivo* [...]".

4) Ressurreição, no entanto, significa mais do que *libertação do reino dos mortos* e mais do que *viver* (cf. M 11: IV)! "Ele foi ressuscitado!" significa também que Deus fez a Jesus *Senhor e Messias* (At 2,36), *estabeleceu-o Filho de Deus com poder* (Rm 1,3s), *agraciou-o com um nome excepcional* (Fl 2,9), *elevou-o à direita de Deus* (At 5,31), constituindo-o *dominador sobre o universo* (Ef 4,10) e *juiz do fim dos tempos* (1Ts 1,10). Em resumo, a ressurreição de Jesus significa que ele foi *elevado*, isto é, instituído *em uma posição de poder, sobrepujando a tudo* (cf. M 12; lado direito).

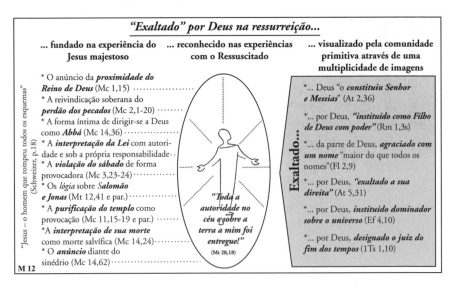

Como a Igreja dos primórdios chega a esse enunciado "extraordinário", descrito com imagens tão diversas (cf. Schenke, p. 119s)? O que lhe dá essa ousadia de ver Jesus elevado a *alturas divinas*? Há, no mínimo, *dois fatos* a ver e considerar aqui (cf. M 12).

Em primeiro lugar devem ser mencionadas *as aparições do ressuscitado* (cf. M 12; centro). Mesmo não podendo dizer como imaginá-las nos detalhes há que se reter uma coisa: trata-se de *experiências divinas, poderosas e arrebatadoras*. Mesmo que o ressuscitado tenha permanecido mudo durante suas aparições (cf. Vögtle, p. 122-127), elas por si só já são eloquentes. Quem o pôde "ver" e experimentar no seu esplendor celestial ficava seguro de que Deus lhe entregara todo poder no céu e na terra e que todos os poderes sobre a terra e debaixo dela (cf. Fl 2,10) estavam colocados a seus pés, e que no fim dos tempos ele apareceria como Juiz (cf. Mt 28,18).

Em segundo lugar estavam aí *as memórias sobre o Jesus terreno*! (Cf. M 12: parte esquerda com a listagem das experiências do Jesus majestoso, e M 4: círculo interno escuro.) Após os encontros com o ressuscitado, discípulos e discípulas passavam a compreender o que até então lhes parecia um enigma, deixando-os completamente desconcertados: o mestre amado ousava ligar o *Reino de Deus* a sua pessoa; reivindicava para si o poder de *perdoar pecados;* tinha a liberdade de chamar Deus de seu *Abbá; interpretava a lei sob a própria responsabilidade* etc. De repente, reconhecia-se:

Jesus era "o homem que rompeu todos os esquemas", como o expressou Schweizer (p. 18). Já durante sua vida, sua proximidade a Deus era insuperável; estava muito mais próximo do que qualquer um dos profetas antes dele, mais próximo mesmo do que Moisés.

A comunidade primitiva via nele de fato o portador de salvação e o juiz, capacitado para o agir escatológico, o que se depreende do clamor "Maranatá!" ["Nosso Senhor, vem!"] (1Cor 16,22; cf. Ap 22,20; cf. Schenke, p. 98). Com esse lamento, a comunidade não se dirige a Yahveh, mas ao Senhor exaltado (cf. Vögtle, p. 120s).

1.3 Sintetizado em duas "fórmulas breves"

Uma triagem crítica dos textos pascais insere-nos num longo *processo de reflexão e interpretação*, em cujo transcurso a Igreja dos primórdios adentrava cada vez mais o mistério da ressurreição de Jesus, tornando o verbo "ressuscitado", sujeito a mal-entendidos, mais preciso, claro e pleno de conteúdo. Uma visão geral sobre as quatro últimas fases interpretativas mais relevantes (cf. M 13: lado esquerdo) permite que se sintetizem os conteúdos evidenciados em *duas "fórmulas breves"* (cf. M 13: centro): a) Na ressurreição, Jesus foi, por Deus, *libertado da morte e agraciado com nova vida escatológica;* e b) na ressurreição, Jesus foi, por Deus, *exaltado*, isto é, *dotado com poder divino e instituído como rei sobre o universo.*

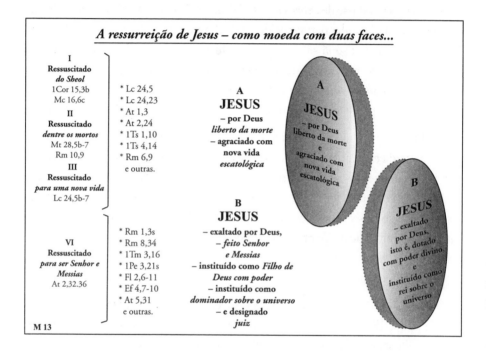

Ambas as "fórmulas breves" formam uma unidade como os dois lados de *uma* moeda (cf. M 13: lado direito). Sem dúvida, cada qual desses lados tem seu próprio peso, mas, mesmo assim, estão intrinsecamente ligados entre si. Quem se concentrar apenas em um dos lados perderá algo de decisivo. Assim o cantam muitos cristãos fervorosos na Páscoa: "Jesus *vive!* Aleluia, Jesus *vive!*" (cf. GL 831, adendo de Trier). Porém, muitos desconhecem ou não têm consciência de que, desde a Páscoa, Cristo também *domina* sobre o universo. Seria da maior relevância dar-se conta desse aspecto, como Mateus o faz no fim de seu Evangelho, na sua grandiosa pintura em forma de palavras (cf. M 113). Pois somente alguém a quem "foi dado todo o poder no céu e sobre a terra" (Mt 28,18) tem o poder de oferecer sua ajuda a sua comunidade e a cada pessoa individualmente (cf. v. 20).

Em ambos os aspectos *não* se trata de "dois eventos diferentes e sucessivos, mas simplesmente de dois lados do mesmo mistério" (Charpentier, p. 52), chamado "ressurreição". Se Lucas mais tarde torna a exaltação algo independente, na assim chamada "ascensão", dando a impressão de tratar-se de um evento *após* e *ao lado* da ressurreição, ele também o faz por motivos pastorais (cf. Excurso I.3).

> *Síntese*: A comunidade primitiva descreve a ressurreição de Jesus com o verbo grego *egeírein*, tornando-o, porém, mais preciso em diferentes conceitos, imagens e expressões. No essencial, a frase "ele foi ressuscitado" expressa: a) Jesus foi, por Deus, *libertado da morte e agraciado com nova vida*; e b) Jesus foi, por Deus, *exaltado*, isto é, *dotado com poder divino e instituído rei sobre o universo!*

Fontes: Kremer. *Ältestes Zeugnis*, p. 40-47 (cf. Idem. "Auferstehung Christi. I. Im Neuen Testament". In: *LThK* 1[1993], col. 1177-1182 [Lit.]); Blank. *Paulus und Jesus*, p. 148; G. Kittel. *Der Name über alle Namen*. V. II. Göttingen, 1990, p. 36; *Glaubensverkündigung*, p. 202; Schenke. *Urgemeinde*, p. 98, 119s; Schweizer. *Jesus Christus*, p. 18; Vögtle/Pesch. *Osterglauben*, p. 120s, 122-127; Charpentier. *Führer NT*, p. 52.

2. Outras buscas por precisão

Jesus – *agraciado* por Deus *com nova vida* na ressurreição! Jesus – *instituído* por Deus *com poder divino!* Duas frases impressionantes registradas nos escritos da Igreja dos primórdios. Como podemos entendê-las? Como *realidades concretas* ou como *descrições simbólicas?* Quem *esteve presente* ou *viu* quando Deus ressuscitou Jesus para a nova vida? Não será o desejo de discípulos e discípulas desesperados o autor dessas duas frases com conteúdos de peso? Como comprová-las ou visualizar seus conteúdos para que se tornem fontes vivas que deem força? – São todas perguntas difíceis para as quais não há respostas imediatas nem fáceis!

2.1 Maravilhosamente efetuado por Deus

A fórmula empregada pela Igreja dos primórdios para circunscrever a mensagem pascal soa no texto original grego simplesmente *egérthe* (Mc 16,6c; Mt 27,64; 28,5b.7; Lc 24,6; cf. 1Cor 15,4c) e em português *"foi ressuscitado"*. Tais formulações *no passivo* encontram-se com frequência; escritores piedosos servem-se delas para *circunscrever o nome de Deus*, evitando, assim, que seja expresso. Neste assim chamado *passivo teológico ou "divino"*, o leitor informado reconhece imediatamente: aqui Deus mesmo está em ação; o que aqui acontece tem o próprio Deus como agente. Consequentemente, na ressurreição de Jesus, trata-se de *um evento efetuado por Deus*.

A *ação de Deus* não se expressa apenas *indiretamente* no passivo divino, ela também é afirmada *explicitamente* em inúmeros textos neotestamentários. Em Atenas, parado no meio do areópago, Paulo proclama a seus ouvintes: "*Deus* fixou um dia no qual julgará o mundo com justiça por meio do homem a quem designou, dando crédito diante de todos, ao ressuscitá-lo dentre os mortos" (At 17,31). A *ressurreição de Jesus* é "o gesto soberano de *Deus* dirigido contra a morte e a escuridão da história da humanidade" (Stecher, p. 32).

Essa caracterização da ressurreição de Jesus como *interferência de Deus* é algo relevante para a comunidade primitiva. O fato de o próprio *Deus* ter estado atuante aí desponta como um "letreiro luminoso" por sobre este milagre de todos os milagres. Seu reluzir por uma fração de segundos quer, assim, cativar a atenção. Por nenhum instante pode se perder de vista que o ressuscitado deve ser totalmente *encravado em Deus* (cf. M 14) quando se trata desse tema que rompe toda a imaginação humana.

A questão da ressurreição está intimamente ligada à *pergunta por Deus* (cf. cap. I.1). Quem responde a essa pergunta negativamente terá de se questionar não apenas *o que julga Deus ser capaz*, mas também terá de se perguntar *quem é Deus para ele*. Jesus reage à dúvida dos saduceus quanto à ressurreição com a resposta "não tendes a mínima noção de Deus" (cf. Mc 12,24). Paulo, levemente irritado diante do rei Agripa, o interpela: "Por que se julga incrível, entre vós, que Deus ressuscite os mortos?" (At 26,8). Quem entender Deus, com base nos profetas do AT, essencialmente como amor transbordante, preocupado com a salvação dos seres humanos (cf. Bösen, p. 218s), aceitará mais facilmente Deus realizando este milagre excepcional na pessoa de Jesus. *Deus* é a resposta para muitas perguntas formuladas no contexto da ressurreição. Quem se atreveria a prescrever a Deus o que ele deverá fazer? Ou quem lhe negaria o poder?

A formulação passiva "ele *foi ressuscitado*", destacando a ressurreição como ação de Deus, contrapõe-se à formula *no medium* "ele *ressuscitou*", que entende a ressurreição como *ação de Cristo*. Segundo Kremer, ambas as formulações têm o mesmo significado (cf. p. 1178). No entanto, há que se admitir certa preferência pela formulação passiva nos primórdios da busca pelo sentido da ressurreição, pois os judeus piedosos só entendiam a ressurreição intimamente ligada a *Deus* como senhor sobre a morte e o mundo dos mortos. Tal visão baseava-se na sua visão teológica geral e no conhecimento que tinham do Antigo Testamento. Nesse sentido o *Catecismo Verde* de 1956 não estava bem assessorado ao escrever enfaticamente: "Jesus Cristo ressuscitou dos mortos *com suas próprias forças*" (grifado, p. 61).

> *Síntese*: A caracterização da ressurreição de Jesus como *interferência de Deus* não pode ser perdida de vista na discussão e reflexão sobre o tema, nem por um instante. Na questão da *ressurreição de Jesus* insere-se a pergunta por *Deus*.

Fontes: Stecher. *Singen*, p. 32; Bösen. *Betlehem*, p. 218-19; Kremer. *Auferstehung Christi* (LThK), p. 1177-1182; *Katholischer Katechismus der Bistümer Deutschlands*. Freiburg i. Br. 1956, p. 61.

2.2 Realidades, não apenas imagens ou símbolos...

Um segundo "letreiro luminoso", chamando a atenção para a ressurreição de Jesus, contém a palavra "realidade". A ressurreição de Jesus é um *evento verdadeiro*, um *acontecimento real* não apenas *imagem* para algo diferente nem um *símbolo* ou uma *metáfora*.

A questão é controversa há mais de cem anos; justamente no século XX houve muitas tentativas de minimizar o querigma pascal na sua facticidade (cf. Kremer, p. 27-44).

Assim *R. Bultmann* vê na mensagem pascal da comunidade primitiva apenas um *código*, uma *figura de linguagem* ou um *recurso interpretativo*, isto é, um modo de enunciar o significado da cruz condicionado pelo momento histórico (cf. M 15). A cruz sem qualquer sentido mais profundo não passa de um símbolo para uma morte cruel. Seu *significado soteriológico*, a comunidade primitiva procura expressar com sua confissão: "O crucificado *foi ressuscitado*". Com isso a ressurreição de Jesus *não é evento, nem acontecimento*, é somente *interpretação com função metodológica:* ela quer transferir o *significado soteriológico*, contido na morte de Jesus na cruz, para a palavra, sem a intenção de apontar para um acontecimento (cf. *EEK*, p. 378).

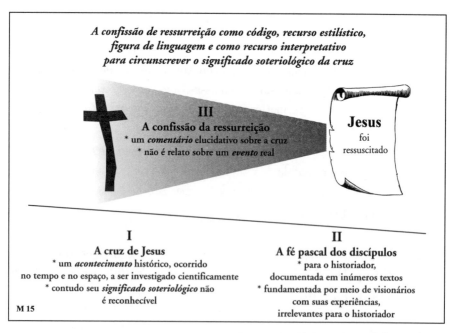

Para *D. Sölle* a ressurreição de Jesus "não é um evento, um evento único e isolado, ocorrido há 2000 anos. Terá que ser entendida antes como um processo, ocorrendo sempre de novo quando pessoas antes mortas se erguem dentre os mortos" (p.

123). Em relação a isso, *Merklein* observa criticamente: "É obvio que pessoas e especialmente aquelas que creem conheçam experiências de 'ressurreição' em meio ao seu cotidiano... No entanto, há que se considerar que se trata de uma tradução... E a mensagem (da ressurreição de Jesus) não pode ser apenas traduzida metaforicamente (para o mundo da experiência humana)" (p. 230).

Essas e outras tentativas de interpretação visam ao ser humano contemporâneo, que quer *compreender* e *perscrutar com a razão* aquilo que ele crê. Essas explicações *simbólicas, metafóricas e existencialistas* não têm como alvo primeiro a destruição, e isso terá de ser valorizado. Muito ao contrário, elas têm o objetivo de conquistar para a mensagem pascal também pessoas críticas e orientadas pela razão.

Há que se perguntar a que preço isso é feito. Pode a *razão* ser elevada a padrão de medida para *verdades de fé?* Quem é o ser humano com essa pretensão de perscrutar e compreender o poderoso *Deus* com a sua inteligência? Em última análise, a mensagem da ressurreição não tem seu poder de ser "uma viva esperança" (1Pd 1,3) justamente por tratar-se de um *acontecimento real* e não apenas de um mito, de um código ou de uma imagem?

Diante dessas tentativas de interpretação *simbólicas, metafóricas e existencialistas*, a Igreja, desde os primórdios até hoje, acentua o caráter *de evento e de acontecimento* da ressurreição. Em outras palavras, ambos os enunciados de que na ressurreição Jesus foi dotado com *nova vida* e investido com *poder divino* não são apenas imagens ou símbolos ou recursos de interpretação, são *realidade*.

"Real" expressa não apenas "algo não imaginado, não fictício", mas reproduz a noção de *real* "no seu sentido mais profundo" (Küng, p. 138). Naturalmente só poderá concordar com esse conceito de realidade quem se dispuser a ampliar o sentido restrito de realidade oriundo do positivismo, isto é, cujo olhar vá além do mensurável, do testável e do empiricamente apreensível, dirigindo-se para o infinito (cf. M 16: O tatu Casimiro ou o problema das *diversas realidades*).

O tatu Casimiro – ou o problema das diversas realidades

Desde sempre, o tatu Casimiro vivia debaixo da terra escura. Muitas vezes seu amigo Aristóteles, o filósofo dentre seus companheiros da mesma idade, lhe falava de outros mundos. Mas quem daria crédito a tais ideias fantásticas!

Um belo dia, Casimiro se perdeu por um corredor estranho; viu-se, de repente, diante de um mundo completamente diferente. Tudo lhe parecia estranho e novo, nada, absolutamente nada ele reconhecia.

Quando finalmente, à noite, encontrando seus companheiros, tentou contar-lhes o que lhe havia sucedido, alguns trocavam olhares entre si como quem nada entendia, outros riam, outros ainda faziam gestos de que estava pirando. Somente Aristóteles ouvia com atenção, fazendo sinal confirmando o que o amigo falava, como se quisesse dizer: "Eu sempre o soube! Há algo a mais do que nós vemos aqui embaixo!".

M 16

Para quem "com o tempo não se contentar com o horizonte de insetos e de mamíferos da espécie do tatu" (Stecher, p. 81), a ressurreição é um evento *profundamente real*. Ao menos assim o vê a Igreja dos primórdios, como pode ser comprovado em vários textos.

Com competência linguística, Schlier aponta que "um evento anunciado em, com e sob sua efetiva realização" (16), portanto, um *verdadeiro acontecimento*, corresponde ao *dabár* hebraico, o que a Septuaginta traduziu por *rêma*. Assim, numa pregação de Pedro, a ressurreição de Jesus torna-se juntamente com o evento público "o acontecimento ocorrido" (no grego: *tò genómenon rêma*) em toda a Judeia (At 10,37).

No sentido de *real, factual, verdadeiramente* terá que se entender também o termo grego *óntôs* na fórmula antiga: "Ele foi ressuscitado *de verdade!*" (Lc 24,34), com o qual os dois discípulos de Emaús, no seu regresso, são saudados pelos apóstolos reunidos em Jerusalém. O enfático "realmente" aponta para dificuldades. É possível que membros da comunidade lucana tentassem *espiritualizar* a ressurreição, isto é, procurassem podar algo do seu *caráter real*. Combina com isso o fato de que o terceiro evangelista procura provar, através de uma plasticidade não mais superável (cf. M 73), que o ressuscitado não é apenas "um espírito" (v. 37 e 39: gr. *pneûma*).

De forma muito discreta e apenas perceptível ao observador com olhar aguçado, também Mateus acentua o *caráter de acontecimento* da ressurreição de Jesus. Apesar de compartilhar com seus colegas evangelistas o temor de descrever o milagre dos milagres, ele constrói sua narrativa "em direção a um relato de ressurreição, compreendendo-a como um evento objetivamente constatável" (Schweizer, p. 344). Como? Introduzindo na "terra de ninguém" diante do túmulo um *anjo do Senhor* que passa a *agir*, isto é, afastando da entrada da sepultura a enorme pedra (Mt 28,2-4). Por meio do *anjo muito ativo diante do túmulo*, Mateus aponta discretamente para um *acontecimento muito real na sepultura*, que ocorre enquanto os guardas do túmulo estão desmaiados (cf. Schweizer, p. 344; Gnilka, p. 492). Em outras palavras, como ele não ousa olhar para o interior do túmulo, ele posiciona um *anjo na sua entrada*, para por meio dele apontar para *Deus que age no túmulo*. Mateus sugere na sua história do túmulo, composta por ele (cf. M 99), a seus leitores, que o ressuscitado deixa a sepultura no exato momento em que os soldados estão prostrados, "como mortos", sem nada verem e ouvirem. Em todos os casos, segundo Mt 28,9s, Jesus dá-se a conhecer um pouco mais tarde a Maria de Magdala e a outra Maria, ainda junto à sepultura.

Diante das diversas interpretações, que produzem "camadas cada vez mais finas" (Stecher, p. 49) da mensagem pascal, o autor norte-americano John Updike adverte em uma poesia surpreendente intitulada "Páscoa" (cf. Miller, p. 212s):

Não zombemos de Deus com metáforas.
Comparações, fugas, com algo transcendente,
Não transformeis este evento na parábola, no sinal pálido
Da fé ingênua de tempos remotos:
Perpassemos a porta!

> *Síntese:* Se o Novo Testamento fala que a Jesus foi dado *vida nova* e *domínio divino* na ressurreição, então ele entende ambos os enunciados como *realidades factuais* e não apenas como *imagens ou símbolos*.

Fontes: Kremer, denn, p. 27-44; R. Bultmann. Neues Testament und Mithologie. Das Problem der Entmythologisierung der neutestamentlichen Verkündigung. München, 1985, p. 57-63; EEK, p. 378; Sölle. Wählt das Leben, p. 123; Merklein.

Jesusgeschichte, p. 230; Küng. Ewiges Leben, p. 138; Stecher. Singen, p. 49, 81; Schlier. Auferstehung, p. 16; Schweizer. Matthäus, p. 341-344; Gnilka. Matthäus II, p. 489-497; C. Miller (ed.). Das Buch von Jesus. Grosse Persönlichkeiten über den Mann aus Nazareth. Wuppertal, p. 212s.

2.3 ... mas realidades com qualidade própria

Mesmo sendo a ressurreição de Jesus um evento *real*, ela "não é *evento histórico* no sentido habitual que pudesse ser comprovado... inserido no curso da história e ser inteligível à razão" *KEK*, p. 200). *Em princípio, a ressurreição de Jesus não pode ser apreendida com meios históricos.* O historiador não poderá comprovar com nenhum de seus métodos de pesquisa que Jesus de fato foi ressuscitado. Dessa observação resulta: por mais relevante que possa ser a ênfase no *caráter real* da ressurreição de Jesus, é igualmente importante ver que se trata de *realidade com qualidade especial.*

2.3.1 Um evento *observado* por ninguém...

Em pelo menos 70 textos provenientes da tradição de credos e narrativas fala-se da ressurreição de Jesus (cf. M 51), mas em nenhum deles o curso dos acontecimentos é *descrito*. "Ninguém no Novo Testamento afirma ter assistido ao momento de Jesus ter ressuscitado dos mortos" (Charpentier, p. 54).

As *mulheres* que visitam o túmulo no domingo da Páscoa o encontram aberto e vazio, segundo o relato consensual das quatro narrativas de túmulo (cf. Mc 16,1-8 e par.; Jo 20,1-18). Elas têm até um encontro com o ressuscitado conforme Mt 28,9s e Jo 20,15ss, sequer com uma palavra declaram ter observado o acontecer da ressurreição. É da boca do anjo (Mc e Mt; segundo Lc e Jo foram anjos) que elas tomam conhecimento de que Jesus "foi ressuscitado".

Também os *soldados,* os guardas da sepultura segundo Mt 27-28, não são testemunhas oculares quando a narrativa é entendida como relato de fatos (cf. M 99). Antes que pudessem observar o que aconteceria nos segundos decisivos *após* o afastamento da pedra de entrada da sepultura pelo anjo do Senhor, eles caem no chão "como mortos" (Mt 28,4), isto é, desmaiam sem nada ver e ouvir (cf. M 19).

Aquilo que a totalidade da tradição neotestamentária não ousa fazer, acontece no *Evangelho apócrifo de Pedro.* Descreve-se num relato fantasioso como dois jovens, na noite do dia do Senhor, portanto no dia da ressurreição, descem do céu numa luz resplandecente. Depois que a pedra se movera por si só da entrada, ambos entram na câmara da sepultura e retornam, após um curto espaço de tempo, estando Cristo em seu meio, sobrepujando os próprios céus. O milagre da ressurreição aqui "não é mais um mistério despertando fé" (Kittel, p. 122 A. 253), mas um milagre, que acontece e se comprova objetivamente diante de incrédulos e inimigos de Jesus. Basta uma pequena amostra para demonstrar a estranheza da narrativa:

> 35 Na noite, porém, em que o dia do Senhor reluzia, estando os soldados, em duplas alternando guarda, ressoou uma alta voz no céu, 36 e viram os céus abertos e dois homens numa luz resplandecente descendo de lá, aproximando-se da sepultura. 37 Aquela pedra, colocada na entrada da sepultura, começou a mover-se sozinha para o lado, e a sepultura se abria, e ambos os jovens entraram. 38 Quando os soldados viram isso, acordaram o centurião e os anciãos – que também estavam presentes à guarda. 39 Enquanto contavam o que se passara, viram agora três homens saindo da sepultura, os dois apoiando a um, e uma cruz os seguia; 40 a cabeça dos dois alcança o céu, enquanto a cabeça daquele que conduziam sobrepujava os céus. 41 e ouviram uma voz soando dos céus: "Tu pregaste aos que haviam adormecido", 42 e da cruz veio a resposta: "Sim!" (Schneemelcher, p. 122-124).

No caso desse Evangelho de Pedro trata-se de um escrito apócrifo, isto é, não canônico, que deve ter surgido em torno do século II na Síria. A semelhança com o relato de Mt 28,1-8 "não se explica a partir da derivação do Evangelho de Pedro de Mateus nem da dependência do último em relação ao anterior, mas em ambos os casos ocorre uma formatação independente de uma mesma tradição com traços de lenda (observe-se os guardas da sepultura)" (Kaestli, p. 57). O narrador desconhecido, com sua história fantástica, vem ao encontro de muitos que não se contentam com a apresentação contida dos evangelhos. Trata-se de "uma espécie de drama celestial-terreno narrado causando admiração ingênua junto ao povo cristão na base, sedento por assombro, igualmente ingênuo, diante do milagroso" (Wilkens, p. 48); talvez até se dirija de forma polêmica contra judeus e adeptos do docetismo (cf. Berger, p. 98), pois ambos rejeitam a ressurreição como produto da imaginação fantasiosa, sem qualquer valor documental, mesmo que o façam com fundamentações diversas (cf. Kaestli, p. 57).

Pouco comedida mostra-se também *a arte do Medievo alto e tardio*. A partir do século XII, a visão teológica, com motivos que no século I ficam num segundo plano, torna-se agora o preponderante, dando lugar a uma apresentação superficial e naturalista. O tipo de imagem do *Cristo parado junto à sepultura* é substituído por *aquele com a bandeira da cruz em punho saindo da cruz e avançando para frente*. Próximo do fim do século XV, a arte alemã assume da Itália o tipo do *Cristo saindo da sepultura levitando* (cf. M 17).

Em praticamente todas essas reproduções faltam os guardas que encontramos no Evangelho de Mateus. Quando não se encontram tontos ou desmaiados no chão, afastam-se ofuscados pelo brilho. O observador tem a impressão de que o resplendor do *ressuscitado* e não a aparência do *anjo do Senhor* os atira ao chão, como é a intenção da narrativa de Mateus. Com isso colocou-se a base para uma compreensão de ressurreição completamente equivocada: a ressurreição de Jesus como um evento milagroso visível e confirmado por testemunhas! Trata-se de uma situação fatal, que se torna trágica, uma vez que a arte acabava de ser descoberta como acesso à religião e à fé. Nesse caso da ressurreição, ela dificulta mais o acesso em vez de facilitá-lo.

Síntese: Ninguém esteve presente no evento da ressurreição, ninguém o observou, ninguém o pode descrever nem mesmo com o menor indício.

Matthaeus *Merian* (1593-1650), no seu famoso quadro da ressurreição, faz de alguns dos soldados da guarda, bem como das mulheres, testemunhas oculares da ressurreição de Jesus. Os primeiros não são mais ofuscados pelo resplendor do anjo do Senhor, como Mateus o acentua, mas pela luz divina do Ressuscitado.

M 17

Fontes: Charpentier. *Führer NT*, p. 54; Kittel. *Befreit*, p. 122; W. Schneemelcher. *Neutestamentliche Apokryphen in deutscher Übersetzung*. Band I: Evangelien, 6 ed. Tübingen, 1990, p. 122-124; D. Kaestli. "Die Apokryphen überlieferungen und ihre Historizität". In: *WUB* 10 (1998) p. 55-57; Wilkens. *Auferstehung*, p. 48; K. Berger. "Apokryphe Schriften". In: *LThK* 8 (1999), p. 98.

2.3.2 ... e não podendo *ser descrito*

O acontecimento, o evento, o fenômeno da ressurreição de Jesus não pode ser descrito, por *ocorrer no plano da transcendência*. *Transcendência* aqui não se refere ao mundo de Deus ou "ao mundo escatológico" (Mussner, p. 125). Ela é "uma esfera do silêncio" (Thielicke, p. 189), um monte além do mundo de microfones, câmeras e reportagens" (Stecher, p. 58). Para proceder sua pesquisa, "nossa física e química não dispõem de sondas e antenas" (Stecher, p. 26). Como ela ultrapassa "o horizonte da experiência humano-histórica" (KEK 199), faltam-nos as representações e os conceitos para descrevê-la (cf. nesse contexto a "ausência de linguagem" do tatu Casimiro no M 16).

A caracterização da ressurreição como evento *transcendental* será melhor entendida se a inserirmos na *cosmovisão bíblica* – a despeito de todas as reservas cabíveis! Trata-se da visão de mundo que os evangelistas e pregadores do século I d.C. tiveram quando procuravam verbalizar a completamente nova experiência da ressurreição (cf. Lang, p. 15). No Antigo Testamento, encontramos essa noção no sonho de Jacó sobre a "escada celestial" apoiada na terra e com a outra ponta tocando o céu" (Gn 28,12); no Novo Testamento, no livro de Atos, Lucas coloca na boca de Estêvão, o líder do grupo dos sete apóstolos (cf. At 6,5) as seguintes palavras: "Eu vejo os céus abertos, e o Filho do Homem, de pé, à direita de Deus!" (At 7,56).

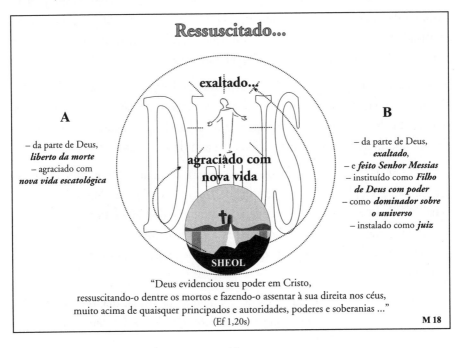

"Deus evidenciou seu poder em Cristo, ressuscitando-o dentre os mortos e fazendo-o assentar à sua direita nos céus, muito acima de quaisquer principados e autoridades, poderes e soberanias ..."
(Ef 1,20s)

M 18

A visão de mundo da Bíblia (cf. M 18) apresenta dois círculos, um maior (na verdade, ilimitado) e – em seu interior – um menor. O maior representa o *cosmos* habitado por Deus e totalmente impregnado de seu agir, caracterizado por sua infinitude espacial e temporal. O círculo menor designa o *mundo dos seres humanos* contendo, no centro, *a terra em forma de disco*, sustentado por colunas e, na parte inferior, o *sheol* (*o mundo inferior*); constitui de fato uma ínfima parte do universo infinito.

Essa ilustração apresentada com o auxílio da visão de mundo bíblica tem lá seus problemas, mas que são relevados com vistas a importantes enunciados sobre a ressurreição. Naturalmente o mundo de Deus não poderá ser separado do mundo humano, uma vez que seu ser alcança os últimos recantos do pequeno planeta Terra (cf. Sl 139). Em última análise, isso também não acontece, já que ambos os "círculos" são igualmente permeados por Deus. Por outro lado, não há como escapar de falar de imanência e transcendência, de terra e céu, de mundo humano e mundo divino, referindo-se a duas realidades "separadas". Na verdade, no nível da ilustração ambas as realidades teriam de ser representadas como *imbricadas*; como isso não é possível, ter-se-á de representá-las *uma acima da outra* e *uma em meio a outra*.

Contemplado a partir desse pano de fundo o conteúdo da mensagem pascal, extraído da análise de textos bíblicos, adquire maior plasticidade aquilo que foi analisado tendo como base os textos bíblicos (cf. M 13: A. Jesus, agraciado com nova vida!, e B. Jesus, instituído com poder divino):

Jesus morre em 14 de *nisã* do ano 30 d.C. no Gólgota (cf. Bösen, p. 291-301). Segundo o imaginário bíblico, ele desce – como todos os mortos – ao mundo dos mortos, ao *sheol* (cf. em M 18 os raios de luz). Lá ele teria ficado, se *Deus* não o tivesse libertado da morte e conduzido para fora desse mundo inferior.

Como *Ressuscitado* por Deus, ele não retorna do mundo dos mortos ao mundo terreno – a exemplo de Lázaro, da filha de Jairo e do jovem de Naim –, mas "ele sobe" (cf. Jo 20,17) até a transcendência, o mundo divino (cf. em M 18 as duas linhas provenientes do *sheol*), onde Deus *o agracia com nova vida*, elevando-o ao lugar *à sua direita*, "acima de quaisquer principados e autoridades, poderes e soberanias" (Ef 1,20s).

O gráfico M 18 ilustra, mais do que muitas palavras, que *não pode haver testemunhas oculares* ou *quaisquer observadores* desse evento; não há imagens a serem captadas por câmeras de TV, e repórteres teriam esperado em vão pelo acontecimento. "O acontecimento em si da ressurreição escapa a qualquer olhar humano" (*Glaubensverkündigung*, p. 200) e não se deixa reduzir a algo palpável nem objetivar (cf. Küng, p. 138); um filme teria ficado sem exposição à luz.

Não há como descrever o acontecimento da ressurreição de Jesus por tratar-se de um evento com *qualidade escatológica*. Quem chama a atenção para essa constituição especial é sobretudo Mateus, o judeu. Ele o faz revestindo a mensagem do anjo (Mt 28,5-7) como acontecimento dramático-apocalíptico, acompanhado de um *terremoto* considerável e de um *anjo* reluzente, a ponto de provocar desmaios em homens destemidos como os guardas do túmulo (Mt 28,2-4). Mateus quer destacar com isso: o evento tem a ver com o *fim dos tempos* (cf. M 19)! Ambas as imagens, o terremoto e o anjo descendo dos céus, pertencem ao imaginário da apocalíptica judaica (cf., por exemplo, Ex 19,18: o terremoto na aparição de Deus no Sinai; Dn 10,6: um homem com um rosto brilhando como relâmpago). É óbvio que essa cena *não* pode ser representada por um desenho gráfico como M 19 o intenta.

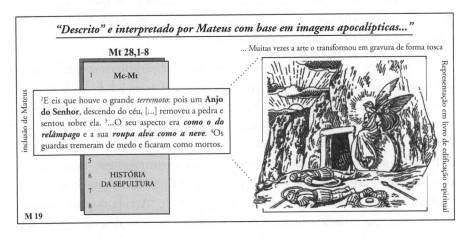

As caracterizações *escatológico* e *final dos tempos* expressam algo novo, até então inexistente, "algo extraordinário" (Thielicke, p. 187), "um acontecimento singular, sem termos de comparação (analogia) em nosso mundo" (Kremer, p. 5), em suma: expressam a *nova criação*. A ressurreição de Jesus, como evento escatológico, não expressa nada menos que nela o *final dos tempos* antecipado (cf. M 20).

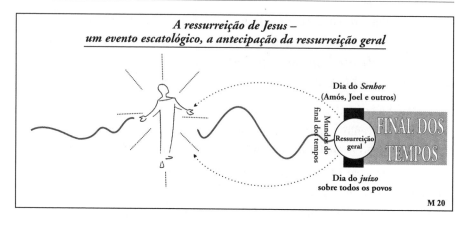

O que os profetas anunciam para *o fim dos tempos* – o *dia de Yahveh* acompanhado de "gemidos" que trará o *juízo* sobre todos os povos, mas também a *ressurreição* – tornou-se realidade *muito antes do tempo*. Na ressurreição de Jesus experimentamos *o irrompimento antecipado da eternidade atemporal na história temporal de nosso mundo.*

O que significa agora a caracterização da ressurreição de Jesus como *evento escatológico* para a mensagem pascal, sintetizada anteriormente (cf. M 13) nas duas frases 1) "Jesus vive" e 2) "Jesus exerce domínio"?

1) A expressão "Jesus *vive*" não significa, para dizê-lo primeiramente de forma negativa, que ele tenha retornado à antiga vida como Lázaro (cf. Jo 11), a filha de Jairo (cf. Mc 5,21ss) ou o jovem de Naim (cf. Lc 7,11ss). Quando confessamos na Páscoa "Jesus *vive!*" queremos expressar que Jesus "revestiu-se" *totalmente de vida nova* (cf. Lc 24,49), de uma *vida escatológica, divina e celestial*, fundamentalmente distinta da vida terrena. "Jesus *vive!*" significa que a partir daquele instante inicia uma vida "no modo de ser de Deus" (Weiser, p. 161), "um novo modo de ser na totalmente outra dimensão do eterno" (Küng, p. 138). "A vida do mundo futuro é bem outra que a deste mundo. Não só é ingênuo, mas totalmente equivocado imaginá-la como continuidade retilínea, mesmo que ilimitada, da vida terrena, com todas as suas condições costumeiras. A vida futura, com suas possibilidades e realizações, simplesmente não se deixa derivar da realidade empírica desta vida, nem positiva nem negativamente" (Holtz, p. 66). Todas as tentativas de descrever essa nova vida fracassarão, porque sabemos muito pouco sobre o mundo de Deus, para que pudéssemos falar sobre ele. O mundo de Deus não só ultrapassa nosso mundo imaginário, mas também nossas possibilidades linguísticas.

2) A mesma ressignificação é exigida do segundo aspecto do *exercer domínio*. O conceito está desgastado pelos muitos déspotas e ditadores na história e desperta visões de horror. Infelizmente o domínio *humano* é caracterizado por opressão e abuso de poder que despreza o ser humano. Jesus é a fiança de que no *domínio de Deus* será diferente, radicalmente diferente.

Num ato de protesto, Jesus se coloca do lado das pessoas que vivem à margem da sociedade de então; com palavras inequívocas, ele adverte seus discípulos: "Entre vós não será assim (como no mundo): ao contrário, aquele que dentre vós quiser ser grande, seja o vosso servidor, e aquele que quiser ser o primeiro dentre vós, seja o servo de todos!" (Mc 10,43s.; cf. 9,35). Seu "princípio de domínio" não é o de colocar-se um contra o outro ou de um sobrepor-se ao outro, mas a postura de *estar com o outro e para o outro* em forma de amor, solidariedade, compreensão e confiança. O quanto ele se dispõe a descer demonstra de maneira impressionante seu gesto do lava-pés (cf. Bösen, p. 118ss).

O ressuscitado explicitará seu "domínio" no fim dos tempos como juiz sobre vivos e mortos (cf. 2Tm 4,1; 1Pd 4,5 e outras). Também esse domínio terá as marcas da *bondade e misericórdia paternas*, o que será desenvolvido e fundamentado logo a seguir (cf. o Excurso I.4).

Síntese: O que acontece na ressurreição de Jesus é tão *singular* e tão *novo* a ponto de não podermos imaginar nem descrevê-lo. Todas as imagens e comparações mais confundem que ajudam na compreensão. Se mesmo assim nos servimos delas, porque pouco ainda é mais do que nada, isso só poderá acontecer tendo consciência de que ficará um déficit inevitável.

Fontes: Mussner. *Auferstehung*, p. 125; Thielicke. Ich glaube, p. 183-196; Stecher. *Singen*, p. 26, 58; *KEK*, p. 199; B. Lang. "Das Weltbild des Alten Testaments". In: *WUB* 26 (2003), p. 15; Bösen. *Letzter Tag*, p. 116-120, 291-301; *Glaubensverkündigung*, p. 200; Küng. *Ewiges Leben*, p. 133-140; J. Kremer. "Auferstanden von den Toten" (caderno 19), p. 5; Weiser. *Wunder*, p. 161; T. Holtz. *Jesus aus Nazaret. Was wissen wir von ihm?* Zürich, 1981, p. 66.

2.3.3 ... nem podendo ser *comprovado*

A revista católica "Deus existe", em sua edição especial do ano de 1997, procura *evidenciar* a ressurreição de Jesus com base no Santo Sudário de Turim. Trata-se de uma contribuição que se reporta a uma pesquisa com a técnica de radiologia, feita por uma "equipe de cientistas especializados do EUA" sob a direção de Thomas D'Muhallas. Segundo essa pesquisa, a imagem do Sudário de Turim (sem dúvida, majestosa!) (cf. M 21) "surgiu a partir de uma irradiação luminosa, que durou 1/2000 segundos, proveniente de todas as partes do corpo. Isto não significa nada menos que o momento da transformação do corpo morto no corpo imortal do Cristo ressuscitado que foi apreendido 'fotograficamente' através da misteriosa irradiação luminosa! A imagem produzida assim ainda mostra – em fração de segundos – o corpo do crucificado antes de ter ressuscitado vitoriosamente dentre os mortos!" (6). A contribuição encerra com a constatação: "O Sudário de Turim é a evidência concreta de sua (de Jesus) ressurreição" (6).

O rosto do Crucificado?
Recorte do sudário de Turim
M 21

Seis anos depois, em fevereiro de 2003, o tema é retomado pela revista evangélica "Diakrisis. Unterscheidungshilfe für die bekennende Gemeinde zur geistlichen Erneuerung und Sammlung" e desenvolvido por W. Waldstein sob o título "A mortalha de Turim como testemunho da crucificação e ressurreição de Jesus" (30-39). Após sete páginas, procurando provar a autenticidade da relíquia (30-36), o artigo encerra com um parágrafo de duas páginas e meia, classificando o sudário como "uma testemunha muda da ressurreição" (36-39). Apoia-se para tanto no historiador e pesquisador de lençóis fúnebres Ian Wilson, que durante sua pesquisa de 12 anos se convertera de agnóstico em católico (cf. p. 36s). O resultado de sua pesquisa, publicado em forma de livro em 1978, pode-se resumir em duas frases: O surgimento da imagem não é explicável pela via natural. Os relatos dos evangelhos fazem pensar num acontecimento em que "uma irradiação luminosa... (tenha impregnado) sua imagem e a de seu corpo de forma inextinguível no Sudário", "deixando para a posteridade literalmente um 'instantâneo' da ressurreição" (p. 37).

A linha de argumentação da tese propagada pelas duas revistas repousa sobre bases frágeis: de um lado a *autenticidade do Sudário de Turim*, afirmada nas duas contribuições, não está nada assegurada (cf. Dietz, p. 309s; Bösen, p. 398, 47a). Os resultados de três testes radiocarbônicos, feitos de forma independente um do outro em 1988, datando o linho entre 1260 e 1390 "com um grau de probabilidade de 95%" (Dietz, p. 310), não são tão fáceis de serem refutados. Além disso, é altamente questionável que tenha *ocorrido* algo na ressurreição em que uma misteriosa irradiação luminosa esteve ativa "fotograficamente" durante a fração de 1/2000 segundos. Onde estão os indícios no Novo Testamento de tal acontecimento? "Não havia nada para fotografar nem registrar" (p. 138), constata Küng de forma lapidar. Ironicamente comenta o bispo Stecher: "Na manhã da Páscoa, ninguém esteve presente 'ao vivo', e a televisão não fora convidada... Câmeras e microfones não haviam sido instalados junto à sepultura" (p. 26). Depois de ter sido confrontado com a explicação acima, há que se perguntar se é mais fácil crer na *evidência* da ressurreição por meio do Sudário de Turim ou simplesmente na *ressurreição como tal*.

É mais que compreensível que se façam todas as tentativas para aproximar-se do mistério do cristianismo. No entanto, tem de ficar claro em todos os esforços empreendidos: no que diz respeito à ressurreição, trata-se de um evento *transcendental* e *escatológico*, isto é, *totalmente pertencente ao mundo de Deus*, que não pode ser verificado nem comprovado no mundo empírico. Uma evidência ou comprovação como as apresentadas acima sugere uma segurança falsa. A ressurreição de Jesus só pode ser *crida*. "No entanto, com base no testemunho neotestamentário, a fé na ressurreição é intelectualmente honesta e defensável" (Weiser, p. 161).

Fontes: *Gott existiert. Impulse für den Glauben*, n. 13 (edição especial de Páscoa), 1997; W. Waldstein. "Das Grabtuch von Turin als Zeugnis für Jesu Kreuzestod und Auferstehung". In: *Diakrisis.Unterscheidungshilfe für die bekennende Gemeinde zur geistlichen Erneuebrung und Sammlung*. Caderno I/2 (2003): 30-39; K. Dietz. "Turiner Grabtuch". In: *LThK* 10 (2001), p. 309s. (Lit.); Bösen. *Letzter Tag*, p. 398, 47a; King. *Ewiges Leben*, p. 138; Stecher. *Singen*, p. 26; Weiser. *Wunder*, p. 161.

Resultado: A ressurreição de Jesus – um mistério

Como evento transcendental, escapando a todo olhar humano, a qualquer contemplação e descrição, a ressurreição pode ser comparada a uma "montanha" alta, cujo "cume" está oculto atrás de nuvens espessas e impenetráveis (cf. M 22).

Nesse cume aconteceu, segundo os textos bíblicos, algo *singular, original e pertencente ao fim dos tempos*, denominado pela teologia como "mysterium stricte ditum", isto é, um *mistério no sentido estrito da palavra,* acessível a nós apenas por meio da *fé*.

O que significa isso? Quer-se expressar com isso que devamos excluir a razão e arriscar o salto para dentro de uma parede de nuvem escura, a despeito de toda a racionalidade? De jeito nenhum! No que se segue deverão ser examinados dados, observações, reflexões quanto à pergunta até que ponto esses recursos nos auxiliam no caminho à fé na ressurreição, se é que se prestam a isso. Antes disso, porém, interessa-nos a questão onde e como o tema central da ressurreição de Jesus está ancorado no *Credo Apostólico*.

Excurso I: Ancorado no Credo Apostólico

Em que artigo do Credo Apostólico, o mais usado no culto cristão, aparece a ressurreição? Que valor a Igreja primitiva atribuiu a esse grande mistério em tal documento oficial? Que aspectos lhe foram relevantes?

Apesar de o *Credo Apostólico* dificilmente ter sido redigido pelos doze apóstolos, trata-se de uma confissão muito antiga, tanto em sua *forma* quanto em seu conteúdo (cf. Sattler, p. 878s). Sua estruturação *trinitária* (cf. M 23: I. Deus – II. Jesus – III. Espírito Santo) tem precedentes em textos como 2Cor 13,13; 1Cor 12,4-6; Mt 28,19; cada uma de suas sentenças de fé podem ser fundamentadas pelos escritos neotestamentários (cf. M 23; lado direito). É "inegável que no Credo Apostólico encontram-se os enunciados essenciais do querigma apostólico" (Sattler, p. 879).

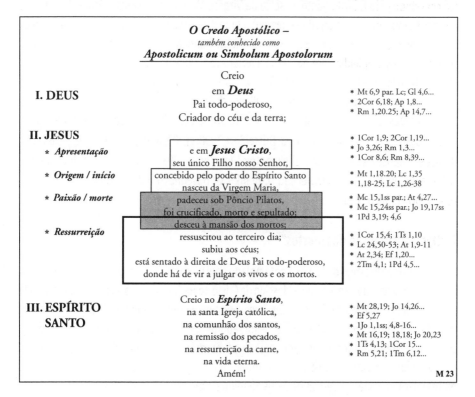

Durante séculos, o *Credo Apostólico* era empregado especialmente em celebrações de batismo, enquanto que *Credo Niceno-Constantinopolitano*, assim denominado a partir dos Concílios de Niceia (325) e Constantinopla (381), também conhecido como o "Credo Maior", ficou reservado para as celebrações eucarísticas dominicais (cf. a comparação no *KKK*, p. 82). Somente a partir de 1974, essa paridade entre os credos foi revogada; desde então o Credo Apostólico quase que desalojou o "Credo Maior" por completo.

Seu teor atual remonta a uma "nova tradução" de 1972. Essa nova versão tornou-se necessária após discussões, por longos anos, nos círculos católicos e protestantes sobre a questão até que ponto o credo recebido ainda correspondia à linguagem e ao mundo imaginário do ser humano na modernidade. Pôde-se chegar a uma versão consensual entre as duas grandes Igrejas, com exceção da expressão "Igreja Católica", o que tornou possível que cristãos de ambas as confissões confessassem sua fé em cultos ecumênicos com um texto "quase" idêntico.

Inequivocamente, o Credo Apostólico coloca toda a ênfase em *Jesus* (cf. M 23). Depois de apresentá-lo como o "filho unigênito" e "nosso Senhor", a seguir vale-se de formas verbais no perfeito e no particípio, parcialmente ampliados, acentuando a sua *origem* maravilhosa (cf. concebido pelo Espírito Santo, nascido da Virgem Maria) e sua *paixão e morte* (cf. padeceu, foi crucificado, morto, sepultado – desceu). Como que chegando ao seu ponto alto, através de um movimento cadenciado (cf. a ascensão semelhante a uma escadaria em M 23), quatro sentenças mais ampliadas têm por tema a *ressurreição*. Explica-se a ausência do agir de Jesus através de ação e palavra da seguinte forma: morte e ressurreição de Jesus são "um resumo de sua mensagem e conduta de vida" (Schillebeeckx, p. 21).

Fontes: Sobre o Credo Apostólico, cf. Th. Schneider. *Was wir glauben. Eine Auslegung des Apostolischen Glaubensbekenntnisses*, 5. ed. Düsseldorf, 1998; cf. *KEK; KKK*, p. 82-301; *EEK*, p. 385-415; D. Sattler. "Apostolisches Glaubensbekenntnis". In: *LThK 1* (1993), p. 878-880; E. Schillebeeckx. "Ich glaube an Jesus von Nazaret". In: J. Blank / G. Hasenhüttl (edit.). *Glaube an Jesus Cristus*. Düsseldorf, 1980, p. 11-27.

1. "Desceu à mansão dos mortos"

O primeiro artigo de fé a ser contemplado aqui no contexto da ressurreição é conhecido pelos chavões "descida ao inferno", "descida de Cristo ao Hades". Curiosamente a expressão *não* se encontra no *Credo Niceno-Constantinopolitano*, que tem o dobro em extensão além de ter sido testado na luta com heresias (cf. "sofreu – foi sepultado e ressuscitou"). No Novo Testamento, só existem algumas referências para apoiá-la (cf. Kremer, p. 237). Quando a Igreja primitiva, por exemplo, enfatiza que Jesus "foi sepultado" (cf. 1Cor 15,4; Mc 15,46; At 13,29), ela inclui naturalmente também a *descida* de Jesus ao reino da morte; pois a *sepultura* visível e o *mundo da morte* "estão de tal modo interligados, que o mundo da morte se abre com toda sepultura concreta e se manifesta atrás dela" (Kittel, p. 127). Por outro lado, a *ressurreição* de Jesus é entendida como uma *subida* do reino da morte, como se depreende, por exemplo, de Rm 10,7, em que Paulo se refere claramente ao *"fazer subir* dos mortos" (grego: *anagageîn*).

No entanto, dois textos da Primeira Carta de Pedro evidenciam-se como problemáticos e controversos e são citados com frequência nesse contexto (cf. 1Pd 3,19: "[...] foi também pregar aos *espíritos em prisão*"; 1Pd 4,6: "Eis por que o Evangelho foi pregado também aos mortos, para que, mesmo julgados à maneira humana na carne, eles pudessem viver pelo Espírito, conforme o desejo de Deus"). No caso dos *espíritos* citados em 1Pd 3,19, não se refere aos seres humanos do tempo anterior a Jesus, reunidos no reino dos mortos, mas aos *anjos* caídos que, segundo

Excurso I: Ancorado no Credo Apostólico

concepção da época, estavam "alojados nos ares entre o céu e a terra" (KEK, p. 195). Dessa forma, segundo Kremer, "não se pode depreender destes dois versículos que Jesus tenha pregado no reino dos mortos o Evangelho a esses e outros mortos" (p. 237).

Mesmo depois da nova formulação de 1972 (anteriormente: "desceu ao inferno"; hoje: "desceu à mansão dos mortos"), para muitos esse enunciado de fé continua incompreensível e estranho. Contudo, ele contém no mínimo duas verdades de fé *teológicas* expressas por meio da linguagem da cosmovisão antiga. Uma vez decifradas, não há quem queira renunciar a elas.

1.1 Realmente morto e solidário com toda a humanidade

"Descer ao mundo dos mortos" (hebr. *sheol*, e não *gehénna*) em Ez 32,27 é expressão realista da *morte factual* (cf. Görg, p. 139-162). O contemporâneo do Antigo Testamento ligava *sheol* ao "reino dos mortos" (Sl 31,18), um lugar no qual não há "atividade, nem plano, nem conhecimento e nem sabedoria", é região da escuridão e do esquecimento (cf. Sl 88,6), "região escura e tenebrosa, onde reinam espessas trevas e o caos" (Jó 10,22). Desde os primórdios é objeto de lucubrações fantásticas (cf. Sciurie, p. 240). A. Dürer, por exemplo, o representa na sua arte gráfica "A descida de Cristo ao inferno" (1510) como uma arcada de um porão que se parece com um presídio (cf. o recorte em M 24). O *sheol* é guardado e defendido por figuras diabólicas que competem entre si com suas aparências monstruosas que inspiram medo.

"Desceu à mansão dos mortos" – igualando-se a nós até na morte

I. Céu
II. Terra
III. Mundo inferior

SHEOL

Ao "descer à mansão dos mortos", Jesus toma sobre si a morte com toda a sua expressão amarga, sua angústia e seu sofrimento, tornando-se assim solidário com toda a humanidade neste último e dificílimo ato humano.

Recorte da arte gráfica de A. Dürer, "A descida de Cristo ao inferno" (1510)

M 24

Onde devemos procurar esse *sheol* veterotestamentário? Curiosamente a Bíblia diverge em suas referências (cf. Kittel, p. 11-19) e o localiza dentro da sua *cosmovisão em três níveis:* uma vez *na última periferia da terra* (cf. M 24: I. céu – II. terra – III. mundo inferior), num outro momento o imagina *no ventre do disco terra* e por fim o situa *sobre o fundamento rochoso abaixo do oceano primordial,* onde estão afixadas as colunas que sustentam a terra. Nas três propostas, não se leva em conta que para Deus não há nem tempo nem espaço, e, portanto, permanecem irrealistas. Se mesmo assim optamos pela sua localização sobre o *fundamento rochoso* em M 24 (cf. Lang, p. 15), isso ocorre a partir do raciocínio de que uma tal plasticidade, apesar de suas limitações, não apenas nos ajuda a entender *o pano de fundo daquele imaginário,* mas também a compreender melhor seu *significado teológico.*

Esse enunciado de fé é inserido no Credo Apostólico relativamente tarde, apenas no século IV. Essa inserção tornou-se necessária por causa do boato, corrente na época, de que Jesus teve morte aparente; graças a sua saúde invejável, ele sobrevivera à morte, o que motivou seus discípulos a falar de sua ressurreição. Tratava-se de um ataque frontal à mensagem pascal que precisava ser combatido. Em contrapartida, com a formulação "desceu à mansão dos mortos", a jovem Igreja enfatizava que Jesus de fato tinha morrido, tendo divido com o ser humano sua morte biológico-antropológica, provando seu sabor amargo e igualando-se, assim, a todos os humanos. Sua descida ao reino dos mortos deveria assegurar que não apenas partilhou "a morte como nosso destino geral, mas a experimentou com todo o abandono e toda a solidão inerente a ela" (KEK, p. 195).

1.2 Salvador e libertador também para pessoas do tempo anterior ao de Jesus

Ainda uma segunda ideia está inserida nessa imagem da "descida de Jesus ao mundo inferior". Ao confessar que Jesus se dirigiu até os mortos, a Igreja torna claro que o agir redentor de Jesus não só beneficia a humanidade *pós-cristã,* a atual e a futura. A morte salvífica de Jesus na cruz tem efeito salvador e redentor para as muitas e muitas pessoas que viveram *antes* de Jesus. "Não podemos saber" – segundo S. Jerônimo *(†419/20)* – *"como* o sangue de Cristo foi útil para as pessoas do mundo inferior; o que precisamos saber é *que* foi proveitoso para elas". Não há limites intransponíveis para o agir salvador de Deus; mesmo a morte não o pode impedir de evidenciar-se como Deus que se volta para o ser humano. O ato salvífico de Jesus abarca *todos os espaços,* do mundo visível quanto do invisível, *todos os tempos* da história, não apenas o presente e o futuro, mas também o passado; nenhuma esfera da realidade empírico-humana fica excluída. "A descida de Cristo ao inferno", infelizmente, uma imagem muitas vezes não compreendida, expressa "a *universalidade* do agir redentor da cruz e ressurreição de Jesus" (Kehl, p. 238) e com isso caracteriza a *solidariedade divina* com aquela pessoa profundamente perdida na esfera da morte. Para Schillebeeckx, esse enunciado de fé "não é folclore ou um mito a ser desmitificado urgentemente (apesar de seu revestimento como tal), mas um dos pontos mais sensíveis do credo cristão: Deus quer a salvação de todos os seres humanos" (p. 23).

Apesar de o *Credo Niceno-Constantinopolitano*, o credo da Igreja oriental, não mencionar a descida de Jesus ao mundo inferior, a "descida de Cristo ao inferno" é mais conhecida como ícone da *anástasis* (isto é, ressurreição), *o* ícone festivo da Páscoa, tido em alta veneração na cristandade ortodoxa (cf. Plank, p. 239s; Sciuri, p. 240). Ele surgiu na Síria em torno do ano 700, é amplamente divulgado na Igreja oriental, o que se deve em grande parte ao fato de representar a única imagem da ressurreição nesse contexto (cf. M 25), ao contrário da multiplicidade de imagens da ressurreição existentes na arte ocidental.

Via de regra, o ícone da *anástasis* representa o ressuscitado em tamanho descomunal, em branco reluzente e muitas vezes envolto em uma mandorla, trazendo triunfantemente a morte, a dominadora do mundo inferior, com as mãos e os pés algemados, subjugando-a com seu pé direito e uma cruz, sobrepujando a tudo. A morte ainda tenta agarrar Adão num último ato desesperado, mas em vão. Os portais do mundo inferior estão quebrados, fechaduras e trancas estão espalhadas por toda parte – a morte está vencida. Sem ao menos dar-lhe a mínima atenção, o ressuscitado, postado sobre os portais do inferno em forma de cruz, inclina-se para a esquerda e puxa Adão com força, pelo punho, do solo para junto de si.

Eva, a mãe de todos os povos, eleva suas mãos em petição – como também Davi e Salomão o fazem atrás dela. A este pequeno grupo contrapõe-se, do lado direito, João Batista com uma enorme auréola e seus discípulos.

Este tipo *bizantino* de imagem da "descida de Cristo ao inferno" é assumido pelo Ocidente no século VIII, especialmente pela Itália, fazendo modificações em alguns pontos (cf. Schiller; Butzkamm). Uma representação surpreendente encontra-se em Frenckenhorst (nas proximidades de Münster/Westfália). Ali, um artista desconhecido da arte românica tardia esculpiu esse tema na pedra dura de uma pia batismal.

No meio do semirrelevo reconhece-se Cristo, postado sobre a laje da sepultura. Que ele acaba de deixar a sepultura, é sugerido pela presença do anjo, que segundo Mc 16,1-8 anuncia às mulheres a mensagem da ressurreição. Com a cruz em sua mão, servindo de chave, ele abre um portão ornamentado, retirando do seu interior duas figuras nuas, um homem e uma mulher. Trata-se de Adão e Eva, representando toda a humanidade. Uma figura de um monstro de tamanho descomunal, dotado de chifres e com pés de carneiro, assinala em que poder o casal humano se encontrava. Agora, o monstro recostado à coluna está preso pelo pescoço, pés e mãos, destituído de todo poder. É o maior inimigo do ser humano – o diabo e respectivamente a morte. Cristo o venceu definitivamente, rompendo os portais do seu reino. Triunfantemente, o vidente de Patmos deixa o ressuscitado exclamar: "Estive morto, mas eis que estou vivo pelos séculos dos séculos, e tenho as chaves da Morte e do Hades" (Ap 1,18).

"A descida de Cristo ao inferno"
sobre uma pedra batismal em Freckendorf, nas proximidades
de Münster / Westfália (1129)   M 26

Fontes: J. Kremer. "Höllenabstieg Christi. I. Neutestamentlich". *LThK* 5 (1996), p. 237; Kittel. *Befreit* 11-19. p. 127; *KEK*, p. 195; Görg. *Haus*, p. 139-162; H. Sciurie. "Höllenabstieg Christi. V. Ikonografie". In: *LThK 5* (1996), p. 240; B. Lang. "Das Weltbild des Alten Testaments". In: *WUB* 27 (2003), p. 15; M. Kehl. "Höllenabstieg Christi". III. Systematisch-theologische. In: *LThK 5* (1996), p. 238s.; E. Schillebeecks. "Ich glaube an Jesus von Nazaret". In: J. Blank/G.Hasenh¨ttl (ed.). *Glaube an Jesus Christus*. Düsseldorf, 1980, p. 11-27; P. Plank. "Höllenabstieg Christi". IV. Ostkirchlich. In: *LThK 5* (1996), p. 239s.; G. Sciller, *Ikonographie der christlichen Kunst. v. III: Die auferstehung und Erhöhung Christi*. Gutersloh, 1971; A. Butzkamm. *Christliche Ikonographie. Zum Verstehen mittelalterlicher Kunst*. Paderborn, 1997 (cf. *Lexikon christlicher Kunst. Themen, Gestalten, Symbole*. Freiburg i. Br., 1980).

2. "Ressuscitou ao terceiro dia"

Desde o final do século II, a Igreja confessa no quinto artigo do Credo Apostólico: "ressuscitou *ao terceiro dia*". Salta aos olhos o destaque dado ao *"ao terceiro dia"*, o que sinaliza significado especial.

A formulação é antiga e a encontramos na fórmula comprovadamente antiga de *1Cor 15,3-5*, em que Paulo entrega aos coríntios a mensagem da ressurreição como "o Evangelho que os salva" (v. 1s; cf. M 25). Aqui é dito no terceiro verso (v. 4b), após mencionar morte (v. 3b) e sepultamento (v. 4a): "ressuscitou *ao terceiro dia*, segundo as Escrituras".

A indicação do tempo "no terceiro dia" também se encontra dez vezes em *Mateus* (cf. Mt 16,21; 17,23; 20,19: anúncios da paixão), *Lucas* (cf. Lc 9,22; 18,33: anúncios da paixão; 24,7.21.46: textos da Páscoa) e em *Atos dos Apóstolos* (cf. At 10,40: sermão de Pedro); *Marcos* escreve nos respectivos paralelos Mc 8,31; 9,31; 10,34 "após três dias". Com toda probabilidade, Mateus e Lucas melhoraram o texto-base de Marcos a partir do querigma da Igreja primitiva de 1Cor 15,4, isto é, transformam, em termos de conteúdo, a formulação de Marcos "após três dias" na variante "no terceiro dia".

O que a Igreja dos primórdios expressa com essa indicação de tempo curiosa? Duas possibilidades de explicação são discutidas: a) uma de ordem *cronológica* e outra *teológica*.

2.1 Terá sentido cronológico?

Segundo a explicação *cronológica*, a ressurreição de Jesus ocorre no *terceiro* dia após o sepultamento, portanto no primeiro dia da semana, no nosso domingo (cf. M 27; parte esquerda). Não há, contudo, no Novo Testamento uma história em que seja mencionada expressamente essa indicação de tempo, mas foi "no terceiro dia" que as mulheres encontraram a sepultura vazia? Além disso, a *história da sepultura em Mateus* (cf. Mt 28,1-8) não assinala discretamente que a ressurreição de Jesus tenha ocorrido na manhã da Páscoa?

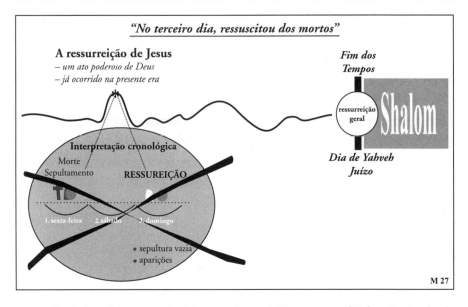

Em todos os casos, o primeiro evangelista relata que na manhã do primeiro dia da semana, quando as mulheres se dirigem à sepultura, um anjo do Senhor desce do céu, afasta a pedra da entrada da sepultura, assustando os guardas com sua aparência tomada pela luz, de tal modo que eles caem "como mortos" (v. 2s). Mesmo que a seguir nada se fale de uma ressurreição, o evangelista sugere, nessa breve notícia, que *durante esse desmaio dos guardas* Jesus ressuscita e sai da sepultura (cf. Schweizer, p. 344). Evidentemente, Mateus mantém o devido silêncio como seus colegas, mas com muito jeito dá asas à fantasia, para que se desenvolva. De uma forma discreta, por meio da aparição do "anjo do Senhor" em 28,2-4, ele responde a perguntas que atormentam sua comunidade; entre outras questões perguntava-se pelo exato momento da ressurreição de Jesus (cf. Gnilka, p. 492).

2.2 Ou será a indicação de tempo interpretação teológica?

A explicação *teológica* está ancorada no Antigo Testamento, no qual se encontra uma série de referências ao "terceiro dia" e a "três dias". Com esse destaque, os escritos veterotestamentários estão inseridos numa tradição que se estende mundo afora, segundo a qual o número "três" desponta de um mar de números. O "três" é número primo, põe um ponto final, torna algo "redondo e correto" (cf. o ditado: "Todas as boas coisas são três!". No Brasil, isso corresponde ao número "dois": "um é pouco, dois é bom, três é demais!").

Para comprovar a multiplicidade de fórmulas "três dias" e "terceiro dia" no Antigo Testamento, sejam mencionados alguns textos:

"*No terceiro dia*, Abraão, levantando os olhos [...]" (Gn 22,4). – Js 2,16: "Escondei-vos lá durante três dias!" – Ex 19,11: "e estar prontos para *o terceiro dia*, pois *no terceiro dia* o Senhor descerá à vista de todo o povo sobre a montanha do Sinai." – Jn 2,1: "Jonas permaneceu no ventre do peixe três dias e três noites." – Esd 8,15: "e ali ficamos acampados por três dias." – Os 6,2: "Após dois dias fará reviver, *no terceiro dia* nos levantará [...]" e outros.

Com base nesse material do Antigo Testamento, além de outros inúmeros textos dos Targumim e Madrash, Lehmann provou de forma convincente que nessa fórmula não se trata de indicação de tempo, mas da *caracterização do terceiro dia como um ponto especial designado por Deus na história da salvação*. No pensamento veterotestamentário e judaico, o "terceiro dia" é *o dia trazido por Deus, da virada salvífica, da libertação de grande angústia, o dia da salvação propriamente*. A fórmula fundamenta a convicção "de que Deus não deixará os seus na angústia por mais de três dias" (Kühlschelm, p. 378).

Se a comunidade primitiva fala da ressurreição de Jesus "ao terceiro dia", então ela o faz para expressar que *Deus mesmo* – e nenhum outro – vem em socorro de Jesus, cuidando dele de forma especial. Com essa fórmula, aparentemente tão insignificante, que na verdade nem indicação de tempo é, a comunidade primitiva qualifica a ressurreição de Jesus como a "*virada salvífica levada a efeito por Deus*" (Kühlschelm, p. 378).

A notável "indicação de tempo" ainda encerra uma *segunda* ênfase. Segundo a fé veterotestamentária e judaica, Deus ressuscitará todas as pessoas *no fim dos tempos*, uns para o juízo, outros para a vida eterna (cf. M 43). Agora, se a comunidade primitiva confessa de forma enfática que Jesus ressuscitou "no terceiro dia", ela quer destacar que Deus, no caso de Jesus, "não atuará só no fim, mas já se tornou ativo na presente era" (Kittel, p. 119; cf. M 27: a "ressurreição de Jesus" encontra-se numa *distância* visível em relação à "ressurreição geral" no fim dos tempos). Com isso a ressurreição de Jesus é diferenciada da *ressurreição geral no último dia* e qualificada como *evento escatológico antecipado*. O que Deus fará no fim dos tempos a toda a humanidade, ele o fez bem "antes do tempo" na ressurreição de Jesus, um evento estilizado como *único e especial*.

2.3 Uma resposta inequívoca

Qual das explicações há que se seguir, a *cronológica* ou a *teológica*?

Nove dentre dez pessoas que creem respondem à pergunta pelo sentido e significado do "terceiro dia" no Credo Apostólico com a interpretação *cronológica*. Ela soa plausível diante da constatação de sepultura vazia na manhã de domingo e ainda deixa tempo suficiente para a "descida de Jesus ao mundo inferior" (cf. Excurso I.1).

Pela interpretação *teológica* opta com unanimidade a ciência teológica; algo raro por sinal. Isso não acontece só por causa da história da sepultura do Evangelho de Mateus com sua indicação indireta de tempo, que é um desenvolvimento da versão de Marcos com fins apologéticos (cf. M 99), não se prestando, portanto, para detectar a data da ressurreição. Mais peso tem o raciocínio de que Jesus "morre para dentro de sua ressurreição" (Rahner, p. 229). Morte e ressurreição formam uma "unidade intrínseca" (Rahner, idem), ambas constituem dois lados de um e mesmo evento (cf. Schladoth, p. 236). Por meio da ênfase na sexta-feira como o dia da morte e no domingo como o dia da ressurreição, os dois lados são separados erroneamente.

Nessa direção *teológica* vai também a reflexão da comunidade primitiva, o que evidencia Mt 12,40, em que ela faz o Jesus de Mateus (M 48) responder à exigência de um sinal por parte de escribas e fariseus, citando Jonas 2,1: "Assim como Jonas esteve no ventre do peixe três dias e três noites, assim também o Filho do homem ficará três dias e três noites no seio da terra". Uma interpretação *cronológica* a partir da construção paralela de "três dias e três noites" não faz sentido.

Se não estivermos errados, devemos partir do seguinte desenvolvimento da história da tradição: um acontecimento concreto, provavelmente a *descoberta da sepultura vazia de Jesus no terceiro dia após o sepultamento* e / ou a *aparição do ressuscitado diante de mulheres igualmente ao terceiro dia* (cf. Mt 28,9s. e Jo 20,1-18), levou teólogos da comunidade primitiva a descobrirem as fórmulas do Antigo Testamento "três dias" e "no terceiro dia" (cf. Lehmann, Kühlschelm, Kremer). Com a percepção de ter encontrado uma ajuda interpretativa profunda, eles as assumem de bom grado e as integram ainda muito cedo na mensagem pascal (cf. 1Cor 15,3-5) com o objetivo de enfatizar dois aspectos (cf. M 27): 1) que a ressurreição de Jesus deve ser vista como *ato poderoso de Deus*; 2) que Deus *não atuará apenas no fim dos tempos, mas já está ativo em meio à presente era*. Nesse duplo sentido, também hoje a Igreja quer entender a fórmula "no terceiro dia" no Credo Apostólico.

Fontes: Schweizer. *Matthäus,* 341-344; Gnilka. *Matthäus II,* p. 489-497; Lehmann. *Auferweckt,* p. 262-290; R. Kühlschelm. "Dritter Tag". In: *LThK* 3 (1995), p. 378 (Lit.); Kittel. *Befreit,* p. 115-119; K. Rahner. *Práxis des Glaubens.* Zürich, 1982, p. 229; Schladoth. *Glaube,* p. 235-238; Kremer. *Ältestes Zeugnis,* p. 47-51.

3. "Subiu aos céus"

No dia da Ascensão de Cristo, no sul da Alemanha há o costume de erguer, durante a missa, uma figura de Cristo, cujo verso é afixado a um cabo de aço; essa figura some aos poucos por detrás de um cortinado. Enquanto isso a comunidade canta o hino: *"Ascende aos céus,* o Filho de Deus, para partilhar o trono do Pai..." (hinário GL n. 834, Trierer Anhang). Milhares de peregrinos sobem anualmente até a capela da Ascensão no monte das Oliveiras, para admirar *as pegadas de Jesus* como vestígios visíveis de sua "ascensão aos céus". Elas inspiraram o pintor de paisagens Matthaeus Merian (1593-1650) a fazer uma gravura em cobre, representando discípulos e discípulas reunidos em torno de duas pegadas e com olhos devotos acompanhando aquele que está sendo envolto pelas nuvens (cf. M 28).

Jesus desaparece nos céus diante de discípulos e discípulas admirados; em breve, nuvens o encobrirão por completo. Como vestígio, deixou suas pegadas para trás. Não há como historicizar com mais clareza a "ascensão de Cristo", como nesta gravura em cobre de Matthaeus Merian (1593-1650). Esta e outras representações semelhantes foram gravadas na mente de muitas pessoas.

M 28

Uma pesquisa intercomunitária entre frequentadores da Igreja mostrou que 90% deles associavam o enunciado de fé "subiu aos céus" com *um acontecimento concreto, local e temporalmente definido*. Que tal visão historial suscite dúvidas é mais que justificado, e não apenas desde que astronautas circundam a terra. "Céu" não é idêntico a "céu"; com sensibilidade, a língua inglesa também diferencia realidades "celestiais" distintas empregando "sky" e "heaven" (cf. *WUB* 26).

3.1 Uma surpreendente base textual (cf. Lc 24,50-53 e At 1,9-11)

Dentre os quatro evangelistas, apenas *Lucas* relata uma "ascensão aos céus" de Jesus; em Marcos, Mateus, João, nem mesmo em Paulo há sequer um indício mínimo. (A notícia de Mc 16,19 pode ser desconsiderada, por pertencer comprovadamente ao final não autêntico de Mc; trata-se de uma ampliação tardia do século II.) Com a "ascensão aos céus", o terceiro evangelista encerra seu Evangelho (cf. Lc 24,50-53); com ela, Lucas também abre os Atos dos Apóstolos (cf. At 1,9-11). As duas apresentações se correspondem no seu *conteúdo essencial* (cf. M 29; parte inferior), no entanto diferem quanto à *extensão* (Evangelho: 48 vocábulos; Atos dos apóstolos: 63 vocábulos) e a *traços específicos*, dos quais serão mencionados apenas os dois mais importantes (cf. M 29 as partes sublinhadas dos respectivos textos): chama a atenção, em primeiro lugar, a *aparição* de dois homens em vestes brancas, mencionado apenas em Atos dos Apóstolos (cf. At 1,10b.11) e, em segundo, a diferença na *indicação de tempo:* se, conforme Lc 24,50-53, a "ascensão aos céus" acontece na *noite do dia da Páscoa*, segundo At 1,3, ela ocorre apenas após um período de *quarenta dias* de aparições. De onde o evangelista recebe essas duas narrativas? O que o motiva a apresentar ao leitor a cena logo duas vezes e ainda em versões divergentes?

3.2 Uma composição lucana

Após uma profunda análise dos dois textos de Lucas, sob a perspectiva da crítica literária e da história da tradição, Gerhard Lohfink chega à seguinte conclusão: "As duas narrativas da ascensão aos céus provêm do próprio Lucas" (p. 244). O evangelista formata as narrativas (cf. M 29; parte superior) seguindo modelos formais de narrativas de arrebatamento provenientes do *Antigo Testamento* (cf. 2Rs 2,11s) e do contexto *helenístico* (cf. Lívio [59 a.C. – 17 d.C.] História Romana I, p. 16); ele recebe impulsos, entre outros, da *perícope da transfiguração* (cf. Lc 9,28-36) e da *narrativa da sepultura* (cf. Lc 24,1-12). Já uma comparação superficial evidencia *proximidades linguísticas* entre os textos mencionados (cf. as partes em itálico nos textos em M 29). O fato de o resto do Novo Testamento não conhecer essa cena impressionante caracteriza-a como não pertencente ao material mais antigo da tradição sobre Jesus. Fases anteriores da formação dessa apresentação da ascensão, Nützel vê em Ef 4,8.10 e Cl 2,15, em que é apresentado um "cortejo triunfal invisível de Cristo" (p. 122).

A tradição única transmitida por Lucas, as diferenças entre Lc 24,50-53 e Atos 1,9-11, as relações de conteúdo e linguagem com textos profanos e bíblicos, além do silêncio das fontes extrabíblicas sobre esse evento, são indícios claros de sua compreensão *teológica*. O terceiro evangelista não é apenas um mestre na apresentação dramática e viva (cf., por exemplo, Lc 2,8-20: a proclamação do nascimento de Jesus nas campinas de Belém; Lc 4,16-30: a aparição pública de Jesus na sinagoga de Nazaré; Lc 24,13-25: os discípulos de Emaús), Lucas também é um exímio cura de almas com uma desenvolvida sensibilidade para as angústias de sua comunidade; ele tem, portanto, outro alvo em mente do que fornecer ao "ilustre Teófilo" (Lc 1,3/At 1,1) uma mera *reportagem sobre um evento espetacular*. Com o auxílio de uma conceituação carregada de temas da tradição como *monte, nuvem, anjos, quarenta dias, arrebatamento e outros*, ele "pinta" as duas narrativas da ascensão valendo-se de palavras para fazer sua "pintura" que impressiona fortemente e aponta para níveis de compreensão que não estão num primeiro plano; a obra não quer ser percebida na sua superfície narrativa, mas dar acesso à sua *camada mais profunda*.

Excurso I: Ancorado no Credo Apostólico

Lc 24,50-53 e At 1,9-11 – uma composição lucana

Livius (59 a.C. - 17 d.C.) História Romana I, p. 16

Quando Rômulo "presidia uma assembleia popular no campo junto ao brejo dos cabritos para passar em revista o exército, surgiu de repente uma intempérie com estrondos aterradores e relâmpagos. Tudo isso cobria o rei com uma *nuvem* tão espessa, ocultando-o diante dos olhos da assembleia. Depois disso Rômulo não se encontrava mais sobre a terra... O povo romano permanecia em longo e triste silêncio... pois via o trono real vazio – mesmo crendo nos senadores, que estavam próximos a ele, de que Rômulo havia sido ***arrebatado ao céu por meio do furacão***. Depois disso alguns fizeram o início e finalmente todos ***veneravam*** Rômulo como ***um Deus***, gerado por Deus, como rei e pai da cidade de Roma".

2Rs 2 (séc. IX a.C.): Ascensão de Elias

[11]enquanto andavam e conversavam, eis que um carro de fogo e cavalos de fogo os separavam um do outro, e Elias ***subiu ao céu no turbilhão***. [12]Eliseu olhava e gritava: "Meu pai! Meu pai! Carro e cavalaria de Israel!". Depois não mais viu e, tomando suas vestes, rasgou-as em duas.

Lc 24,1-12: a história da sepultura

[...] [4]E aconteceu que, estando perplexas com isso, dois homens se postaram diante delas, ***com veste fulgurante***. [...] [9]Ao voltarem do ***túmulo à cidade*** [...]

Lc 9,28-36: a transfiguração de Jesus

[...] [30]e eis que ***dois homens*** conversaram com ele: eram Moisés e Elias; [31]aparecendo envoltos em glória [...] [34]Ainda falava, quando **uma nuvem** desceu e os cobriu com sua sombra. E ao entrarem eles na nuvem, os discípulos se atemorizaram. [35]***Da nuvem***, porém, veio uma voz [...]

Lc 24,50-53

[50]Depois, levou-os até Betânia e, erguendo as mãos, abençoou-os. [51]E enquanto os abençoava, distanciou-se deles e ***era elevado ao céu***. [52] *Eles se prostraram diante dele,*

e depois voltaram a Jerusalém com grande alegria, [53]e estavam continuamente no templo (hierón), louvando a Deus.

At 1,9-11

[9] Dito isto, foi elevado à vista deles, e ***uma nuvem*** o ocultou a seus olhos. [10]Estando a olhar atentamente para o céu, enquanto ele se ia,

dois homens vestidos de branco encontraram-se junto deles [11]e lhes disseram: "Homens da Galileia, por que estais aí a olhar para o céu? Este Jesus, que foi arrebatado dentre vós para o céu, assim virá do mesmo modo como o vistes partir para os céus. [12]Então, ***do monte*** chamado das Oliveiras, ***voltaram a Jerusalém***. A distância é pequena; a de uma caminhada de sábado.

M 29

3.3 Duas pinturas verbalizadas cheias de enunciados teológicos

Com Lc 24,50-53 e Atos 1,9-11, Lucas responde a perguntas e dificuldades de sua comunidade, que teremos de localizar nos anos 80 do final do século I d.C., na Grécia ou na Ásia Menor (cf. M 90).

3.3.1 A "ascensão ao céu" como "objetivação do querigma da exaltação" (Schneider)

Para a comunidade primitiva, as duas ênfases "ressurreição para a nova vida" e "elevação até Deus" constituem uma unidade, como os dois lados da moeda (cf. M 13). A certeza de que Jesus na sua ressurreição não apenas *foi dotado de nova vida*, mas também *elevado* e *entronizado a sua direita*, pertence à confissão inalienável da comunidade primitiva (cf. At 2,33; 5,31 e outras).

Lucas percebe a dificuldade de sua comunidade de internalizar a segunda dimensão, a da "elevação" a ponto de tornar-se um conceito vivo. Com sua habilidade didática bem desenvolvida, ele *molda* o enunciado do credo "Deus *elevou* Jesus a si", um tanto quanto *sóbrio, dogmático-abstrato e orientado para o racional*, em *um episódio com plasticidade*, na qual o ressuscitado corporalmente se eleva da terra para o céu para tomar lugar à direita de Deus. Em outras palavras, Lucas *historiciza* a *metáfora teológica* "exaltação", imaginando, como um segundo acontecimento, "a passagem para a divindade..., sua exaltação por Deus para o mandato de Messias regente..., como entronização invisível e transcendente" (Spoto, p. 281). Ele reveste em uma *cena viva* o que seus colegas condensam numa *fórmula abstrata*.

Apesar de a apresentação do terceiro evangelista poder ser "artisticamente excelente e teologicamente correta" (Weiser, p. 147), ela se torna problemática e passível de interpretação errônea. Isso por ter surgido em uma época com pouca sensibilidade para linguagens e imagens simbólico-metafóricas, além da falta de tempo e interesse "para ler corretamente tais narrativas" (Lohfink, p. 276-283). Justamente por tratar-se de uma ilustração que facilmente se fixa na memória, fica difícil não entendê-la "como descrição de um evento historicamente perceptível" (Nützel, p. 122), criando distância entre céu e terra, entre Deus e o ser humano, entre o ressuscitado e os discípulos de Jesus. Diante do risco de historiar de Lucas, cabe repetir o poema de Alois Albrecht:

Cristo foi ao céu,
de forma alguma para as alturas...
Cristo foi ao céu,
de forma alguma deixou a terra...
Cristo foi ao céu,
de forma alguma para longe...
Cristo foi ao céu,
de forma alguma abandonou os humanos.

3.3.2 A "ascensão ao céu" como saída grandiosa de um "herói" famoso

Lucas evidencia-se como literato erudito com o uso de termos técnicos da historiografia antiga (cf. Lc 1,1: "relato", "atos"), os dois prólogos ao Evangelho e aos Atos dos Apóstolos (cf. At 1,1-3), e de discursos aprimorados de Atos (cf., por exemplo, At 17,22-34) e de outras coisas mais (cf. Dormeyer, p. 47s; 228). Com toda probabilidade, ele conhece as sagas de deuses e heróis de seu tempo. A partir disso é mais que compreensível apresentar Jesus, o Messias, Senhor e Salvador do mundo (cf. Lc 2,11), com seu fim tão lastimável na cruz, procurando construí-lo como "herói", que nada tem a temer diante de uma comparação com as grandezas profanas.

Diante de sua sensibilidade para efeitos dramáticos, ele sabe que, antes de tudo, início e fim precisam estar harmonizados, conquistando dessa forma seu leitor. Por meio de sua pré-história em grande estilo (cf. Lc 1-2), ele cria uma "antessala multicolorida", que não apenas se dirige à razão, mas também ao coração (cf. Bösen, p. 29). O que ele poderá lhe contrapor lá no fim de sua obra? Lucas cria praticamente algo impossível (talvez só Mateus, em Mt 28,16-29, o sobrepuja; cf. M 113), compondo em Lc 24, a partir de cinco "quadros isolados", um *quadro final* marcante. Este, por sua vez, ele faz culminar com a "ascensão ao céu", como se fosse uma "pincelada de mestre" carregando nas cores (cf. M 30): Jesus não some de forma sorrateira e silenciosa deste mundo como um criminoso, mas ele se despede, circundado pelos discípulos como testemunhas e "herdeiros", no estilo de herói glorioso.

Nunca antes no Evangelho de Lucas, Jesus *abençoou;* em Lc 24,50, despede-se deles com as mãos erguidas para a bênção.

Nunca antes os discípulos *caem diante de* Jesus adorando-o (v. 52: *proskynésantes autón*); aqui, eles o fazem, manifestando a Jesus a honra, em si, devida a Deus (cf. Bösen, p. 87). Com a bênção solene de Jesus e a adoração dos discípulos, a partida do ressuscitado torna-se "uma grande e solene liturgia" (Lohfink, p. 254).

Já o anjo anunciava aos pastores na campina de Belém "uma *grande alegria*" (Lc 2,10), "com *grande alegria*" (Lc 24,52) os discípulos retornam a Jerusalém no cap. 24. É a mesma expressão no início e no fim do Evangelho. "Evidentemente Lucas quer contrapor início e fim, nascimento e arrebatamento para assim demonstrar que a promessa do início se cumpre no fim; mais ainda, ele quer deixar claro que toda essa vida de Jesus traz aos seres humanos a grande alegria" (Lohfink, p. 253).

Lucas *inicia* seu Evangelho com a promessa do nascimento milagroso de João Batista no *templo* de Jerusalém (cf. Lc 1,5-25) e o *encerra* com o indício de que os discípulos "estavam continuamente no *templo*, louvando a Deus" (Lc 24,53). O louvor a Deus abarca os 24 capítulos do Evangelho como uma presilha.

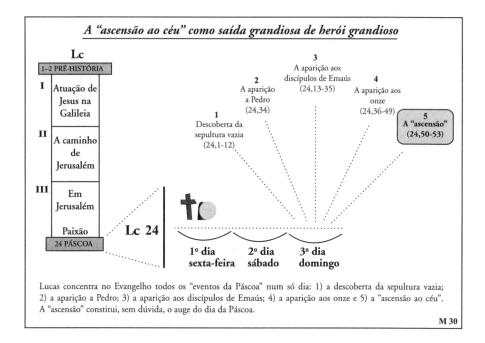

3.3.3 A "ascensão ao céu" como uma despedida visível a todo o mundo e, ao mesmo tempo, uma convocação discreta para o recomeço

Um problema central da comunidade lucânica é *a distância temporal* em relação ao tempo de Jesus. Já se passaram 50 a 60 anos desde a ressurreição de Jesus, mas os que creem, majoritariamente pertencentes à terceira geração cristã (portanto, vivendo nos anos 80 a 90 d.C.), não cessam de olhar "para o céu", esperando de lá o ressuscitado em uma *aparição,* ou como *aquele que retorna* na parusia. É especialmente a demora do fim próximo do mundo (cf. At 1,6s.; 1Ts 4,15s.; 1Cor 7,29 e outras) que cansa, paralisa e asfixia toda e qualquer motivação.

Lucas, nos *Atos dos Apóstolos,* parte para a ofensiva em uma "cena da ascensão ao céu" construída de forma solene. Colocando na boca dos anjos a pergunta em forma de repreensão: "Por que estais aí a olhar para o céu?" (At 1,11), Lucas diz a sua comunidade: "Não faz sentido esperar. Jesus despediu-se oficialmente após 'quarenta dias' (cf. At 1,3) para ir até Deus. O tempo de suas *aparições* era limitado e já passou. Não continuem a esperar". Com respeito à *parusia,* o retorno no fim dos tempos está garantido mesmo que ninguém saiba dia e hora (cf. Mc 13,32). Com a solene "ascensão de Jesus ao céu", Lucas põe um *ponto final* ao "tempo de Jesus", visível a toda e qualquer pessoa (cf. M 31).

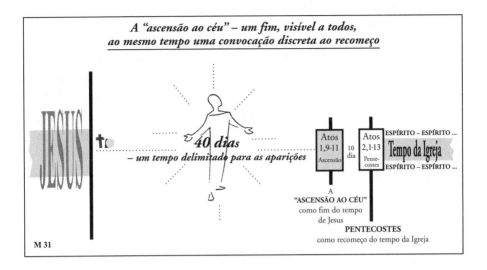

Ao enfatizar tão claramente o *fim*, o evangelista convoca seus leitores discretamente a voltar seu olhar para frente, em direção ao futuro. Conclama-os discretamente: "Vão à obra e façam aquilo que o ressuscitado lhes disse em suas aparições durante os quarenta dias: Tornem-se suas testemunhas na Judeia e Samaria, sim em todo o mundo" (cf. At 1,8).

Poucos versículos adiante, na *narrativa de Pentecostes* (At 2,1-13), os discípulos são informados de que não estarão sozinhos nessa tarefa difícil (cf. M 31); também essa narrativa não perde em plasticidade e dramaticidade comparada à da "ascensão". Sim, é verdade que, após os quarenta dias, o ressuscitado deixou seus discípulos de forma oficial e solene. Contudo, é verdade igualmente que, após *dez dias*, lhes enviou de forma não menos solene e oficial o Espírito Santo, o dom prometido pelo Pai (cf. Lc 24,49; At 1,4). Na "ascensão ao céu" e em "Pentecostes", Lucas, o evangelista, com empatia para os problemas de sua comunidade como nenhum outro, contrapõe duas grandes "pinturas" (cf. M 31), que ele elaborou de forma igualmente colorida, vivaz, proporcionando experiências a seus leitores. Ele tem como objetivo que as *duas* obras de arte se fixem na alma, desenvolvendo suas potencialidades a partir de dentro! O "quadro" com um tom tristonho representando aquele que deixa o mundo, precisa necessariamente ser complementado por um segundo, encorajador e com o Espírito Santo como protagonista. Pois na "força do Alto" (Lc 24,49), a partir daquele instante, Jesus está presente em sua Igreja (cf. M 31: o tempo continuidade do tempo de Jesus, sustentado pelo Espírito Santo; cf. também cap. III.6).

3.3.4 A "ascensão ao céu", possivelmente uma correção de uma compreensão errônea de ressurreição

Em Lc 24,5s. o evangelista acentua, pela boca de um anjo, que Jesus *não está mais morto mas vive*. O conceito *vida* é de difícil compreensão e pode ser facilmente mal-entendido como *retorno à vida anterior*, como no caso do jovem de Naim (Lc 7,11-17), da filha de Jairo (Mc 5,35-43) e de Lázaro (Jo 11,17-44).

Tal interpretação não tem mais qualquer chance após as duas "narrativas da ascensão ao céu" em Lc 24,50-53 e At 1,9-11. Elas tornam claro, mesmo ao leitor apegado ao sentido literal, que Jesus, na noite da Páscoa (Lc 24,53), ou quarenta dias após a Páscoa (At 1,3), se despediu da terra diante dos olhos de discípulos e discípulas para viver a partir daquele instante *com Deus*. Parece possível que Lucas, com as duas narrativas acentuando a despedida definitiva, se voltasse contra tentativas de interpretação que se valiam de histórias sobre ressurreição de mortos para explicar o mistério da ressurreição de Jesus. Distanciando-se dessas interpretações, Lucas acentua em Lc 24,50-53 e At 1,9-11: ressurreição significa *vida junto a Deus* e nada tem a ver com um *retorno à vida imanente*.

> *Síntese:* As duas "narrativas da ascensão ao céu" em Lc 24,50-53 e At 1,9-11, diante de uma análise cuidadosa, revelam-se como "pinturas verbalizadas", elaboradas pelo próprio Lucas com intenção teológica. "Expressam realidades que não podem ser externadas de outra forma" (Lohfink, p. 283). Quem as toma como relatos histórico-documentais, decididamente as entende de forma superficial. Peregrinos da Terra Santa terão de se perguntar se uma visita à "capela da ascensão" no monte das Oliveiras, com as pegadas daquele que ascendeu aos céus, não pressupõe uma compreensão literal dos textos lucanos, obstruindo assim o acesso a uma compreensão mais profunda.

Fontes: "Himmel" (*WUB* 26). Stuttgart, 2003; G. Lohfink. *Die Himmelfahrt Jesu. Untersuchungen zu den Himmelsfahrts – und Erhöhungstexten bei Lukas.* München, 1971 (Lit.); J. M. Nützel. "Himmelfahrt Christi". I. Neus Testament. In: *LThK* 5 (1996), p. 122s. (Lit.); Schneider. *Lukas II*, p. 504-507; Spoto. *Jesus*, p. 281; Weiser. *Wunder*, p. 147; Dormeyer. *Neues Testament*, p. 47s. 228; Bösen. *Bethlehem*, p. 29, 86s.

4. "Está sentado à direita de Deus Pai Todo-poderoso"

No enunciado de fé sobre a "ascensão ao céu" a Igreja confessa, acentuando pela primeira vez, que Jesus foi *exaltado* até Deus de forma visível e perceptível (cf. Excurso I.3.3.1]). No entanto, o que significa isso concretamente? Uma das imagens que melhor ilustram o que esse verbo, em si inteligível, quer expressar (cf. M 12: coluna da direita) é sem dúvida a de "estar sentado à direita de Deus" (cf. Schneider, p. 303-319; Weiser, p. 764s). O caminho percorrido até a formação dessa tradição deve ter sido o seguinte (cf. M 32: I possíveis fontes – II. comunidade primitiva do século I – III Igreja do século IV / V):

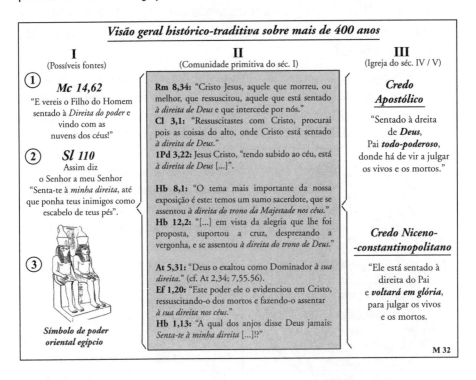

I. *Uma fonte*, talvez até a decisiva, que tenha inspirado a Igreja antiga a usar a imagem do "sentar-se à direita de Deus" é o *anúncio de Jesus* diante do sinédrio na manhã da assim chamada sexta-feira santa: "Vós (aqui reunidos) vereis (um dia) o Filho do Homem sentado *à direita do poder*!" (*Mc 14,62*). A questão *histórica*, tão importante para nós hoje (cf. Bösen, p. 181-188), naquele tempo pouco interessava; bastava o simples fato da tradição. O caminho de Mc 14,62 até o *Salmo 110* não é mais longo: o sacerdote atuante no santuário de Jerusalém declara, em nome de Deus, ao rei davídico a ser entronizado: "Senta-te *à minha direita* até que ponha os teus inimigos como escabelo de seus pés!" (v.1). Também não é de excluir-se totalmente a possibilidade de que a *mitologia egípcia do Antigo Oriente*, com sua imagem de um lugar de honra *à direita* para o "representante principal e substituto" (Schneider, p. 304), tenha exercido alguma influência.

II. Com isso quase que se impôs à Igreja antiga na busca de plasticidade desse evento invisível, mas real na transcendência, a ideia da tomada de lugar à direita de Deus. Retoma-a por mais de uma dúzia de vezes (cf. M 32: coluna do centro), falando de Jesus *sentado à direita de Deus* (Rm 8,34; Cl 3,1; 1Pd 3,22 e outras), ou sentado *à direita do trono da Majestade nas alturas*, isto é, *nos céus* (cf. Hb 8,1; 12,2). Se Marcos, em sua história da sepultura (Mc 16,1-8), narra que as mulheres encontraram um jovem sentado *à direita*, ele faz alusão clara a essa imagem. De textos como At 5,31; Ef 1,20; Hb 1,13 é de se depreender que a ascensão era entendida como uma espécie de *ato de entronização* (cf. Weiser, p. 765), em que Deus conclamou o ressuscitado: "Senta-te *à minha direita...*!".

Um monge pintor do convento dos Cistercenses de *Heisterbach*, na região dos Sete Montes, retoma o tema da investidura de Jesus como dominador do mundo e o transpõe para um desenho em uma letra *inicial* com cores fortes (cf. M 33). No arredondado de uma grande letra "o" estão acomodadas as três pessoas da Trindade num espaço reduzido. Os olhos de quem o contempla fixam-se logo em Deus-Pai, a maior das três figuras no lado direito do desenho; o rosto, a barba caracterizam-no como ancião com um olhar sério e profundo. Sua mão esquerda segura um livro volumoso apoiado sobre seu joelho, sua direita repousa sobre a cabeça do jovem Jesus. Sem expressá-lo, está em cena a declaração do Sl 2: "Tu és meu filho" (Sl 2,7). – Jesus tomara assento junto à *direita de Deus-Pai*. Com sua mão esquerda encoberta, ele igualmente segura um livro volumoso; a palma da mão direita ele mostra ao espectador como um espelho, levemente voltado para cima. Seu olhar encontra o de seu Pai sinalizando concordância: "Quem me vê, vê o Pai" (Jo 14,9). – Sobre o Pai e o Filho paira o Espírito Santo na figura de um pombo, com sua cabeça posicionada, como se fosse uma cunha, entre *ambas* as cabeças e formando um triângulo. Suas asas estendem-se sobre ambos como um abrigo. – Três auréolas do mesmo tipo, apesar de detalhes diferentes, mas com as mesmas cores, azul e vermelho, destacam a unidade dos três. Trata-se de uma representação rara da Trindade.

Entronização do Ressuscitado
(gravura na ex-abadia de Heisterbach, em torno de 1240)
M 33

III. Quando a Igreja do século IV / V procurava para seus credos formulações ilustrativas de seu querigma da ressurreição, especialmente da *ideia da ascensão*, pôde basear-se em inúmeros textos bíblicos. Por isso a sentença "sentado à direita de Deus" se encontra tanto no *Credo Apostólico* mais breve quanto no *Credo Niceno-Constantinopolitano*, ampliado em termos doutrinais, mesmo contendo algumas variantes (cf. M 32: lado direito).

4.1 Jesus – em posição de poder divino...

Que enunciado se oculta atrás da imagem de Jesus tomando lugar *à direita de Deus, Pai todo-poderoso?*

"A direita" não designa nenhum lugar geográfico; a fala do "sentar-se à direita" trata, desde a antiguidade, de *qualificação e função* (cf. Sl 110,1 e o simbolismo do antigo Oriente; Schneider, p. 303). Aquele a quem se conferia o lugar à direita não se sabia só *honrado* – como ainda hoje –, mas a ele *se conferia poder.* Ao acentuar que na ressurreição de Jesus Deus lhe designou o lugar "à direita", a Igreja do primeiro século quer expressar por meio dessa imagem que Deus concedeu a Jesus a *participação* na glória e honra de sua divindade, conferindo-lhe *parte* na plenitude de seu poder (cf. EEK, p. 58) e investindo-o no poder como seu filho (cf. Rm 1,3-4). Na ressurreição, cumpre-se a visão do profeta Daniel: "Foram-lhe dados domínio, glória e realeza, e todos os povos, nações e línguas o serviam. Seu domínio é eterno e não acabará, seu Reino jamais será destruído" (Dn 7,14).

Contudo, para evitar qualquer mal-entendido de um domínio autoritário, o Credo Apostólico acentua que Jesus deve ser visto na perspectiva de Deus, *"Pai todo-poderoso"*. Segundo a compreensão bíblica, Deus é essencialmente *pai* ou *Abbá,* na linguagem de Jesus (cf. Mc 14,36; Rm 8,15; Gl 4,6). Suas características são bondade, cuidado, misericórdia e amor.

Para garantir que não se trata apenas de um pai bondoso, que no mais não passa de um ancião sem força e poder, foi lhe conferido o atributo "todo-poderoso". Ambos os aspectos, o de ser pai e o de ser onipotente, são importantes para o Credo Apostólico a ponto de verbalizá-los por duas vezes (cf. M 23); uma vez logo na entrada da confissão (cf. "Creio em *Deus, Pai todo-poderoso...*") e uma segunda vez aqui (cf. "à direita de *Deus, Pai todo-poderoso*"). Ambas as dimensões se complementam. Como a *onipotência divina* necessita da definição mais precisa a partir do qualificativo *pai,* também o *ser pai* requer como complemento indispensável a *onipotência divina.*

4.2 ... na função de juiz do fim dos tempos

No entanto, para Jesus o lugar à direita de Deus não é apenas um *posto de honra sem função.* O Credo Apostólico (ao lado do Niceno-Constantinopolitano) evidencia que a Jesus foi conferida a maior autoridade "no céu e na terra" (Mt 28,18), expressando-o na afirmação "de onde virá para julgar os vivos e os mortos" (cf. M 32).

Israel conhece pela tradição profética o *dia de Yahveh* no fim dos tempos (cf. M 34: escatologia *judaica* na parte superior). Conforme o profeta Amós (século VIII a.C.) é dia de trevas: "Sim, ele é escuridão, sem claridade!" (Am 5,20; cf. 8,9). O profeta Joel (em torno de 400 a.C.) vê, com olhar profético, os povos se reunindo naquele dia no vale de Josafá, o "vale da decisão", à espera do juízo de Deus (cf. Jl 4,1-21). Segundo a promessa de Daniel (século II a.C.) em relação àquele dia, "muitos dos que dormem no solo poeirento acordarão, uns para a vida eterna e outros para o opróbrio, para o horror eterno" (Dn 12,2).

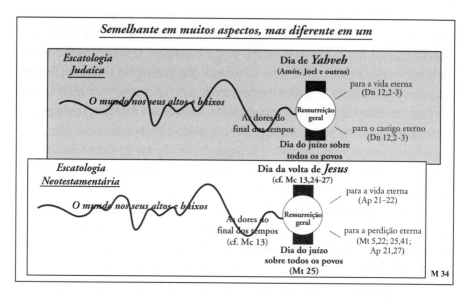

Para o cristianismo, pouca coisa muda em relação ao modelo do final dos tempos judaico: o *dia de Yahveh* torna-se o *dia da parusia*, isto é, o *dia da volta de Jesus* (cf. M 34: escatologia *neotestamentária*). Será o dia em que o Filho do Homem se revelará, ao som de trombetas (cf. 1Ts 4,16; 1Cor 15,52), "vindo do céu, com os anjos de seu poder, no meio de uma chama ardente" (2Ts 1,7-8; cf. Mc 8,38), para realizar o juízo, o juízo final sobre os ainda vivos e os que morreram até então.

O imaginário apocalíptico descrito por *Paulo* (cf. anjos – chama ardente – trombetas) encontra-se desenvolvido em forma de narrativa nos *evangelhos*: *Mc 13,3-37* narra por meio de imagens as "dores do final dos tempos", dos horrores do fim da história, em *Mt 25,31-46* é descrita a dureza do relatório de prestação de contas diante do juiz universal: "Quando o Filho do Homem vier em sua glória, e todos os anjos com ele, então se assentará no trono de sua glória. E serão reunidas em sua presença todas as nações e ele separa os homens uns dos outros, como o pastor separa as ovelhas dos cabritos" (Mt 25,31-32). É inseguro até que ponto aqui a proclamação pré-pascal de Jesus ainda é palpável (cf. Gnilka, p. 366-370). É pouco provável que Jesus tenha se referido a si como o Filho do Homem que aparecerá em juízo.

A grandiosa cena em Mt 25,31-46 respira o espírito do evangelista Mateus, um "escriba" judaico com formação (cf. Luz, p. 62-65), representando e dramatizando sua ideia do juízo final em cores da apocalíptica judaica incipiente. Em nenhum desses textos e de outros nos evangelhos (como, por exemplo, *Lc 16,19-31*: Lázaro) trata-se de uma "reportagem do 'além', mas de um apelo a ouvintes" (Beinert, p. 68).

Quando acontecerá esse dia do juízo é completamente incerto, e sua data não poderá ser calculada a partir de quaisquer possíveis sinais, quer sejam catástrofes, guerras ou terremotos: "Daquele dia e da hora, ninguém sabe, nem os anjos no céu, nem o Filho, somente o Pai" (Mc 13,32). Mesmo Jesus se recusa a fixar qualquer data.

> A arte medieval pintou o cenário do juízo final com imagens assustadoras. Por exemplo, o juízo do mundo de Stephan Lochner (1410-51) ou o altar com o juízo final de Roger van der Weyden (em torno de 1400-64) ou o juízo final de Hieronymus Bosch (1460-1516) ou de Miguel Ângelo (1475-1564) parecem insuperáveis com suas imagens de horror; figuras demoníacas, monstros de fazer medo, diabos com patas de cabrito procurando puxar ou empurrar seres humanos nus com ganchos e tenazes para dentro de um inferno sombrio. – Encontramos também a mesma imagem aterradora do juízo em roupagem literária no "Dies irae, dies illa!" ("dia da ira, aquele dia"), uma fórmula que surgiu em Roma em 1570, usada até 1962 para abrir a liturgia dos mortos. Sob o pincel do artista medieval ou sob a pena do literato daquela época, as imagens apocalípticas da Bíblia não somente foram interpretadas literalmente e de forma errônea, desenvolvendo-as, dando asas à fantasia, mas contribuíram para perverter a novidade do Evangelho, fazendo-se dela uma mensagem de ameaça, inspirando medo.

Além desse cenário de horror, sem fundamento bíblico, há que se considerar uma dupla verdade de fé:

1) *Haverá um juízo no fim de nossa vida.* Todas as grandes religiões, do budismo ao islamismo, sabem da possibilidade de um fracasso. "Ela nos proíbe de contarmos em princípio com uma reconciliação ou expiação de todos e de tudo o que fazemos ou deixamos de fazer" (Unsere Hoffnung, p. 93). Que formato esse juízo terá no detalhe, se será um *juízo de terceiros* ou *autojuízo,* um *juízo individual* ou *geral,* se acontecerá em questão de *segundos* ou se ele se arrastará de forma dramática por um *longo tempo,* sobre tudo isso podemos apenas especular (cf. Schladoth, p. 238-243). Talvez seja assim que no encontro com Deus nossos olhos se abram, nossas máscaras caiam e tudo o que é falso seja "consumido" pelo fogo divino. Talvez compreendamos, de uma só vez, diante da face de Deus, o que poderíamos ter sido e não nos tornamos. O "castigo" talvez consista na dor da chance perdida!

2) *Experimentaremos o milagre de sua misericórdia.* Aquele que se colocar sob o domínio do ressuscitado está a salvo do diabo – independentemente da feição com que ele se apresentar. Uma pequena cena no *tympanon* do portal ocidental, da catedral de Autun na Borgonha, mostra como um escultor em pedra da Idade Média imaginava a intercessão de Jesus pelo discípulo (cf. M 35).

O arcanjo Miguel com a balança da alma
A cena do juízo final no portal ocidental
da catedral de Autun, na Borgonha
(em torno de 1120)

M 35

A representação da pesagem da alma (cf. Bussmann, p. 144-145) mostra o céu e o inferno em luta renhida por toda alma. O artista retratou o diabo numa feiura desprezível, com um corpo frágil e magro e um rosto assustadoramente desfigurado, além de cascos e cauda. Pendurado na viga da balança pela mão direita, enquanto que com a esquerda procura erguer para junto de si uma alma pelos cabelos. Na sua luta pela "presa", ele tem atrás de si o apoio de uma grande figura diabólica e de um demônio menor aos berros, procurando com seu peso empurrar o prato da direita da balança para baixo, para assim falsificar o resultado da pesagem. No lado oposto, apoiado pelos santos (cf. S. João com um livro na mão), luta o arcanjo Miguel com seu reconhecido zelo pela salvação dos piedosos. A seus pés, duas almas, ameaçadas por uma serpente de três cabeças, procuram esconder-se no seu manto. O arcanjo Miguel segura em suas mãos o prato da esquerda contendo uma alma piedosa, garantindo, assim, o peso adequado. Uma quarta alma já venceu pairando no ar em direção ao paraíso.

Na Carta aos Tessalonicenses, o documento mais antigo do Novo Testamento, Paulo consola a comunidade no norte da Grécia com a palavra: "Jesus, a quem Deus ressuscitou dentre os mortos e que *nos livra do juízo vindouro*" (1Ts 1,10). Poucos anos depois, ele escreve aos romanos: "[...] Jesus Cristo, aquele que morreu, ou melhor, que ressuscitou, aquele que está à direita de Deus e que *intercede por nós*" (Rm 8,34). Quem e o que espera o amigo de Jesus no fim, Chiara Lubich, a fundadora do Movimento Focolares, sintetiza na seguinte frase: "Não tenho medo da morte nem do juízo; pois meu juiz torna-se meu melhor amigo!".

Fontes: Th Schneider. *Was wir glauben.* 5. ed. Düsseldorf, 1998, p. 303-319 (Lit.): A. Weiser. "Erhöhung Christi". In: *LThK* 3 (1995), p. 764-5, (Lit.); Bösen. *Letzter Tag,* p. 181-188; *EKK,* p. 58. 405; Gnilka. *Matthäus II,* p. 366-370; U. Luz. *Das Evangelium nach Matthäus.* V. 1. Düsseldorf, 1985, p. 62-65; Beinert. *Tod,* p. 68; "Gemensame Synode der Bistümer in der Bundesrepublik Deutschland. Unsere Hoffnung". Ein Bekenntnis zum Glauben in dieser Zeit. In: *Gemeinsame Synode der Bistümer in der Bundesrepublik Deutschland. Beschüsse der Vollversammlung. Ofizielle Gesamtausgabe.* V. 1. Freiburg i. Br., 1976, p. 84-11, 93; Schladoth. *Glaube,* p. 238-243; K. Bussmann. *Burgund, Kunst, Geschichte, Landschaft, Burgen, Klöster und Kathedralen im Herzem Frankreichs: Das Land um Dijon, Auxdere, Nevers, Autun und Tournus.* Köln, 1982, p. 244s.

III. O que nos auxilia, hoje, no caminho à fé na ressurreição de Jesus?

A ressurreição de Jesus se eleva diante de nós como o cume de um monte em meio a nuvens espessas e impenetráveis. Quem se propuser a escalá-lo terá diante de si um caminho íngreme e cheio de dificuldades (cf. M 36).

1) Muita gente que crê permanece uma vida inteira bem embaixo, nas redondezas do "monte da ressurreição" (cf. M 36:1), movimentando-se junto cá embaixo de um lado para o outro, por diferentes razões, sem jamais questionar ou refletir criticamente sobre o que aprendera na infância, na escola e na Igreja.

2) Outras pessoas desistiram da escalada e frustradas abandonaram o tema (cf. M 36:2). Ofuscadas pelo espírito positivista reinante, essas pessoas reagem como os atenienses que, com desdém, recusam a pregação de Paulo: "A respeito disso te ouviremos noutra ocasião" (At 17,32). O tema não passa de tabu, para eles, porque supostamente ninguém retornou do além. O que a Igreja prega sobre a palavra-chave "ressurreição" é resultado de fantasia humana; para uma ressurreição factual faltam-lhes as provas.

Diante dessas duas posturas extremas, difundidas em nossa sociedade, coloca-se a pergunta: Não há de fato outra alternativa senão *crer cegamente* ou *abandonar toda a questão?* Quem se põe a caminho rumo ao "monte da ressurreição"? Está de fato fadado a marchar cegamente na neblina e na escuridão sem poder contar com um mínimo de apoio e auxílio? Poderá contar apenas, como consolo e apoio, com a "velha" solução, suspeita de ser uma saída embaraçosa, isto é, *a fé* como o único acesso a esse mistério?

Diante de nós encontra-se uma quantidade considerável de "material relevante sobre a ressurreição" em forma de textos, fatos históricos e observações teológicas. A seguir, isso será selecionado e analisado criticamente para ver até onde poderá servir de ajuda.

1. Os escritos do Antigo Testamento

Pelo menos seis textos neotestamentários, datados entre 50 e 100 d.C., demonstram que, na discussão sobre a ressurreição de Jesus, a Igreja primitiva gostava de recorrer ao Antigo Testamento.

1) Na fórmula de fé em *1Cor 15,4*, citada por Paulo, a Igreja antiga confessa: "Ressuscitado segundo as Escrituras (gr. *Katà tas graphás*)".

2) Para o terceiro evangelista é importante comprovar que sofrimento, morte e ressurreição do Messias foram anunciados na Escritura. Em *Lc 24,25-27*, após um longo relato de Cléofas, o ressuscitado diz aos discípulos de Emaús: "Insensatos e lentos de coração para crer tudo o que os profetas anunciaram! Não era preciso que o Cristo sofresse tudo isso e entrasse em sua glória? E, começando por Moisés e por todos os Profetas, interpretou-lhes em todas as Escrituras o que a ele dizia respeito".

3) Em *Lc 24,44-47* o ressuscitado instrui os onze: "[...] era preciso que *se cumprisse* tudo o que está escrito sobre mim na *Lei de Moisés*, nos *Profetas* e nos *Salmos*. Então lhes abriu a mente para que entendessem as Escrituras [...]"

4) Em um sermão em Antioquia na Pisídia, Paulo apresenta a ressurreição como ponto alto da história de Deus com os humanos: "Deus a *realizou* plenamente para nós, seus filhos, *ressuscitando* Jesus" (At 13,32ss). Ele o faz remetendo ao Sl 2,7 e a Is 55,3 (conforme a Septuaginta) e também explicitamente ao Sl 16,10.

5) Na cidade grega de Bereia, Paulo e Silas deparam-se com judeus que "acolheram a Palavra com toda a prontidão, perscrutando cada dia as *Escrituras* para ver se as coisas eram mesmo assim" (At 17,11).

6) Para enfatizar que o discípulo amado chegara à fé no ressuscitado através da sepultura vazia, o quarto evangelista, em Jo 20,9, acrescenta a informação: "Pois ainda não tinham compreendido (Pedro e o discípulo amado) que, conforme a *Escritura*, ele *devia ressuscitar* dos mortos". Aqui em Jo 20,9, o termo no singular *graphé* designa toda a Escritura, como pode ser comprovado mais vezes no Evangelho de João (cf. 10,35; cf. 2,22). Portanto, além da sepultura vazia, existe também a Escritura que conduz à fé pascal.

Seis textos de Paulo, Lucas e João (curiosamente falta Mateus, o judeu, que normalmente traz a perspectiva da Escritura) sugerem que a ressurreição de Jesus foi predita nas Escrituras da *Torá*, dos *Nebiim* (Profetas) e dos *Ketubim* (hagiógrafos); nela se cumprem promessas veterotestamentárias. Antes que perguntemos pelo sentido de remeter e referir-se ao Antigo Testamento, terá de se clarear como o AT lida com o tema ressurreição e se de fato ele conhece uma ressurreição.

1.1 A ressurreição no AT, "um emocionante processo de conhecimento e aprendizagem" (Gisela Kittel)

O Antigo Testamento com seus 45 livros, segundo a Bíblia católica, ou 39, segundo a protestante, cobre um período de mais de 1000 anos. Seus livros mais antigos como, por exemplo, o Pentateuco e os Salmos, contêm camadas de fontes provenientes do 2º milênio a.C.; seus mais recentes como Daniel, 1 e 2, Macabeus e Jesus Sirac (Eclesiástico) foram concluídos apenas na passagem para a era comum. Dispomos, pois, de rico material, contendo boas surpresas, para proceder nossa inquirição sobre a fé do ser humano do Antigo Testamento no que diz respeito ao assunto ressurreição (cf. Kittel, p. 11-120; Wilckens, p. 73-104; Lapide, p. 19-32; Stemberger, p. 19-45; Haag, p. 1191-1193).

A esperança da ressurreição em Israel desenvolve-se num *lento e emocionante processo de conhecimento e aprendizagem*, sendo impossível determinarem-se épocas ou "fases de desenvolvimento" exatas. Se, apesar disso, numa visão esquemática (cf. M 37), são definidas *quatro fases*, isso acontece para destacar mais claramente acentos e mudanças nesse desenvolvimento de mais de mil anos.

A *fonte* da qual se alimenta a esperança na ressurreição israelita são as *convicções fundamentais* adquiridas pelo povo judeu em relação a seu Deus durante seu longo percurso. A expectativa de uma ressurreição dos mortos no fim dos tempos, como se tornou palpável no judaísmo tardio, nasceu entre outras coisas de sua experiência, 1) de que seu Deus, criador do *universo*, é *mais forte* do que a morte, seu *poder* não se limita aos vivos, mas também se estende sobre o mundo dos mortos; 2) de que Deus é Deus *fiel*, realizando as promessas feitas a seu povo, especialmente a de sua presença salvadora (Ex 3,14), mesmo além da morte do indivíduo; 3) de que Deus é Deus *justo* garantindo no juízo final o direito àqueles que neste mundo foram oprimidos e ficaram no prejuízo.

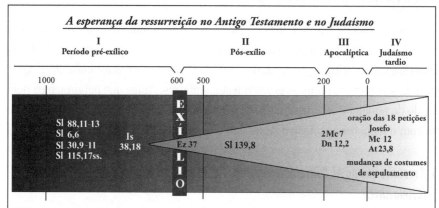

"Podemos perseguir este emocionante processo de descoberta e aprendizagem no Antigo Testamento, perceber como a fé israelita ganha profundidade, afirmando que essência e poder do sheol não podem subsistir diante do poder e da fidelidade de Deus; a vida divina invade o mundo da morte, estendendo seu domínio sobre ele e apropriando-se daquilo que pertence ao sheol" (Kittel, p. 23).

M 37

A esperança na ressurreição, do Antigo Testamento e do judaísmo, foi *influenciada* por ideias do mundo extrabíblico (entre outros do Egito [cf. Görg, p. 102-112 e outras]), *mas não derivada; foi sustentada, mas não determinada* por elas. Em contraposição a Marxen, para quem a doutrina da ressurreição "não é nenhuma doutrina judaica genuína oriunda do Antigo Testamento, mas que penetrou no judaísmo por influência externa" (p. 137), Mussner sustenta que a fé na ressurreição, por exemplo na religião iraniana, originou-se de pressupostos bem diversos dos da fé veterotestamentária. Mesmo quando, no processo da revelação, impulsos "externos" tenham se tornado atuantes, isso ainda não significa que "corpos estranhos" tenham penetrado em seu meio. Existe uma recepção e integração de elementos "estranhos" na revelação (cf. Mussner, p. 48 A 26).

1.1.1 "Abandonado a mim mesmo entre os mortos, [...] dos quais já não te lembras" (Sl 88,6)

No início da tradição bíblica, isto é, nos séculos anteriores e posteriores ao primeiro milênio a.C., ainda falta quase que completamente tal expectativa; no máximo relampejos esporádicos nos dão uma ideia daquilo que se tornaria patrimônio geral do judaísmo tardio 1000 anos depois (cf. M 37: I. período pré-exílico).

Na morte o ser humano desce ao *sheol,* ao mundo inferior (cf. M 38 e M 24). Segundo as pessoas que viveram no período pré-exílico, abria-se um profundo abismo entre o mundo dos mortos e Yahveh (cf. Kittel, p. 20). A atuação de Deus limita-se à existência terrena, o mundo dos mortos escapa à sua área de influência. O rei Ezequias (725-697 a.C.), curado de doença mortal, confessa em um hino de ação de graças: "Sim, não é o *sheol* que te louva, nem a morte que te glorifica, pois já não esperam em tua fidelidade aqueles que descem à *cova*" (Is 38,18). No Sl 88,11-13 um desconhecido pergunta em sua oração em nome de muitos: "Realizas maravilhas pelos *mortos?* As *sombras* se levantam para te louvar? Falam do teu amor nas *sepulturas,* a da tua fidelidade no *lugar da perdição?* Conhecem tuas maravilhas na *treva,* e tua justiça na *terra do esquecimento?*". Três perguntas insistentes que devem receber um não como resposta. No reino dos mortos, não apenas eles se esqueceram de Deus, mas também Deus se esqueceu deles (cf. Sl 6,6; 30,9-11; 115,17ss e outros).

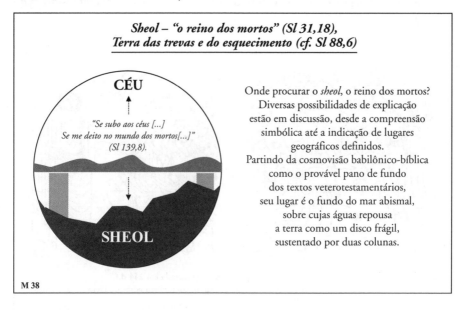

M 38

1.1.2 "Se me deito no *sheol,* aí te encontro" (Sl 139,8)

Uma mudança de pensamento nessa questão ocorre timidamente no exílio babilônico (587-538 a.C.); aprofunda-se lentamente nos 400 anos seguintes (cf. M

37: II. Pós-exílio). Dentre os textos clássicos a serem selecionados ao lado do Sl 139, encontra-se Ez 37,1-14 (cf. Kittel, p. 26-33, 69-72; Ebach, p. 120-124).

Ezequiel, sacerdote e profeta atuante na Babilônia de 593-571 a.C., sabe-se em visão transposto para uma planície coberta de ossos de cadáveres (v. 1-2). Ao ordenar em nome de Yahveh que os ossos se reavivem, ele se torna testemunha de como ossos ressecados se juntam, cobrindo-se de carne e pele (v. 7s) e como – após nova ordem (v. 9s) – eles se tornam vivos e ressuscitam (cf. M 39).

Na *explicação* que se segue (v. 11-14), o profeta fica sabendo que o Israel exilado será ressuscitado para nova vida e conduzido de volta à pátria. Esses versículos querem ser entendidos como *palavras de encorajamento dirigidas a um povo desterrado*, no sentido de uma ressurreição *nacional* e não pessoal, mas há que se ver também que a visão pressupõe a fé em Yahveh como o Deus vivificador. "O uso da imagem da 'vivificação de mortos' mostra que se está lidando com um Deus, cujas possibilidades não são limitadas pelas impossibilidades humanas" (cf. Blank, p. 149). Por isso só pode ser consequente que a interpretação judaica de Ez 37,1-14 em tempos tardios encontre aí o anúncio e o enunciado da *ressurreição geral dos mortos*.

Pintura nas paredes da sinagoga de Dura Europos (Síria), restaurada em 244 d.C.
À esquerda: o profeta Ezequiel, curiosamente em trajes iranianos, conjura em nome de Deus (veja-se a mão de cima) os cadáveres e os ossos espalhados na planície.
À direita: o profeta, aqui em trajes helênicos, apresenta os ressuscitados, todos em forma, como homens jovens e esbeltos. Um enigma constitui um resto de membros do corpo isolados. Recorrendo-se à promessa de Dn 12,2 para ajudar na explicação, esses membros isolados representariam aqueles que no fim dos tempos acordarão para "o opróbrio e o horror eterno".

M 39

Nos Salmos 6; 30; 88; 115 entre outros, lia-se que o braço de Deus não alcançava o reino dos mortos; já no Sl 139,7s, o salmista põe na boca de quem faz a oração as seguintes palavras: "Para onde ir, longe do teu sopro? Para onde fugir, longe da tua presença? Se subo aos *céus*, tu lá estás; se me deito no *sheol*, aí te encontro?" (cf. M 38). Em sua luta contra o temor de que a dedicação de Deus pudesse ter limites e obstáculos (cf. Kittel, p. 31), o salmista se põe e medir todas as dimensões horizontais e verticais do mundo: as esferas mais distantes do Oriente (cf. v. 9a: "alvorada") como do Ocidente (cf. v. 9b: "limites do mar"), o céu nas alturas como o mundo inferior nas profundezas do mar abismal. Assim, finalmente, ele pode constatar tranquilizado: Não tem sentido qualquer a fuga, Deus de fato é onipresente, até mesmo no *sheol*.

1.1.3 "E muitos dos que dormem no solo poeirento acordarão" (Dn 12,2)

A esperança do Antigo Testamento na ressurreição tem o seu auge no século II a.C., no assim chamado período da *apocalíptica* (cf. M 37: III). Em Dn 12,1 esse tempo é designado de "um tempo de angústia tal como jamais terá havido até aquele tempo, desde que as nações existem". Essa angústia está intimamente ligada ao nome do rei selêucida Antíoco IV Epífanes (cf. M 40). Devido a suas tentativas de impor à força a cultura greco-helenística também na Palestina (cf. 2Mc 4: profanação do templo, construção de uma escola de lutas, proibição da circuncisão, profanação do sábado, proibição de leis alimentares judaicas e outras coisas mais), ele evoca forças opositoras que se concentram em Judas, o macabeu (166-160 a.C.). Muitos, anciãos e jovens, homens e mulheres, encontram-se diariamente ameaçados de morte.

Antíoco Epífanes (175-163 a.C.)
Selêucida, pertencente à dinastia fundada por Alexandre, o Grande. Suas tentativas de helenização, impostas à força bruta, suscitaram a resistência dos macabeus, uma família judaica, em torno de Judas.
M 40

Dá-se o martírio dos sete irmãos macabeus e de sua mãe (2Mc 7,1-42), coagidos pelo rei a consumir carne de porco, contrariando o mandamento da Torá. Como os golpes com tiras de couro e nervos de boi não surtem efeito, ele os assassina de forma cruel. O segundo dos sete irmãos, já agonizando, ainda diz ao rei:

"Tu, execrável como és, nos tiras desta vida presente. Mas o Rei do universo nos ressuscitará para uma *vida nova e eterna*, pois morremos por fidelidade às suas leis" (v. 9). Quando o quarto está quase a expirar, declara: "Deus nos deu a esperança de um dia *ser ressuscitados* por ele [...]" (v. 14; cf. 7,23.29.36; 12.43ss; 14,46).

Além de 2Mc 7, *Dn 12*, datado de 163 a.C., pertence às mais antigas referências à esperança de ressurreição individual (Bauer, p. 82). O texto resume em duas breves sentenças aquilo que até hoje se confessa na fé judaica: "E muitos dos que dormem no solo poeirento acordarão, uns para a vida eterna e outros para o opróbrio, para o horror eterno. Os que são esclarecidos resplandecerão, como o resplendor do firmamento; os que ensinam a muitos o reto agir hão de ser como as estrelas, por toda a eternidade".

A fé em uma vida após a morte torna-se visível também nos *costumes funerários* modificados (cf. Riesner, p. 173-178), Zagenberg, p. 40-47). No século II a.C. surgem as conhecidas *sepulturas* no vale do Cedron, a leste de Jerusalém. Podemos supor que Jesus as tenha visto quando esteve a caminho do cenáculo da última ceia para o jardim do Getsêmani (cf. Bösen, *Letzter Tag*, p. 134). Também chama a atenção que a partir do século I a.C., as sepulturas são abertas uma segunda vez para transferir os ossos do morto para pequenas urnas funerárias de pedra calcária, os assim chamados ossários (cf. M 41).

Duas urnas funerárias como exemplo de milhares de outras

Como esta urna, muitas outras, a partir do século II. a.C., eram ornamentadas com estrelas, palmeiras, flores ou desenhos geométricos, podendo ser interpretados como homenagem à pessoa dos restos mortais ali depositados.

Este ossário n. 4, encontrado em 1968, em Giv'at at ha-Mivtar, um bairro ao norte da cidade de Jerusalém, continha os restos mortais de um homem, relativamente jovem, de nome Ben Hagkol, crucificado entre os anos 6 a 66 d.C. (cf. Bösen, Letzter Tag, p. 277s).

M 41

Muitas vezes essas *urnas funerárias* são decoradas com motivos geométricos, rosetas e flores, contendo nomes em língua aramaica ou grega, podendo ter ainda mencionada a profissão de quem aí fora depositado. Até hoje, em Israel, foram encontrados aproximadamente mil desses ossários. "Talvez esse costume (um segundo sepultamento nessa urna) tenha alguma relação com o fortalecimento da esperança na ressurreição individual no círculo dos fariseus" (Riesner, p. 177; ao contrário de Zangenberg, p. 45).

Síntese: A fé na ressurreição dos mortos desenvolve-se apenas lentamente, recebendo seguramente também alguma influência de fora de Israel. Desenvolveu-se a partir da convicção fundamental de que Deus é *Senhor sobre vida e morte*, permanecendo fiel *a seu nome* que está-aí-para-os-humanos.

1.1.4 A esperança da ressurreição no período intertestamentário

No *judaísmo tardio*, portanto no tempo de Jesus, a fé na ressurreição dos mortos, no final do tempos, estava amplamente difundida entre o povo judeu (cf. Stemberger, p. 1193-1195). Comprovações disso são, entre outras, a *Oração das 18 petições, Josefo* e *Atos dos Apóstolos* (cf. M 42).

A *Oração das 18 petições* (hebr. *Sh'mone-Esre*), chamada simplesmente de "a oração" (hebr. *ha-tefillah*) na literatura rabínica, tem sua designação a partir de suas, originalmente, 18 petições (Bösen, *Galileia*, p. 221s). Ao contrário do *Sh'ema*, o credo judaico, a ser recitado por todos os homens judeus de manhã e ao entardecer, o *Sh'mone-Esre* era orado por três vezes (manhã, tarde e noite) também por mulheres, escravos e crianças. "Seguramente teve sua origem em tempos pré-cristãos" (Maier/Schäfer, p. 11). Para nosso contexto, a segunda petição é relevante (cf. M 42: lado esquerdo). Nela, a pessoa pede por nada menos do que três vezes que Deus "vivifique os mortos", porque não apenas é fiel aos vivos, mas também aos que "dormem no solo poeirento".

O autor judaico *Josefo* (37/38-100/110 d.C.), em duas de suas obras, *Antiquitates Judaicae* (Antiguidades judaicas) e *De Bello Judaico* (Guerras judaicas), datadas entre 79 e 94 d.C. (cf. M 42), confirma a fé na ressurreição entre fariseus e essênios, duas "escolas" ou "partidos" do judaísmo na passagem para a era comum. O "partido" dos saduceus, recrutados dentre os nobres e sacerdotes da elite, rejeitam uma crença na ressurreição dos mortos com a fundamentação de que a Torá, os cinco livros de Moisés, nada fala de uma ressurreição dos mortos (cf. cap. III.2).

> *A esperança em uma ressurreição dos mortos –*
> *quase um bem comum em Israel no tempo de Jesus*

ORAÇÃO DAS 18 PETIÇÕES

2. Tu és poderoso eternamente,
Senhor,
que vivificas os mortos,
forte és tu no socorro,
cuidando dos vivos por graça
apoiando os que caem, curando
enfermos, libertando presos,
mantendo fidelidade aos que
dormem no pó.
Quem é como tu,
Senhor dos atos poderosos,
quem é semelhante a ti,
Rei,
que mata e vivifica,
deixando brotar a salvação!
Fidedigno és tu.
Glorificado sejas tu,
Deus,
que vivificas os mortos!
M 42

JOSEFO (37-110 d.C.)

"Os *fariseus* creem que as almas são imortais e que cada qual receberá castigo ou recompensa sob a terra, dependendo de sua conduta virtuosa ou perversa, assim que depravados sofrerão a pena de reclusão eterna, e os portadores de virtudes receberão o poder de retornar à vida"
(Ant. XVIII 3; cf. Bell. II 8,14).

"Os *saduceus* negam a continuidade da alma além de castigos e recompensas no mundo inferior"
(Bell 8,14; cf. Ant. XVIII 4).

ATOS DOS APÓSTOLOS

"Os *saduceus*, pois, afirmam que não há ressurreição, nem anjo nem espírito, enquanto os *fariseus* sustentam uma e outra coisa" (At 23,8).

As afirmações de Josefo são confirmadas por Lucas nos *Atos dos Apóstolos* (cf. M 42). Paulo aproveita em seu favor a dissensão entre fariseus e judeus sobre a ressurreição, quando de sua aparição diante do sinédrio em Jerusalém, dividindo-os entre si, ao exclamar: "Irmãos, eu sou fariseu, e filho de fariseus. É por nossa esperança, a ressurreição dos mortos, que estou sendo julgado!" Sua estratégia deu certo. Ambos os grupos entram em disputa por causa do tema e acabam em cisão. Lucas ainda acrescenta como explicação: "Os saduceus, pois, afirmam que não há ressurreição, nem anjo nem espírito, enquanto os fariseus sustentam uma e outra coisa" (At 23,8).

Sintetizando o resultado para o período que nos interessa aqui, pode-se afirmar: *Na passagem para a era comum, a fé na ressurreição está amplamente difundida;* pouco peso tem a existência de um grupo que trilha caminhos próprios. A maioria dos judeus, e também Jesus, crê que, *no fim dos tempos*, após a história ter chegado a seu alvo (cf. M 43), Deus realizará um juízo.

Esse "dia de Yahveh", a respeito do qual ninguém sabe, "nem mesmo os anjos no céu" (Mc 13,32), será um dia sombrio, cheio de duras aflições. "O sol se escurecerá ao nascer, e a lua não dará a sua claridade. As estrelas cairão do céu e os poderes celestiais ficarão abalados" (Is 13,10; 34,4). Todos, vivos e mortos, terão de aparecer diante dele neste *último dia do mundo* para a prestação de contas. Os justos ele ressuscitará para a vida eterna, os ímpios para a morte eterna.

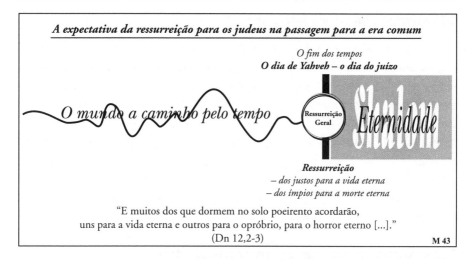

De forma bem resumida, encontramos a fé rabínico-farisaica na ressurreição em vigor no século I d.C., na declaração que o quarto evangelista coloca na boca de Marta, a irmã de Lázaro: "Eu creio que ele ressuscitará *no último dia*" (Jo 11,24).

Fontes: Kittel. *Befreit*, p. 11-102; Wilkens. *Auferstehung*, p.73-104; Lapide. *Glaubenserlebnis*, p. 19-32; G. Stemberger. "Das Problem der Auferstehung im Alten Testament". In: Idem. *Studien*, p. 19-45 (cf. Idem. "Auferstehung der Toten, III Im Alten Testament". In: *LThK* 1 (1993), col.1193-1195 [Lit.]; E. Haag. "Auferstehung der Toten, II Im Alten Testament". In: *LThK* 1 (1993), col. 1191-1193; Görg. *Haus*, p. 102-138; W. Marxen. *Die Auferstehung Jesu von Nazaret*. Gutersloh, 1968, p. 137; Mussner. *Auferstehung*, p. 41-48; J. Ebach. "Ezechiels Auferstehungsvision (Ez 37)". In: *BuK* 55 (2000), p. 120-124; Blank. *Paulus und Jesus*, p. 149-50; D. Bauer. "Der Tod von Märtyrern und die Hoffnung auf die Auferstehung". In: *BuK* 57/22 (2002), p. 82-86; R. Riesner. "Begräbnis und Trauersitten". In: *GBL* I, p. 13-178; J. Zangenberg. "Zwischen Welt und Unterwelt. Bestattungssitten und Gräber in Plästina zur Zeit Jesu". In: *WUB* 27 (2003), p. 40-47; Bösen. *Letzter Tag*, p. 134. 277; Bösen. *Galiläa*, p. 221-222; J. Maier, P. Schäfer. *Kleines Lexikon des Judentums*. Stuttgart, 1982, p. 10-11.

1.2 Interpretado corretamente pela Igreja primitiva

Após essa visão geral por sobre mais de 1000 anos de teologia da ressurreição no Antigo Testamento, finalmente podemos perguntar como a Igreja primitiva entendeu aqueles seis textos em que a *ressurreição de Jesus* é apresentada expressamente como *cumprimento de predições veterotestamentárias* (cf. 1Cor 15,4; Lc 24,25-27.44-47; At 13,32ss; 17,11; Jo 20,9). Significa "ressuscitado segundo as Escrituras" (1Cor 15,4) de fato, como muitos ainda hoje creem, que a ressurreição de Jesus pode ser atestada em determinados textos, que ela tem sido prevista e predita muito tempo antes por profetas e escritores do Antigo Testamento? Não admira mais que essas perguntas não possam ser respondidas com um simples sim, após essa visão geral sobre a esperança da ressurreição no Antigo Testamento.

1.2.1 A ressurreição de Jesus – sem base em textos isolados do AT...

Apontar genericamente para "as Escrituras", sem mencionar referências específicas, já evidencia "que 'segundo as Escrituras' não significa que nos livros da antiga aliança houvesse uma espécie de previsão do programa dos eventos pascais" (Kremer, p. 21). Tal programa não existe e não o encontraremos nem após uma busca intensiva. Lc 24,27 ("[...] começando por Moisés e por todos os profetas, interpretou-lhes as Escrituras o que a ele dizia respeito") não pode ser entendido erroneamente como se Jesus tivesse citado todas as referências feitas previamente em relação ao Messias. A ressurreição de Jesus não pode ser deduzida diretamente dos escritos do Antigo Testamento (cf. M 44: parte superior). Wilkens chama a atenção de que "em lugar algum se fala da ressurreição do Messias já a postos no céu" (p. 104). Nem mesmo Jo 20,9 (cf. "pois ainda não tinham compreendido que, conforme a Escritura, ele devia ressuscitar dos mortos") deve estar fazendo alusão a uma referência bíblica específica. No contexto, essa observação "provavelmente quer destacar... a fé do outro discípulo" (Schnackenburg, p. 369), que se baseia apenas na sepultura vazia e não nas Escrituras do Antigo Testamento.

1.2.2 ... muito antes, interpretação da "grafia" de Deus em seu "manuscrito", documentado no AT

A Igreja primitiva não tinha em vista *determinados* textos quando, na discussão sobre a ressurreição de Jesus, remete ao Antigo Testamento. Com o emprego da fórmula "segundo as Escrituras" ela chama a atenção "que a mensagem pascal precisa ser lida em conexão com *todo* o Antigo Testamento..." (Kremer, p. 21s), uma vez que em seus escritos, cobrindo muitos séculos, pode-se reconhecer o "manuscrito" de Deus (cf. M 44: parte inferior).

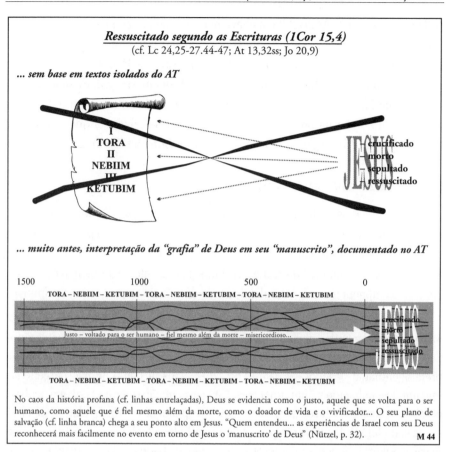

Nas entrelinhas desses escritos, de forma discreta e velada, mesmo assim cognoscível para todo aquele que crê no agir de Deus na história, pode-se ler que o Onipotente tem seu rosto voltado para o ser humano, que em meio ao caos da história profana há um "fio condutor" (cf. M 44: linha branca), que Deus desenvolveu um plano de salvação, com seu ponto alto em Jesus. Quem se ocupa com o Antigo Testamento reconhece nele "as grandes linhas" (Thielicke, p. 193), que se entrecruzam no foco chamado Jesus. É isso que se há de refletir na leitura do Antigo Testamento: Jesus não pode ser comprovado como o portador de salvação prometido por Deus a partir de textos isolados dentre os escritos do Antigo Testamento, mas o é de uma forma geral através do agir salvífico nele documentado (cf. Schneider, p. 503s).

Disso resulta que não se pode buscar no Antigo Testamento apenas profecias messiânicas; antes, há que se levar em conta o todo do *agir, ser* e *planejar de Deus*.

Toda a Escritura (cf. At 26,22) é a chave para um melhor conhecimento de Jesus. "Quem entendeu as experiências de Israel com seu Deus, registradas no Antigo Testamento, poderá reconhecer mais facilmente a 'grafia' de Deus no evento em torno de Jesus" (Nützel, p. 32). O evento em torno de Jesus insere-se harmoniosamente naquilo que Moisés e os profetas, naquilo que toda a Escritura escreveu sobre o Messias. Dito de forma breve: "Segundo as Escrituras" significa que *o evento de Cristo corresponde ao agir de Deus na história de Israel* (cf. Söding, p. 262).

1.2.3 Um contexto carente de elucidação

Contudo essa "relação" não é evidente em si. "Não, as Escrituras realmente não são 'autointeligíveis'" (Nützel, p. 61). Para atingir seu sentido profundo, necessita-se de ajuda interpretativa. Lucas, o pedagogo entre os evangelistas, percebe que essa "visão conjunta" de Antigo Testamento e evento de Jesus não é simples. Por isso ele aponta o caminho, valendo-se de duas narrativas da Igreja primitiva.

O mais belo exemplo encontra-se na *perícope dos discípulos de Emaús* (cf. M 45). Os dois discípulos deixam Jerusalém desanimados. Os acontecimentos ruins dos últimos dias deixaram suas almas tão devastadas (cf. M 45: o início em cor preta acentuada), fazendo-os caminhar cabisbaixos, a ponto de não perceberem que um desconhecido se juntara a eles. Como quem não quer nada, o que acabara de chegar começa a fazer perguntas e eles respondem com um relato minucioso e engajado (cf. M 45: os "três passos" de um diálogo teológico-espiritual – informar-se, ouvir atentamente e interpretar). Tendo acabado a fala dos discípulos, ele retoma a palavra. Iniciando com uma pergunta questionadora – "Não era preciso que...?" –, passa a elucidar-lhes como as Escrituras se cumprem naquilo que eles lamentam e que tanto oprime. Dessa maneira o *próprio ressuscitado como intérprete* introduz cuidadosamente os discípulos de Emaús (Lc 24,25-27) e todo o grupo dos discípulos na compreensão dos escritos veterotestamentários, desobstruindo-lhes o caminho para a fé (Lc 24,44ss). No longo caminho para a fé pascal bem como para o conhecimento de Jesus, cabe às Escrituras uma função relevante e preparatória: elas querem afofar o solo rígido, tornar inquieto, fazer perguntas e revolver. Retrospectivamente, ambos os discípulos de Emaús confessam: "Não *ardia nosso coração* (em nós), quando ele nos falava pelo caminho, quando nos *explicava as Escrituras?*" (Lc 24,32). Assim, preparado e "envolto no clima", pode-se, então, chegar ao conhecimento último e mais profundo do conhecimento de Jesus na *ceia eucarística* (cf. M 45). É claro, mediante o auxílio da graça de Deus (cf. Lc 24,31: "Então seus olhos se abriram...", isto é, foram abertos por Deus.)

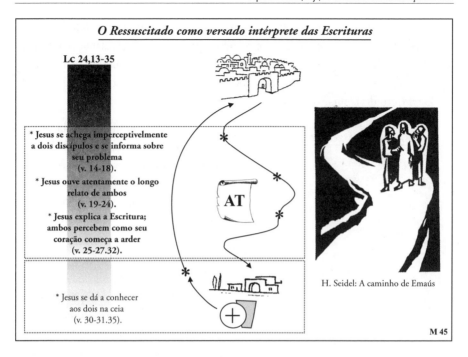

H. Seidel: A caminho de Emaús

A imagem do *coração ardente* é bíblica. No Sl 39,3, um desconhecido, diante de sua insignificância diante de Deus, confessa: "Meu coração queimava dentro de mim, ao meditar nisto o fogo se inflamava". – O "coração" na Bíblia (gr. *kardía*; hebr. *leb/lebáb*) é órgão corporal, e como tal é sede da força e da vida corporal (Sl 38,11; Is 1,5), no sentido metafórico significa "o centro da vida intelectual e emocional, o interior do ser humano" (Sorg, p. 681), a "sede dos sentimentos" (idem), o "núcleo da pessoa e (o) lugar em que Deus se manifesta ao ser humano" (p. 682). – Se Lucas faz os discípulos expressarem que seu coração começara a "arder", então ele quer entender que a interpretação das Escrituras os atingira no seu interior, fazendo seu coração acelerar e aumentar sua pulsação.

Na formulação *abrir as Escrituras* (lat. *aperiret scripturas*) ressoa uma bela imagem, a de apresentar as Escrituras como cofrezinho de tesouros. Como apreciador de arte, o ressuscitado vai tirando peça após peça, apresentando-as aos que estavam com ele a caminho. Em outras palavras, com suas explicações, ele abre, aos dois, novos acessos e novos nexos, permitindo a ambos que os livros, há muito conhecidos, se lhes cheguem de forma nova. É como se os ouvíssemos exclamar sempre de novo: "Nunca vimos isso desse jeito!".

Lucas refere-se, em Atos dos Apóstolos, a um alto funcionário (ministro de finanças) de Candace, rainha da Etiópia, retornando de uma peregrinação a Jerusalém (cf. At 8,26-40). Quando Filipe, um dos sete apóstolos, impelido pelo Espírito Santo, se aproxima da carruagem do oficial (cf. M 46), ouve o que o viajante está lendo no livro de Isaías.

Carro de viagem romano

Carro romano, provavelmente utilizado pelo oficial da rainha Candace da Etiópia em viagem a Jerusalém.

M 46

Os versículos que ele está recitando são do famoso quarto canto do servo sofredor – Isaías, capítulos 52 e 53. Ao ser interrogado se entendia o que lia, ele responde: "Como o poderia, se alguém não me explicar?" (v. 31). Filipe não se faz de rogado. "Partindo desse trecho da Escritura, Is 53,7-8, anuncia-lhe o Evangelho de Jesus" (v. 35). Como ele faz isso, Lucas indica com a pergunta do superintendente etíope: "De quem diz isto o profeta? De si ou de outro?" (v. 34). Para Filipe a figura misteriosa do servo (hebr. *ébed Yahveh*) tem um rosto concreto: é nenhum outro senão Jesus! Ele se deixou abater como um cordeiro como sacrifício vicário em favor de muitos (Is 53,4ss.11s), para no fim ser exaltado por Deus (Is 52,15). Quem conhece a Jesus entende esses versículos enigmáticos de Is 52-53. A exegese de Filipe convence o superintendente. Chegando a um local com água, o etíope pede para parar o carro e *solicita o batismo*. "Filipe e o eunuco desceram à água e Filipe o batizou" (v. 38).

Na *conversa com os discípulos a caminho de Emaús* em Lc 24,17-27 e na *conversa de Filipe com o eunuco* em At 8,29-35, a atuação missionária da Igreja primitiva encontra sua expressão exemplar (cf. Weiser, p. 213). Um papel central na proclamação cabe ao *intérprete das Escrituras* e do *exegeta*. Por meio de Lc 24,25-27 (história de Emaús) e Lc 24,44-47 (aparição de Jesus em Jerusalém), Lucas garante que o fazer exegético tem seu fundamento no agir do próprio ressuscitado.

Fontes: Kremer. *Osterevangelien,* p. 21s; Wilckens. *Auferstehung,* p. 104; Schnackenburg. *Johannes III,* p. 369; Theilicke. *Ich glaube,* p. 193; Schneider. *Lukas II,* aqui: excurso 23 – Verheissung und Schrifterfüllung, p. 503s; Nützel. *Augen,* p. 32,61; Th. Söding. "Schriftbeweis". I Biblisch. In: *LThK* 9 (2000), p. 262; Th. Sorg. "Herz". In: *Theologisches Begriffslexikon zum Neuen Testament I.* 3. ed. Wuppertal, 1983, p. col. 680-683; Weiser. *Apostelgeschichte II,* p. 206-214.

Relevância atual: auxilia, desde que haja um intérprete versado nas Escrituras

Poderão os escritos do Antigo Testamento servir de ajuda para nós a caminho da fé pascal? Terão eles ainda "valor comprovatório" como o tiveram para os judeus de então? As duas perguntas terão de ser respondidas afirmativamente, mas não de forma incondicional. Os escritos veterotestamentários serão de ajuda e "comprovatórios", desde que lidos e interpretados corretamente!

Está na hora de finalmente nos despedirmos da falsa compreensão segundo a qual o Antigo Testamento é apresentado como uma espécie de livro comprovatório em relação a Jesus. Como se a biografia inteira de Jesus, ponto a ponto, estivesse predita nele! Na realidade, o número de textos que pudessem ser interpretados como predição direta é ínfimo.

Os escritos do Antigo Testamento assemelham-se mais a *relatos de experiência* de pessoas sensíveis em relação a Deus. "Em seus testemunhos ganhou expressão aquilo que seres humanos, como indivíduos ou em comunidade..., experimentaram com seu Deus" (Zahrnt, p. 59). Neles, desvenda-se ao contemplador que crê (!) "a maneira como o Deus justo e misericordioso costuma agir em relação aos seres humanos" (*Dei Verbum* 15). Quem se ocupar intensivamente com o agir de Deus em meio a seu povo, quem ler sobre seu amor ao ser humano, sobre sua misericórdia e fidelidade, traços característicos de ser, entenderá cada vez melhor também a Jesus. Saberá que ele é o Messias e Salvador prometido e que na pessoa dele o planejar salvífico de Deus chega a seu alvo, atingindo nele seu ápice absoluto.

Para nós é mais difícil reconhecer nesses escritos a "grafia" divina, perceber os traços característicos do agir de Deus do que para as pessoas do período bíblico de 2000/3000 anos atrás. Isso não apenas por causa da distância temporal e geográfica em relação ao mundo do Antigo Testamento; falta-nos principalmente uma *visão de conjunto* com que o contemporâneo do contexto bíblico ainda contemplava o mundo. Para a pessoa na modernidade, Deus se deslocou para bem longe; procurar pegadas de sua ação na história, tanto na história do mundo quanto na do indivíduo, torna-se um empreendimento difícil senão até proibido.

Por isso necessitamos, mais do que as pessoas na antiguidade da Igreja, do *intérprete versado nas Escrituras* que nos auxilie na leitura da Bíblia. Não que não pudéssemos fazer a experiência de Heinrich Heine num certo domingo, quando "o tédio feito chumbo" quase esmagava sua cabeça, "no seu desespero estende a mão à Bíblia" e acaba confessando: "Que livro! Grande e amplo como o mundo... É o livro dos livros, Bíblia. Os judeus deveriam se consolar facilmente de terem perdido... Jerusalém, templo e arca da aliança... Tal perda é pequena em comparação à Bíblia, esse tesouro indestrutível, salvo por eles" (p. 370).

Definitivamente, a Bíblia "em todos os casos é leitura boa e útil, em especial para quem procura pegadas de Deus no mundo" (Zahrnt, p. 68) – mesmo individualmente e sem qualquer ajuda. Necessita-se de um intérprete versado especialmente quando se trata de questões como a nossa, de predição e cumprimento, do nexo entre Antigo e Novo Testamento e do plano de salvação do mundo por parte de Deus. Aqui há que se buscar o profissional da área teológica. Pois a exegese é um empreendimento difícil, uma aventura linguística, histórica e teológica, que exige que se desça até as profundezas do poço do tempo. Para que a mente crítica da pessoa na modernidade comece a conhecer e perceber seu coração "ardendo" precisará mais do que de palavras que soam bem. O fato de Lucas atribuir a função de exegeta a ninguém menos que ao ressuscitado (cf. Lc 24,25-27) chama a atenção. Quem ousa interpretar as sagradas Escrituras há que ser mensurado a partir de Jesus, o "exegeta-mor de Deus" (Gnilka). Assim, estão sendo cobrados não apenas os leitores, mas também todos os intérpretes da Bíblia, onde quer que se encontrem – no púlpito, em sala de aula, em palestras ou na escola.

Fontes: H. Zahrnt. *Mutmassungen über Gott. Die theologische Summe meines Lebens.* Münich, 1994, p. 59. 68; "Zweites Vaticanisches Konzil, Die dogmatische Konstitution über die göttliche Offenbarung 'Dei Verbum'". In: K. Rahner / H. Vorgrimler (edit.) *Kleines Konzilcompendium.* 27. ed. Freiburg i. Br., 1998, artigo 15; H. Heine. "Ludwig Borne – eine Denkschrift". In: H. Schanze (edit.). *Heinrich Heine Werke: Schriften über Deutschland.* Frankfurt, 1968, p. 370.

2. As predições de Jesus

Uma conhecida Bíblia escolar introduz as histórias da Páscoa com a frase "Muito tempo antes, Jesus já havia predito: 'Eu terei de sofrer e morrer, mas no terceiro dia ressuscitarei'. Ninguém entendia o que ele queria dizer com isso, nem mesmo seus discípulos. Na Páscoa, porém, aconteceu o que Jesus havia predito" (I. Weth. *Neukirchner Kinder-Bibel.* 13. ed. Neukirchen-Vluyn, 2001, p. 246). Na mesma direção manifesta-se o *Catecismo da Igreja Católica* (alemã, 1993).

Remete-se a três textos nos evangelhos (cf. Mt 12,39: o sinal de Jonas; Jo 2,19-22: o sinal do templo; Mc 8,31; 9,31; 10,34: as três predições do sofrimento e da ressurreição) e sem qualquer explicação constata-se: Jesus anunciou sua própria ressurreição (cf. p. 285).

A questão é explosiva. Na busca de resposta, recomenda-se em termos metodológicos clarear inicialmente a questão *em que* Jesus acreditava quanto à ressurreição, para depois, num segundo passo, perguntar se ele de fato predisse sua *ressurreição pessoal e antecipada*.

2.1 Em que Jesus acreditava quanto à ressurreição? (Cf. Mc 12,18-27)

Podemos buscar uma resposta em uma narrativa dos sinóticos, intitulada na Tradução Ecumênica da Bíblia "A ressurreição dos mortos" (cf. Mc 12,18-27, par. Mt 22,23-33 / Lc 20,27-40). Na pergunta histórico-retrospectiva há que se partir de Mc 12,18-27, a tradição reconhecidamente mais antiga.

2.1.1 Duas controvérsias entrelaçadas...

A pequena narrativa (Mc 12,18-27) pertence aos chamados *apophtégmata* ou *controvérsias e disputas doutrinais*, mantidas por Jesus com fariseus, escribas e saduceus (cf. Bultmann, p. 39-73); Dormeyer, p. 159-166; Schwankl; Ulonska). A tradição dos sinóticos conhece algo em torno de uma dúzia desses diálogos (cf. especialmente Mc 11-12, par.): sobre a autoridade e messianidade de Jesus, o imposto a César, o mandamento maior e outros.

Durante muito tempo a *historicidade* dessas disputas era controversa. Eram tidas como "construções ideais, isto é, não relatos sobre acontecimentos históricos, mas construções" (Bultmann, p. 40), portanto tratava-se de discussões fictícias da comunidade primitiva sobre questões então atuais. Hoje reina uma maior cautela na avaliação histórica. Apesar de as *situações que servem de moldura e os conflitos descritos* aparecerem bem estilizados, "não se excluem recordações históricas em muitos dos casos" (Söding, p. 848). Cada caso concreto terá de ser examinado se palavras e situações podem ser atribuídas ao Jesus pré-pascal.

O que há de *veracidade histórica* na cena de Mc 12,18-27, apresentando-nos Jesus em discussão com saduceus? (Cf. Gnilka, p. 160; Kertelge, p. 119s; Schweitzer, p. 140s.).

O que depõe contra uma resposta apressada em favor de sua historicidade é a observação de que a narrativa não é um todo inteiriço, mas evidencia suturas e saltos no seu fio condutor (cf. M 47).

Em termos de *conteúdo,* salta aos olhos a discussão sobre *dois problemas diversos*: os v. 19-22 tratam da "facticidade" da ressurreição, um problema dos saduceus; por isso os saduceus aparecem acertadamente na introdução como formuladores da questão (cf. v. 18); o v. 23 ocupa-se com o "como" da ressurreição, o que só é pensável na boca de um fariseu, absolutamente convicto de que haverá ressurreição, como foi visto anteriormente (cf. M 42). Ambas as perguntas são respondidas nos versículos que se seguem, mas curiosamente na sequência invertida (cf. M 47). Primeiramente responde-se à pergunta do "como" (cf. v. 24s) para depois,

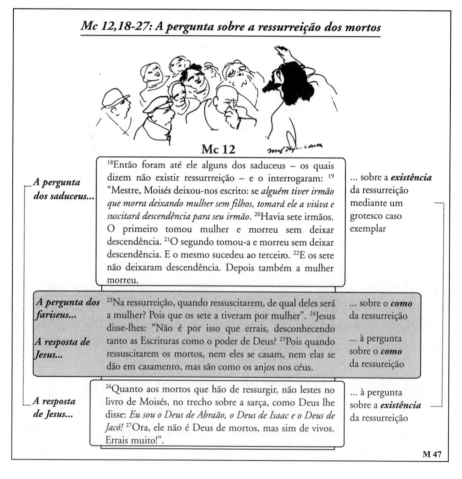

numa segunda rodada, ocupar-se com o "que" (o fato) da ressurreição (v. 26s). Com *a duplicidade de perguntas e respostas*, a narrativa aponta para dois diálogos diferentes: *um de Jesus com os saduceus* sobre a questão se de fato há ressurreição; *um segundo com os fariseus* sobre como imaginar a ressurreição. Possivelmente a comunidade primitiva juntou as duas disputas entre si, aparentemente sem muita habilidade. Como evidencia o quatro M 47, a *conversa com os fariseus* é inserida como uma cunha no texto existente que trata da *discussão com os saduceus*.

Por mais cativantes que possam ser as questões específicas relativas à *origem*, para nosso contexto é relevante a constatação da exegese de que os *dois ditos (lóguia)* no v. 24-25 e v. 26-27 soam autênticos, reproduzindo no seu núcleo a postura de Jesus diante do "como" e do "que" da ressurreição (cf. Schwankl; Kremer, p. 1197).

Síntese: Com Mc 12,18-27, a comunidade primitiva nos faz chegar uma tradição por meio de uma narrativa por ela composta a partir de *dois ditos de Jesus, com toda probabilidade, autênticos* sobre a questão da "existência" e do "como" da ressurreição.

2.1.2 ... com uma mensagem dupla

Ponderações sobre o conteúdo recomendam iniciar com a interpretação do último dito (*lóguion*, v. 26s), a resposta de Jesus à *pergunta fundamental sobre a existência da ressurreição*. Como já observado corretamente no v. 18, essa pergunta é respondida negativamente pelos saduceus, a elite sacerdotal de Jerusalém, conservadora e apegada à letra da Torá. Como os cinco livros de Moisés (Torá ou Pentateuco), para eles, de autoridade decisiva dentre os livros de Israel, nada dizem expressamente a respeito da ressurreição, ela não pode ser realidade. Condiz bem com a conhecida postura de zombaria desse grupo, ao revestir a pergunta sobre a existência da ressurreição com a construção de um caso exemplar, a partir do matrimônio segundo a lei do levirato ou do cunhado, em que uma mulher casa sucessivamente com os irmãos de seu marido (cf. Dt 25,5; Gn 38,8).

Respondendo à pergunta, Jesus recorre curiosamente à história da sarça ardente (v. 26) que trata de uma aparição de Yahveh a Moisés e não de uma ressurreição (cf. Ex 3,1-17). A frase comprovatória mais relevante encontra-se no v. 6, em que Yahveh se apresenta a Moisés dizendo: "Eu sou o Deus de Abraão, o Deus de Isaac e o Deus de Jacó!" (Ex 3,6). À primeira vista, a autoapresentação de Yahveh não tão fácil de ser entendida como fundamentação para a ressurreição, evidencia-se, no entanto, como consequente após uma reflexão mais profunda. "Onde Deus se torna Deus para um ser humano, prometendo estar aí para ele, nada e ninguém poderão invalidar isso, a não ser Deus mesmo; portanto, nem mesmo a morte poderá fazê-lo" (Schweitzer, p. 142). O que caracteriza Deus é sua *fidelidade*. O que ele garantiu tem duração para sempre. Ele *permanece* o Deus de Abraão, o Deus de Isaac para além da fronteira da morte. Paulo dirá mais tarde que nada poderá nos separar do amor de Deus – "nem a morte nem a vida, nem os anjos nem os principados, nem o presente nem o futuro, nem os poderes, nem a altura, nem a profundeza, nem qualquer outra criatura" (Rm 8,38s). Deus sustenta a promessa de sua presença salvadora, mesmo além da morte.

Com isso a negação da ressurreição dos saduceus foi refutada. Os saduceus erram ao afirmarem que na *Escritura*, isto é, na Torá, portanto nos cinco livros de Moisés ou Pentateuco, não há qualquer menção à ressurreição. Mesmo que a palavra "ressurreição" não ocorra explicitamente, a realidade como tal em termos de conteúdo sem dúvida está testemunhada. *Deus* mesmo é sua comprovação!

A pergunta dos *fariseus sobre o* "como" da ressurreição (cf. v. 23) – aliás, também a anterior – encontra sua resposta na *Escritura*, mais especificamente, porém, no *poder de Deus* (gr. *dýnamis tou theôu*). Ao apontar para a *dýnamis* divina, Jesus conclama seus ouvintes a levar a sério o fato de Deus-ser-Deus (cf. cap. I.1).

Para a razão humana, a questão – a qual dos homens pertencerá a mulher, viúva por sete vezes, na ressurreição? – configura-se de fato como problema (cf. v. 23). Deus, no entanto, a partir de seu poder é capaz de "criar algo novo, algo inimaginável para a razão humana" (Schweizer, p. 141). A comparação "como os anjos no céu" (v. 25) não quer afirmar que os mortos se tornam anjos que não comem nem bebem (Tb 12,19) e não têm mulheres (cf. Henoc Etíope 51,4). A imagem quer apontar para algo *totalmente novo*. A vida após a morte nada tem em comum com a vida terrena atual; não se trata de continuação em um nível mais elevado, mas de *criação totalmente nova*.

> *Síntese:* Para Jesus não há dúvidas quanto à ressurreição (v. 26-27), também o "como" da ressurreição não permite qualquer descrição, já que se trata de algo totalmente novo (cf. v. 24s). Com ambas as respostas, Jesus se insere na fé na ressurreição da maioria de seus contemporâneos que creem na *ressurreição geral dos mortos no fim dos tempos* (cf. M 43).

Fontes: Bultmann. *Synoptische Tradition*, p. 39-73; Dormeyer. *Neues Testament*, p. 159-166; O. Schwankl. *Die Sadduzäerfrage (Mc 12,18-27, par.* Eine exegetische-theologische Studie zur Auferstehungserwartung (BBB 66). Frankfurt, 1987; H. Ulonska. *Streiten mit Jesus*. Konfliktgeschichten in den Evangelien. Göttingen, 1995; Th. Söding. "Apophtegma". In: *LthK* 1 (1993), col. 848 (Lit.); Gnilka. *Markus II*, p. 156-162; Ketelke. *Markusevangelium*, p. 119-120; Schweizer. *Markus*, p. 140-141 (Idem. *Jesus, das Gleichnis Gottes*, p. 89-90). J. Kremer. "Auferstehung der Toten". IV. Im Neuen Testament. In: *LThK* 1 (1993), col.1195-1198.

2.2 Jesus predisse sua ressurreição pessoal e antecipada?

O problema que está por trás dessa pergunta foi comentado anteriormente no contexto da "ressurreição *ao terceiro dia*", em que procuramos "diferenciar" a ressurreição de *Jesus* da ressurreição *geral* no fim dos tempos (cf. M 27). É inquestionável que Jesus crê na sua ressurreição pessoal *no fim dos tempos* e o afirma publicamente. A questão em discussão neste capítulo tem em vista sua ressurreição pessoal *e antecipada*. Jesus, de fato, predisse que Deus o ressuscitaria *muito antes do final dos tempos*? Para o *Catecismo da Igreja Católica* (alemã, 1993) a resposta é afirmativa (cf. 285), remetendo para três textos relevantes: 1) *o sinal de Jonas* (Mt 12,38-41); 2) *a predição do sofrimento e da ressurreição* (Mc 10,35) e 3) *o sinal do templo* (Jo 2,19-22). A resposta não pode ser simplificada dessa maneira, como mostra a análise que se segue.

2.2.1 O sinal de Jonas (Mt 12,38-41, par. Lc 11,16.29-32)

Conhecedores das *Escrituras* os fariseus, querendo ver um sinal autêntico da parte dele, são confrontados pelo Jesus do Evangelho de Mateus com uma severa repreensão: não, a essa geração má e adúltera não se dará outro sinal senão o do profeta Jonas, que no passado pregara aos ninivitas (cf. M 48: lado esquerdo). "Como *Jonas esteve no ventre do monstro marinho por três dias e três noites* (cf. Jn 2,1), assim o Filho do Homem ficará três dias e três noites no seio da terra" (Mt 12,40). Parece haver uma alusão à ressurreição no símbolo da estada por três dias e três noites, primeiro a de *Jonas no ventre do monstro marinho* e, num segundo momento, a do *Filho do Homem no seio da terra*. Provém de Jesus essa comparação simbólica?

O sinal de Jonas

Mt 12	Lc 11
[38]Nisso alguns escribas e fariseus tomaram a palavra dizendo: "Mestre, queremos ver um sinal feito por ti".	[16]Outros, para pô-lo à prova, pediam-lhe um sinal vindo do céu.
[39]Jesus: Uma geração má e adúltera busca um sinal, mas nenhum sinal lhe será dado, exceto o sinal do profeta Jonas.	[29]Jesus: Essa geração é uma geração má; procura um sinal, mas nenhum sinal lhe será dado exceto o sinal de Jonas.
[40]Pois, como *Jonas esteve no ventre do monstro marinho três dias e três noites (Jonas 2,1)*, assim ficará o Filho do Homem três dias e três noites no seio da terra.	[30]Pois, assim como Jonas foi um sinal para os ninivitas, assim também o Filho do Homem será um sinal para esta geração.
[41]Os habitantes de Nínive se levantarão no julgamento, juntamente com esta geração, e a condenarão, porque eles se converteram pela pregação de Jonas, mas aqui está algo mais do que Jonas!	[32]Os habitantes de Nínive se levantarão no julgamento, juntamente com esta geração, e a condenarão, porque eles se converteram pela pregação de Jonas, e aqui está algo mais do que Jonas!

M 48

As condições para considerar o texto uma autêntica palavra de Jesus não são boas, pois *o paralelo lucano* não conhece a simbologia (cf. M 48: lado direito). A versão de Lucas (cf. Lc 11,30) é bastante genérica e simplesmente fala de *Jonas e do Filho do Homem* como o sinal exigido: como Jonas no passado foi sinal para os ninivitas, assim agora o Filho do Homem é sinal para "esta geração" (v. 30-31). Esse paralelismo *genérico* entre "Jonas e o Filho do Homem" tinha boas chances de ser entendido pelos ouvintes, ao contrário da simbologia, pouco transparente, da estada de Jonas "no ventre do monstro marinho" e do Filho do homem "no seio da terra". A compreensão dessa fala simbólica deu-se apenas *após a Páscoa* como indício oculto da ressurreição.

Tudo depõe a favor de Lc 11,30 como palavra original de Jesus. A remodelação da perícope em Mt 12,40 recorrendo a Jonas 2,1 com toda probabilidade deverá remontar a Mateus. Como judeu conhecedor das Escrituras, ele gosta de apresentar Jesus sempre que possível como cumprimento de promessas veterotestamentárias (cf. Bösen, *Bethlehem*, p. 93). É mais fácil fundamentar a ausência de Jonas 2,1 em Lc 11,30 do que seu acréscimo em Mt 12,40 por parte de Mateus.

Síntese: O *sinal de Jonas* não pode servir de prova para uma predição de uma ressurreição pessoal antecipada. Mt 12,40 tem caráter secundário e pertence à redação de Mateus.

2.2.2 O assim chamado lóguion (dito) do templo

No contexto da narrativa da purificação do templo, o Jesus joanino afirma: "Destruí este templo, e em três dias eu o levantarei" (Jo 2,19). Furiosos com tal presunção, os judeus do Evangelho de João lhe contrapõem: "Quarenta e seis anos foram precisos para se construir este templo, e tu o levantarás em três dias?" (Jo 2,20). Ao que o quarto evangelista acrescenta a seguinte explicação: "Ele, porém, falava do templo do seu corpo. Assim quando ele ressuscitou dos mortos seus discípulos lembraram-se de que dissera isso..." (Jo 2,21-22). Poder-se-á ver com João e sua comunidade, nessa afirmação de Jo 2,19, o chamado *lóguion do templo*, uma predição da ressurreição (cf. M 49)?

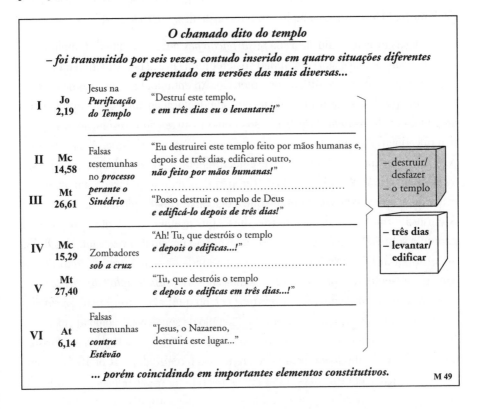

O dito do templo (cf. Bösen, *Letzter Tag*, p. 178-9) foi transmitido pelos quatro evangelistas e ao todo seis vezes (cf. M 49: Jo 2,19; Mc 14,58, par. Mt 26,61; Mc 15,20 par. Mt 27,40; At 6,14), contudo em *diferentes dicções e situações* (cf. M 49). Mesmo que divirjam no detalhe, eles, surpreendentemente, coincidem na *estrutura*

básica: na primeira parte, fala-se do templo e das ações "desfazer / destruir" e na segunda, de "três dias" e de "levantar / edificar" (cf. M 49: lado direito).

A transmissão do dito do templo por seis vezes é indício seguro de que se trata de uma *palavra autêntica* de Jesus, mas cujo *teor literal* tornou-se controverso logo no início de sua transmissão. Ao menos as testemunhas convocadas pelo Sinédrio se contradizem, o que depõe contra um processo justo. Portanto, a declaração desses já poderá valer como prova (cf. Bösen, *Letzter Tag*, p. 179). Conforme a opinião de vários exegetas, curiosamente Jo 2,13-22 mais se aproxima do *lugar* original e da *dicção* mais fiel. Possivelmente Jesus tenha explicado sua "ação violenta", derrubando as mesas dos cambistas e vendedores de pombos (cf. Mc 11,15), por ocasião da purificação do templo, com suas consequências trágicas, com a seguinte declaração: "Destruí este templo! Eu o reconstruirei em três dias!".

Jesus teria feito alusão à sua *ressurreição pessoal* nesse dito do templo, como o quarto evangelista e sua comunidade o acreditam (Jo 2,21s)? Dificilmente! Há de se convir que o dito é de difícil compreensão. No entanto, há consenso na exegese crítica de que Jesus, na primeira parte de sua declaração, faça uma severa crítica ao templo de Jerusalém. "Destruí!" soa como insurreição e revolução; o imperativo questiona o templo de importância singular para o judaísmo. A sua segunda parte oferece tamanha dificuldade de entendimento, a ponto de Lucas abreviar sua formulação (cf. M 49: VI. At 6,14). "Em três dias eu o levantarei!" tem o sentido primeiro de que *a vida continua*, de que a demolição do templo não significa o fim. A curiosa formulação "depois de três dias", provavelmente autêntica, responde à pergunta sobre o "como" da ressurreição, e ocorre por quatro vezes (cf. M 49). Ela quer expressar *um curto período de tempo* ou ainda *de bem outra natureza* do que o tempo presente. A expressão "em três dias" descreve *um templo totalmente novo, maravilhoso e de ordem mental-espiritual (?)*, no qual não haverá mais sacrifícios sangrentos. Que Jesus tenha pensado no "templo de seu corpo", como afirmado em Jo 2,21, apenas ouvidos de pessoas que já sabem da Páscoa o perceberiam. Pessoas despertadas pelo antigo enunciado do credo, "ao terceiro dia" (1Cor 15,4), veriam nessa indicação "em três dias" um indício discreto da ressurreição. Na realidade, Jesus quer com o dito responder à questão: é o encontro com Deus possível por meio de um culto sacrifical capcioso – como o afirmam os sumos sacerdotes – e, portanto, não quer responder à pergunta a respeito da ressurreição pessoal (cf. Dohmen, p. 27-30). Aqui o quarto evangelista erra consideravelmente na sua interpretação adicional.

Síntese: A interpretação da reconstrução do templo em Jo 2,21, como se referindo à ressurreição, explica-se a partir da perspectiva pós-pascal do quarto evangelista. Dificilmente o próprio Jesus tinha em mente a ressurreição pessoal, antecipada nesse dito do templo.

2.2.3 As três predições de seu sofrimento (Mc 8; 9; 10, par. Mt / Lc)

Marcos narra em três capítulos consecutivos Jesus, a caminho do norte para o sul, falando a seus discípulos, por três vezes, de sua morte violenta (cf. M 50: Mc 8: Cesareia de Filipe; Mc 9: Galileia; Mc 10: diante de Jericó) e de sua ressurreição "após três dias" (cf. Mc 8,31; 9,31; 10,33 par.). A questão – onde encontrar palavras autênticas de Jesus nessas três predições de sofrimento e ressurreição – é complicada e difícil de ser clareada. Na atual configuração, as três pequenas "histórias da paixão" desempenham outra função (cf. especialmente a terceira predição, Mc 10,34, com seus conhecimentos detalhados sobre entrega de Jesus às autoridades, zombaria, cuspida no rosto, espancamento e morte violenta). Elas têm em mente uma função *querigmática:* caracterizam *Jesus como o profeta com uma considerável antevisão,* que de modo algum poderá ser surpreendido pela dura sorte da morte, ao contrário, de forma corajosa e decidida ele se dirige ao encontro da cruz. Por outro lado, convidam *os leitores* a imitar o mestre em sua própria trajetória de vida. Agora, que os três anúncios sejam pregação inventada pelo evangelista é pouco provável. A *predição de morte* (cf. o Filho do Homem – a ser morto), mas também *a predição da ressurreição* (ressuscitar depois de três dias), comuns aos três ditos, devem ter preservado, ao menos no seu núcleo histórico, *uma* palavra autêntica de Jesus.

Parece mais que provável que Jesus tenha falado da *possibilidade de uma morte violenta* (Oberlinner, p. 28). A execução de João Batista por Antipas, pelo governante de seu país, serviu-lhe de advertência, como também as cruzes nas elevações e nos cruzamentos de estradas, nas quais morreram, pelas mãos dos romanos revolucionários condenados, especialmente galileus. (Cf. sob esse pano de fundo o indício em Mc 8,34 e outras referências: "Se alguém quiser vir após mim, [...] tome a sua cruz....!".) Jesus foi suficientemente sóbrio para interpretar corretamente essa ameaça no seu entorno. Conhecia a história. Em uma palavra altamente polêmica, pertencente à antiga fonte "Q", ele acusa a cidade santa: "Jerusalém, Jerusalém, que matas os profetas e apedrejas os que te são enviados" (Mt 23,37, par. Lc 13,34).

Também *a predição da ressurreição* não só é imaginável na boca de Jesus como até exigida. Alguém que vive com Deus numa relação de tu para tu só pode pensar morte e ressurreição conjuntamente. "Senhor, que vivificas os mortos" é repetido pelo judeu piedoso quatro vezes na segunda petição da Oração das 18 petições, datada da transição para a era comum (cf. M 42). *Com a maioria de seus contemporâneos, Jesus crê na ressurreição dos mortos no fim dos tempos.* Fundamentação para tanto lhe vem da promessa da presença de Deus além da fronteira da morte (cf. Mc 12,26-27). Ele morre no Gólgota na esperança de que Deus o ressuscitará *no fim dos tempos* (cf. Dn 12,2). Caso ele tenha de fato falado da ressurreição "após três dias", como o supõe alguns exegetas, ele não a associa à sua *ressurreição pessoal*, mas simplesmente acentua, com essa expressão usual, sua

As três predições de sofrimento e ressurreição

1ª predição (Mc 8,31)
E começou a ensinar-lhes: "O *Filho do Homem* deve sofrer muito, ser rejeitado pelos anciãos, pelos chefes dos sacerdotes e pelos escribas, **ser morto** e, **depois de três dias, ressuscitar**".

2ª predição (Mc 9,31)
E dizia-lhes: "O *Filho do Homem* é entregue às mãos dos homens e eles o matarão e, morto, **depois de três dias ele ressuscitará**".

3ª predição (Mc 10,32-34)
Começou a dizer o que estava para lhe acontecer: "Eis que estamos subindo para Jerusalém, e o *Filho do Homem* será entregue aos chefes dos sacerdotes e aos escribas; eles o condenarão à morte e o entregarão aos gentios, zombarão dele e cuspirão nele, e o açoitarão e *o matarão*, e *três dias depois ele ressuscitará*".

Nessa listagem exata, as três predições marquinas devem ser entendidas como mensagem cristológica com acento exortativo: Jesus aparece fazendo antevisões proféticas e dirigindo-se corajosamente ao encontro da cruz. A comunidade é convidada a segui-lo nessa *via crucis*.

M 50

certeza de que Deus o libertará da morte "após três dias" (cf. Os 6,2 e Jn 2,1), isto é, *após um curto período de desgraça* (cf. M 24). Maior probabilidade tem a posição de quem vê aqui obra da comunidade primitiva, talvez estimulada pela formulação "ao terceiro dia" proveniente do credo antigo (cf. 1Cor 15,4).

> *Síntese:* Das três predições de sofrimento e ressurreição não se pode derivar algo sobre uma esperança da ressurreição *pessoal antecipada.*

Em síntese: Uma análise crítica dos três textos nos quais supostamente Jesus tenha predito sua ressurreição pessoal e antecipada chega a um resultado inequivocamente negativo: na palavra de Jonas, no dito do templo, como também nas três predições de sofrimento deparamo-nos com expectativas da *comunidade primitiva,* dificilmente com as de Jesus. Jesus mesmo "não comunicou quaisquer detalhes sobre vida transcendental, céu, inferno, anjos e demônios como era moda apocalíptica no seu tempo" (Schierse, p. 49). Todas as predições que pudessem apontar para além da esperança oriunda das promessas do Antigo Testamento foram registradas sob o impacto dos eventos pascais. "A maioria dos exegetas caracteriza-as como *vaticinia ex eventu*" (Kremer, p. 22), são, pois, *predições posteriormente entendidas como tais à luz da ressurreição.*

Não só é possível, mas até provável que Jesus tenha falado de *sua ressurreição.* Como todo judeu fiel de seu tempo não só é provável que Deus o ressuscitaria, a ele bem como a todos os justos, para a vida eterna *no final dos tempos.* "(Para Jesus) a fé na ressurreição ou ao menos em uma vida após a morte era pressuposto pacífico" (Schweizer, p. 87). Agora, que ele tenha predito sua *ressurreição pessoal antecipada* "seguramente não é de se esperar..., e como ele falaria sobre esse evento futuro?" (Schweizer, p. 87). Ele não dispunha de um conhecimento especial sobre o tema ressurreição.

Fontes: *KKK,* p. 285; Bösen. *Bethlehem,* p. 93; Bösen. *Letzter Tag,* p. 178-9; Chr. Dohmen. "Zur Theoligischen Konzeption des Jerusalemer Tempels". In: *WUB* 13 (1999), p. 27-30; L. Oberlinner. "Hat Jesus seinen Tod erwartet?". In: *WUB* 27 (2003), p. 28-31; Schierse. *Christologie,* p. 47-58; Kremer. *Osterevangelien,* p. 22; Schweizer. *Jesus, das Gleichnis Gottes,* p. 87-91.

Relevância atual: problemática mais do que de ajuda

As predições da ressurreição de Jesus servem de auxílio para a fé pascal? Dificilmente, pois como redação pós-pascal, elas exigem uma explicação de um entendimento nada fácil para muitos. Antes de ajudar parece evidenciar-se a confissão clara de Jesus a seu Abbá misericordioso e mais que justo, cujo amor não se deixa barrar pelo limite da morte.

3. As condições das fontes

Quem quer ter certeza sobre o assunto "terá de se informar primeiramente sobre as fontes disponíveis e comparar cuidadosamente os enunciados entre si" (Wilkens, p. 11). No que diz respeito à ressurreição, encontramo-nos em situação favorável: as condições das fontes são excepcionais.

3.1 Testemunhada em uma ampla tradição...

O silêncio das fontes *profanas* da época sobre a ressurreição não deveria surpreender, uma vez que só bem à margem tomam conhecimento do profeta judaico que morre como criminoso na cruz. Uma breve notícia em Plínio, o jovem, e não muito mais do que isso em Tácito, um indício indireto em Sueton (cf. Bösen, *Letzter Tag*, p. 22-32) – e nada mais! O mundo antigo é indiferente por Jesus. Reage apenas com zombaria e rejeição a um anúncio de sua ressurreição, como Lucas o mostra exemplarmente no incidente com os atenienses. Com a declaração "A respeito disso vamos ouvir-te outra vez", despedem-se friamente de Paulo, apesar de seu discurso cativante (cf. At 17,22-32). A literatura *judaica* só se ocupa com o assunto no famoso *Toledót Yeshú* (narrativas sobre Jesus), cujas camadas literárias mais antigas devem ser datadas do início do século II (cf. Bösen, *Bethlehem*, p. 211). O escrito, no entanto, como um todo não tem valor histórico e terá de ser avaliado como distorção polêmica da figura de Jesus (cf. M 106).

A única e a mais relevante fonte literária sobre a ressurreição de Jesus é o *Novo Testamento* com seus 27 escritos ao todo (cf. M 51: lado esquerdo). Um rastreamento desses documentos evidencia que o tema ocorre nada menos do que *dezoito* vezes, portanto em dois terços de todos os livros canônicos. Naturalmente, o tema ressurreição está presente nos *quatro evangelhos* bem como nos *Atos dos Apóstolos* e nas *doze cartas;* até mesmo no *Apocalipse secreto,* ele não está ausente.

"A convicção de que Jesus ressuscitou dos mortos perpassa todo o NT" (Kremer, *Auferstehung*, p. 1177); a ressurreição de Jesus constitui o "ponto central do Evangelho" (Thielicke, p. 175); mais ainda, "o Novo Testamento como um todo é [...] *determinado* pela fé na ressurreição" (Sorger, p. 143). Somando-se todos os textos neotestamentários que giram em torno de termos ligados ao conceito ressurreição, chega-se aproximadamente a *70 referências*. Nenhum outro tema é tratado com tanta frequência no Novo Testamento como a ressurreição de Jesus. O número de textos evidencia a centralidade do tema na proclamação da jovem Igreja. O elevado número de referências revela todo seu peso apenas quando submetido a uma análise mais acurada.

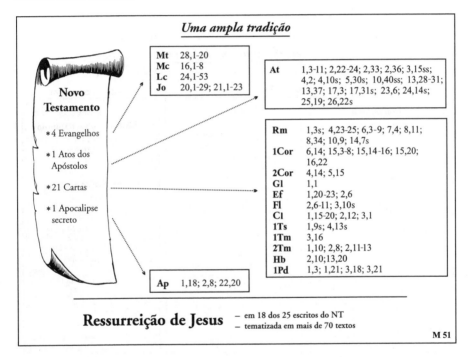

3.2 ... em uma tradição multifacetada de distintas formas literárias

Encontramos o querigma pascal como "testemunho de múltiplas formas" (Sorger, p. 143), isto é, "em textos de diversos tipos" (Kremer, p. 1177). A exegese atribui-lhe três diferentes *gêneros literários*: 1) *enunciados de fé e confissão*, 2) *Cânticos e hinos* e 3) *histórias pascais* (cf. M 52). Aparentemente, diferentes *situações de transmissão* fizeram com que surgissem diversas *formas literárias* (cf. Wilckens, p. 14; Dormeyer, p. 125-139).

1) Os *enunciados de fé e confissão*, sem dúvida, pertencem aos testemunhos mais antigos e aos mais próximos dos originais (cf. M 52), estendendo-se até os primórdios, e devem ser considerados como ponto de partida da tradição. O querigma pascal adquire nesses enunciados uma configuração relativamente estável logo após a Páscoa. De sua *linguagem protocolar* pode-se deduzir seu uso na discussão com adversários. Sua *forma de catecismo* depõe em favor de um uso na catequese com a intenção de fornecer, a pessoas interessadas e catecúmenos, fórmulas fixas de fácil aprendizagem. Sua *dicção de confissão de fé* fala em favor de seu uso no culto e especialmente em celebração batismal. Observa-se que existe uma surpreendente reserva em relação ao evento da ressurreição, bem como às aparições e à sepultura vazia.

Um testemunho multifacetado

1	2	3
Tradição dos credos		Tradição narrativa
Enunciados de fé e confissão	**Hinos**	**Histórias**
"Se confessares com tua boca: 'Jesus é Senhor!' e no teu coração creres: *'Deus o ressuscitou dentre os mortos',* serás salvo" (Rm 10,9).	"Ele, subsistindo na condição de Deus, não se apegou à sua igualdade com Deus. Mas esvaziou-se a si mesmo, assumindo a condição de escravo, tomando a semelhança humana. Sua vida foi a de um ser humano; humilhou-se e foi obediente até a morte, e morte de cruz. Por isso Deus o *exaltou acima de todos,* e *concedeu-lhe o Nome, que é maior que todos os nomes,* para que ao nome de Jesus se dobre todo joelho de quantos há nos céus, na terra e sob a terra, e toda língua confesse: 'Jesus Cristo é Senhor' – para a glória, de Deus, o Pai" (Fl 2,6-11). cf. Cl 1,15-20; 1Tm 3,16; 2Tm 2,11-13.	4 histórias sobre o túmulo – Mc 16,1-8 – Mt 28,1-8 – Lc 24,1-12 – Jo 20,1-18 **10 histórias de aparições** – Mc 16,7 – Mt 28,9-10 – Mt 28,16-20 – Lc 24,13-35 – Lc 24,36-49 – Jo 20,11-18 – Jo 20,19-23 – Jo 20,24-29 – Jo 21,1-14 – Jo 21,15-23 **2 histórias de ascensão ao céu** – Lc 24,50-53 – At 1,9-11
"Jesus Cristo, aquele que morreu, ou melhor, que ressuscitou, *aquele que está à direita de Deus e que intercede por nós*" (Rm 8,34).		
"[...] Jesus, a quem o Deus vivo e verdadeiro *ressuscitou dentre os mortos* [...]" (1Ts 1,10).		

M 52

2) Além disso, a ressurreição de Jesus é cantada em hinos (gr. *hýmnos*: hino de louvor) *e cânticos* solenes (cf. M 52). O autor da Carta aos Efésios convoca seus leitores, cristãos da Ásia Menor com as palavras: "Deixai entoar em vosso meio *salmos, hinos e cânticos* inspirados pelo Espírito!" (Ef 5,19s; cf. Cl 3,16c). Os três cantos assim diferenciados são "improvisações carismáticas" (NJB 1713) como

aconteciam nos cultos comunitários (1Cor 12,7s; 14,26). O escritor pagão Plínio, o jovem (61-113 d.C.), também atesta a presença de hinos nas antigas comunidades cristãs. Em uma correspondência ao imperador Trajano (em torno de 110 d.C.), ele comenta sobre os cristãos da Ásia Menor que antes do romper do dia se reuniam "em seus cultos comunitários para cantar a Cristo como seu Deus *(carmenque Christo quasi Deo)*".

3) Uma presença maior do que as fórmulas dos credos pascais marcam as *histórias pascais* no coração dos primeiros cristãos. Somando ao todo 16 textos, elas *narram as histórias* da sepultura vazia e das aparições do ressuscitado numa linguagem com plasticidade e vivacidade (cf. M 52). Em termos de gênero, com certeza, não se trata de *protocolo* nem de *relatos*, pois ninguém presenciou a ressurreição de Jesus com os próprios olhos. Por outro lado não podem ser classificadas como *lendas*, pois essas são definidas pela bela explicação do Bispo Stecher de Innsbruck: "A lenda em toda a história da literatura universal é uma pequena flor florescendo tardiamente junto às sepulturas. A criatividade piedosa cresce apenas após um bom distanciamento das pessoas e dos acontecimentos envolvidos... Lendas e sagas precisam normalmente de três gerações de narradores, portanto de mais de cem anos para se formarem" (Stecher, p. 23). As *histórias da Páscoa* terão de ser situadas entre o *relato histórico* e a *lenda edificante*. Elas contêm, sem dúvida, reminiscências históricas e fragmentos da tradição, "mesmo de uma forma intensamente retrabalhada" (Blank, p. 149). Sua intenção principal é *proclamar* o Cristo vivo (função querigmática), *convidar* à fé no ressuscitado (função parenética) e *defender* a realidade da ressurreição de ataques e interpretações errôneas (função apologética). Devido à estrutura simples, seu amplo aprimoramento com plasticidade e traços parcialmente lendários, essas narrativas não pertencem à literatura clássica, mas encontram-se mais próximas da "poesia popular" (Kremer, *Osterevangelien*, p. 36s).

Como a transposição da experiência pascal para a narrativa necessita de um processo mais longo, as *histórias pascais* pertencem a uma camada literária mais recente da tradição; surgiram, portanto, em uma época mais tardia. Provavelmente devem ter circulado no *culto*; mais do que fórmulas condensadas, uma história tem maior capacidade de reter o caráter do evento da ressurreição, estimulando reflexão e admiração.

3.3 ... em tradições parcialmente muito antigas (cf. 1Cor 15,3-5)

O credo de 1Cor 15,3-5, pertencente aos documentos textuais mais antigos, é citado por Paulo na 1ª Carta aos Coríntios, escrita por ele à pequena comunidade ameaçada por divisões e heresias (cf. Spörlein; Klauck; Kittel; Lang). A quádrupla fórmula (cf. morto – sepultado – ressuscitado – apareceu) constitui para o apóstolo "o Evangelho" (v.1), uma espécie de "pequeno catecismo" (Wilckens, p. 14), contendo os principais enunciados de fé para candidatos ao batismo. Ele declara tê-la *recebido* (v. 3), portanto não foi formulada por ele. Em sua Carta aos Coríntios, transforma-a no ponto alto de seu grande capítulo sobre a ressurreição (cap. 15), complementando-o com outra tradição, igualmente antiga (cf. v. 6s), por razões apologéticas, como será demonstrado adiante (cf. M 57). Com um terceiro adendo à fórmula básica, ele aponta para a experiência de aparição do ressuscitado (v.8). Comumente considera-se o *corpo* dessa peça interessante da história da tradição, isto é, 1Cor 15,3-5, como sendo "o mais antigo sumário da mensagem de Cristo" (Lang, p. 210). Será possível percorrer o caminho dessa tradição de volta e determinar seu lugar de origem (cf. M 53)?

Para Paulo e seu desenvolvimento religioso, duas cidades desempenham um papel relevante: *Antioquia* na Síria (diferencie-se da Antioquia da Ásia Menor) e *Damasco* (cf. M 53).

A caminho de *Damasco* surpreende-o a aparição do ressuscitado, significando uma reviravolta em sua vida (cf. At 9; 22; 26). Em *Antioquia*, a terceira maior cidade do Império Romano, e onde os discípulos de Jesus foram chamados de cristãos pela primeira vez, o apóstolo atua, não só como testemunha o livro Atos dos Apóstolos (cf. At 11,19-26), mas também conforme sua própria declaração (cf. Gl 2,11ss). Tanto nessa cidade quanto na de Damasco ele pode ter conhecido, na condição de catecúmeno, essa fórmula de fé, contendo os principais enunciados teológicos, aos quais toda pessoa teria de responder afirmativamente ao integrar-se na comunidade. A fórmula continha a confissão da morte vicária (cf. "morreu *por* nossos pecados") e da ressurreição (cf. "ressuscitou ao terceiro dia").

O que depõe contra o *surgimento* da fórmula em uma das duas cidades ou ainda no judaísmo de fala grega é seu *colorido aramaico*. O uso do nome *Cefas* em lugar de Simão Pedro, a menção dos *doze*, a liderança central de Jerusalém, bem como as antigas formulações "por nossos pecados" e "segundo as Escrituras" devem ser avaliados como indícios claros de Jerusalém como lugar de surgimento (cf. M 53).

O que nos auxilia, hoje, no caminho à fé na ressurreição de Jesus?

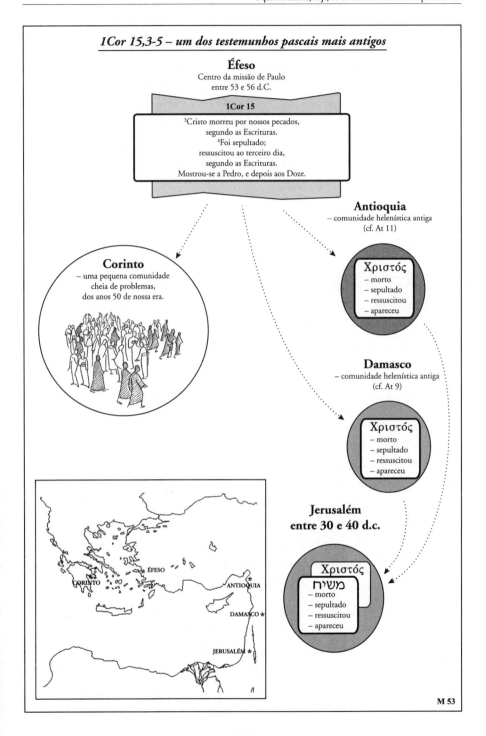

Na sua origem, a fórmula foi redigida na *língua aramaica* e logo depois traduzida para o grego por judeus helenizados da diáspora, peregrinos que chegando a Jerusalém mostraram-se receptivos à nova mensagem (cf. At 6: círculo dos sete com Estêvão na liderança). O aramaico *mashiah*/Messias vertido ao grego torna-se *Christós*/Ungido. A seguir, a fórmula é "exportada" para a diáspora, entre outras para as cidades de Damasco e Antioquia, onde comprovadamente havia comunidades cristãs atuantes, já poucos anos após a ressurreição. Segundo Kremer, essas comunidades datam "no mínimo dos anos quarenta senão da metade dos anos trinta" (*Zeugnis*, p. 30).

> *Síntese:* 1Cor 15,3-5 é representativo para muitas outras fórmulas de fé e confissão (cf., por exemplo, 1Ts 1,10 e 1Ts 4,14). Assim que o grande mistério da ressurreição encontrara sua primeira formulação, essa se espalhava, feito fogo, primeiramente por meio da comunicação oral em forma de sentenças breves e condensadas, mais adiante assumia formas escritas, pois "o sucesso da missão cristã é de fato de tirar o fôlego" (Dormeyer, p. 139).

3.4 ... em uma tradição testada pela "acidez do tempo" (F. Werfel)

Geralmente notícias se espalham rápida e facilmente. O que "nasce" hoje muda sua feição em questão de semanas e meses, a ponto de tornar-se quase irreconhecível. Isso vale antes de tudo para meias verdades. O tempo deixa seus sinais, tratando-as feito uma flor do campo que perde uma folhinha numa semana e na seguinte mais uma, sobrando no fim pouco ou quase nada. "O tempo é o ácido mais forte do mundo, qual água do rei em que só subsiste o ouro mais puro e mais pesado. Aquele metal mais leve, mesmo tendo valor próprio, ficará carcomido e finalmente se dissolverá... Num grande espaço de tempo existe maior poder de conhecimento do que na razão humana mais perspicaz" (Werfel, p. 358).

O *querigma* da ressurreição foi aprovado no "teste do tempo" e não apenas minimamente. No esboço linear fica evidente (cf. M 54) como ele resiste à ânsia devoradora do tempo, ficando constante ao longo de décadas. "Ele foi ressuscitado!" assim reza a mensagem da *tradição confessional* dos *tempos iniciais* (cf. M 54: A) e das *décadas seguintes* (cf. M 54: B); "Ele foi ressuscitado!" é o que soa também da *tradição narrativa* (cf. M 54: C).

Com muita fidelidade a Igreja dos primórdios preserva, por mais de meio século, aquilo que mulheres e homens dos inícios experimentaram em Jerusalém e na Galileia, com Jesus, crucificado, morto, sepultado e ressuscitado, durante os dias, as semanas e os meses que se seguiram àquela Sexta-feira da Paixão do ano 30 d.C. E fizeram isso sem poder explicá-lo.

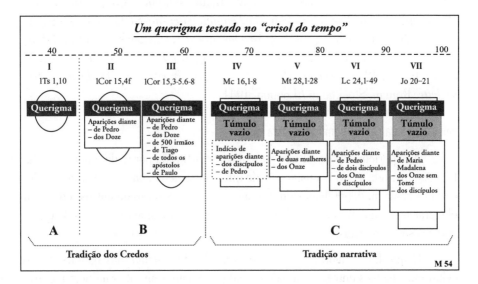

O *querigma* permanece o mesmo num longo processo de transmissão, durando décadas. O que se modificou aconteceu simplesmente por conta de "salvaguardas" em forma de *aparições* e do *túmulo vazio*. Uma visão geral sobre 60 anos evidencia um desenvolvimento interessante: a *confissão* inicial, apresentada de forma tão "despida", "Deus ressuscitou a Jesus dentre os mortos!", em 1Ts 1,10, logo encontrara suas *testemunhas*; primeiramente apenas duas (cf. 1Cor 15,4s: Cefas e os Doze), pouco depois outras testemunhas em mais quatro aparições (cf. 1Cor 15,6-8: mais de 500 irmãos – Tiago – todos os apóstolos – Paulo). Essas *aparições*, tão relevantes, são retomadas e ampliadas (cf. Mc: apontando para duas; Mt: duas; Lc: três; Jo: quatro aparições) pela *tradição narrativa* posterior (cf. M 54: C) e ainda ganham o complemento do *túmulo vazio* (Mc; Mt; Lc; Jo).

A "imagem" (o *querigma*) do ressuscitado cheio de luz permanece intocada por décadas, enquanto que a "base" sustentadora, constituída de aparições e túmulo vazio, ganha mais força e amplitude ao ser transmitida de portador a portador. As liberdades tomadas no trabalho redacional em relação a *aparições* e *túmulo vazio* são tabus quando se trata do *querigma*.

Fontes: Wilckens. *Auferstehung*, p. 11ss,14; Bösen. *Letzter Tag*, p. 22-27; Bösen. *Bethlehem*, p. 211; Kremer. "Auferstehung Christi". In: *LThK*, col. 1177-1182; Thielicke. *Eu creio*, p. 175; K. Sorger. *Was in der Bibel wichtig ist. Grundthemen de Alten un des Neuen Testaments*. Munique, 1992, p. 143; Dormeyer. *Neues Testament*, p. 125-139; A. Deissler (edit.). *Neuer Jerusalemer Bibel*, 6. ed. Freiburg i.Br, 1992, p. 1713; Stecher. *Singen*, p. 23, 26; Blank. *Johannes* 4/3, p. 149; Kremer. *Osterevangelien*, p. 26s; B.Spörlein. *Die Leugnung der Auferstehung*. Eine historisch-kritische Untersuchung zu 1Kor. Regensburg, 1971; Klauck. *1. Korintherbrief*, p. 107-111; Kitthel. *Befreit*, p. 103-119; F. Lang. *Die Briefe an die Korinther*. 17. ed. Göttingen, 1994; Kremer. *Ältestes Zeugnis*, p. 30; F.Werfel. *Das Lied von Bernadette*. Roman, Stockholm / London, 1941.

Relevância atual: Ainda significativo para nós

A experiência pessoal não poderá ser substituída por nada e por ninguém. Isso não invalida a outra constatação de que, diariamente, nas muitas informações que nos chegam, dependemos do testemunho oral ou escrito de outros. Por exemplo, graças a uma imprensa crítica podemos estar relativamente seguros de que as notícias são confiáveis.

O que fazer, agora, no caso de eventos sem testemunhas oculares? Para evitar que sejamos entregues a todo e qualquer boato, sem saber a quem recorrer, foi desenvolvido há cem anos o método histórico-crítico. Ele submete a testes o que chegou a nós em termos de documentos escritos e de imagens, servindo-se de um amplo repertório de métodos. A autenticidade de informações históricas cresce, entre outros fatores, dependendo do *número* e da *generosidade dos documentos que dão testemunho delas*. No caso da ressurreição de Jesus, a base textual é sólida e, comparada a outros acontecimentos da época, até é boa.

Esse dado estatístico ainda serve hoje? Com certeza! Especialmente para nós, contemporâneos críticos deste século XXI, que queremos mensurar e pesar tudo, esse número respeitável de documentos, sua idade, sua diversidade e sua tradição que se mantém ao longo dessas provas escritas, tudo isso soa como música em nossos ouvidos. Ao imaginarmos o contrário, que houvesse poucos indícios da ressurreição nos 27 escritos do Novo Testamento, damo-nos conta de quanta certeza nos é fornecida por meio dos aproximadamente 70 textos nos 18 livros.

Há que se lamentar, porém, o fato de que essa situação favorável dos textos pouca ou nenhuma relevância tem na pregação. Certamente é correto não basear nossa fé em números nem querer fundamentá-la com números. Não deixamos de ser filhos de nosso tempo e somos gratos por todo apoio por menor que seja. Por que não expor, então, esse apoio mínimo como o representam as condições dos textos, com seu caráter objetivo e sóbrio!? Números não podem produzir a fé no ressuscitado, mas podem devolver a edificantes prédicas de Páscoa um fundamento firme, que naturalmente não provém apenas de números.

4. As aparições do Ressuscitado

Nas discussões sobre a fé pascal, as *aparições* do ressuscitado pertencem aos argumentos mais sólidos. O que se pretende com elas? Ocultam-se atrás delas *realidades factuais* ou apenas *frutos da imaginação* de discípulos e discípulas estressados? Até onde elas foram *comprovadas? A quem* apareceu o ressuscitado e *por quanto tempo*? Qual o papel das aparições do ressuscitado na fé pascal? Que peso a Igreja dos primórdios atribui a elas? – Trata-se de um punhado de questões difíceis!

4.1 Altamente significativas para a fé pascal

No caso da ressurreição de Jesus trata-se de um evento singular – como visto anteriormente – pertencente *ao mundo de Deus*, caracterizado como evento *trans-histórico,* visto por ninguém e para o qual não há testemunhas *diretas*, escapando, portanto, a qualquer observação imediata (cf. M 18). Como os discípulos e as discípulas tomam conhecimento desse agir singular de Deus?

Antes de tudo mediante as *aparições!* As aparições marcam "o lugar da história da revelação, através do qual o evento divino da ressurreição de Cristo se abre para dentro da esfera da história humana..." (Blank, p. 180). São vestígios concretos, visíveis de um evento invisível, historicamente não perceptível (cf. M 55, onde círculos pontilhados indicam as aparições); por meio delas, o evento transcendental da ressurreição, observado por ninguém, invade a esfera do mundo humano e histórico; é por meio delas que a ressurreição se torna "cognoscível" e "perceptível" (cf. M 55).

"Sem as aparições não teria havido nem testemunhas nem testemunhos da ressurreição do Senhor... As aparições são, por assim dizer, insubstituíveis como testemunhos" (Scheffczyk, p. 122; cf. Kremer, p. 828s; Kessler, p. 219-236; Lohfink, p. 162-176; Werbick, p. 81-131).

As aparições do Ressuscitado – rastros visíveis de um evento invisível

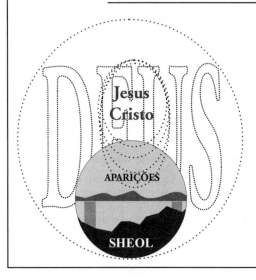

No caso da ressurreição de Jesus, trata-se de um *evento transcendental* no mundo de Deus. Ninguém o observou; ninguém viu como o Ressuscitado se ergueu do túmulo. Os discípulos e as discípulas tomam conhecimento desse milagre dos milagres através das *aparições* do Ressuscitado. Nas *aparições* a ressurreição de Jesus se estende para o nosso mundo.

M 55

Firmando ainda mais esse fato tão relevante por meio de outros posicionamentos: para Voss, os discípulos não tomam conhecimento da ressurreição "como testemunhas oculares do evento, mas por meio das aparições do ressuscitado a eles durante 40 dias" (p. 144). Segundo o *Catecismo Católico para Adultos* "não há outro acesso ao centro da proclamação cristã, à mensagem da morte e da ressurreição de Jesus senão através do testemunho daqueles a quem o ressuscitado se evidenciou em sua nova maneira de ser" (KEK, p. 204). Segundo Kruhöffer, "todos os evangelhos coincidem num ponto: são primeiramente as aparições do ressuscitado que fundamentam a fé pascal dos discípulos" (p. 203).

Para ilustrar a *função* das aparições nesse *entrelaçado difícil de mundo imanente e transcendente,* seguem-se duas experiências da natureza:

As aparições assemelham-se aos círculos de ondas formados por uma pedra lançada na água (cf. M 56). Conhecemos da nossa infância esse jogo com pedrinhas lisinhas lançadas sobre a superfície de um lago silencioso. Pedras atiradas na água desencadeiam círculos fascinantes – pequenos e mais fortes no centro, maiores e mais fracos quanto mais distantes do lugar em que caiu a pedra –, que somem em frações de segundos. Não há dúvida de que a pedra existiu, as ondas em forma de círculos o provam, mesmo para quem chegou após ter sido lançada a pedra.

É o que acontece com a ressurreição. Ela se tornou perceptível a discípulos e discípulas nas "ondas em forma de círculos", representadas pelas aparições. Como a pedra já no fundo do lago escapara ao olhar de quem chegou pouco depois do seu lançamento, também o evento da ressurreição escapara ao olhar humano. As aparições revelavam-se para os primeiros seguidores como "mensageiros" discretos, mas ao mesmo tempo eloquentes, de um evento invisível no mundo de Deus.

Aparições são...
... círculos de ondas formados por uma pedra lançada na água

... como correntes de lavas descendo de um vulcão oculto nas nuvens

M 56

Uma segunda imagem permite a comparação das aparições com *correntes de lavas* de um vulcão oculto em espessas nuvens (cf. M 56). Quem já procurou escalar o vulcão Etna, na Sicília, num dia chuvoso e com neblina entenderá a comparação mais facilmente. A escalada poderia iniciar na aldeia de Randazzo, a 1.500 metros de altura. Assim que se deixa a vila, depara-se com correntes de lavas que poucos anos atrás cobriram definitivamente casas, vinhedos e uma Igreja! E o vulcão? Dele nada aparece! Do seu cume, a uma altura em torno de 3.300 m, separam-nos ainda mais de 1.800 m., além de estar invisível numa forte neblina. Mesmo assim ninguém duvidaria de sua existência. Seus rastros são fortes demais nessas correntes de lava escura, formando uma camada com alguns metros de espessura.

É semelhante ao que acontece com a ressurreição de Jesus. Ela ocorreu num "cume", que escapa ao acesso humano, no mundo de Deus, mas deixando vestígios para trás nas *aparições*.

Síntese: Todo peso da fé pascal repousa sobre as *aparições* do ressuscitado e não sobre o túmulo vazio como se costuma afirmar.

Fontes: Blank. *Paulus und Jesus*, p. 180; Scheffczyk. *Auferstehung Jesus Christi*, p. 112; J. Kremer. "Erscheinungen". II. Biblisch. In: *LThK* 3 (1995), col. 828s (Lit); Kessler. *Sucht den Lebenden*, p. 219-236; Lohfink. *Ablauf*, p. 162-176; Werbick. *Auferweckung*, p. 81-131; G. Voss. *Die Christologie der lukanischen Schriften in Grundzügen*. Paris, 1965, p. 144; *KEK*, p. 204; Kruhöffer. *Grundlinien*, p. 203.

4.2 Proclamadas na comunidade primitiva como fundamento da fé pascal

As *aparições* constituem o fundamento da fé na ressurreição de Jesus por parte de discípulos e discípulas, e não o túmulo vazio nem a mensagem dos anjos. A fé pascal repousa unicamente no *encontro com o ressuscitado*. Quanto a isso a tradição dos credos e das narrativas coincidem (cf. M 54).

4.2.1 As aparições – uma "prova" para Paulo (cf. 1Cor 15,5-8)

Paulo assume na fórmula de fé muito antiga (1Cor 15,3-5), que lhe foi legada, a referência às *aparições* do ressuscitado a *Pedro* e aos *Doze* (cf. M 57 com a visão geral sobre as três diferentes tradições). Percebendo que as aparições pretendem ser uma espécie de "prova", Paulo reforça a expressão "apareceu" (gr. *Ófte* do v. 5) com mais outra tradição antiga (cf. 1Cor 15,6-7) que sabe de *aparições* a *500 irmãos*, a *Tiago* e a *todos os apóstolos* (cf. a dupla ocorrência de "apareceu" no v. 6 e 7). Como se não bastasse, após uma longa listagem de testemunhas de aparições, das quais a maioria ainda vivia e podia ser consultada, Paulo conclui com seu *testemunho próprio* no v. 8: "Em último lugar também a mim!" (cf. At 9; 22 e 26).

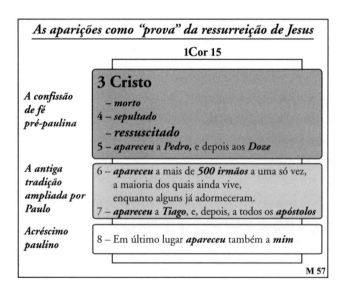

Com isso, a fórmula clássica "apareceu" e ocorre nada menos que quatro vezes, em listagem, que chama a atenção, numa estreita ligação com o verbo do enunciado de fé "ressuscitado" (v. 4b). A redação evidencia uma reflexão cuidadosa e aparentemente persegue fins *apologéticos* (cf. Spörtlein, *Leugnung der Auferstehung*). Com o acúmulo de ao todo 600 testemunhas de aparições, o apóstolo quer encorajar a sua comunidade de Corinto, que se debate com a ressurreição de Jesus, ao apresentar-lhes o seguinte "cálculo": ninguém poderá se esquivar diante do testemunho de um número tão expressivo de pessoas parcialmente conhecidas e até críticas, podendo ainda ser consultadas. Nas *aparições* e por meio delas a *ressurreição de Jesus* praticamente está "comprovada".

4.2.2 Da descrença à adoração através de aparições (cf. Lc 24,1-53; At 1,3)

Lucas, por sua vez, oculta habilmente sua posição sobre o assunto "aparições" no seu capítulo cujo tema é a Páscoa com seus, em nada mais nada menos do que 53 versículos (cf. Lc 24,1-53). Por isso o capítulo requer certa sensibilidade – ou talvez só uma leitura aprofundada e contemplativa do texto – para que se adivinhe sua intencionalidade (cf. M 58: lado esquerdo).

Na narrativa lucânica sobre a sepultura Lc 24,1-12, o *v. 11* constitui certo ponto alto. Diante de um relato bem fundado sobre o achado do túmulo vazio e a aparição do anjo (cf. v. 9s), feito por um grupo respeitável de mulheres conhecidas, os apóstolos reagem com um juízo fulminante. Lucas descreve a rejeição deles de forma lapidar com duas palavras no grego: "e não acreditaram nelas" (cf. M 118).

A essa resposta feito pancada que a tudo despedaça segue-se, 40 versículos mais adiante, outra parecendo fogo em relação à água, se comparada à do v. 11. Pois no v. 52 é dito o seguinte: "Então, eles (isto é, os apóstolos) se prostraram diante dele" (gr. *proskynésantes autón*). Aqueles que na manhã da Páscoa ainda não criam, ao *cair da tarde* dobram seus joelhos em adoração. A tensão é surpreendente. Como pode acontecer essa reviravolta em questão de poucas horas? O que aconteceu para que essa *descrença* de apóstolos para lá de críticos se transformasse tão rapidamente em *adoração* (*proskynese*)?

A resposta está oculta nesses 40 versículos *entre* o v. 11 e o v. 51 (cf. M 58). Aqui ficamos sabendo de *três* aparições do ressuscitado – primeiro aos discípulos de Emaús (v. 13-15), a seguir a Simão Pedro (v. 34) e por fim aos Onze e aos outros discípulos (v. 36-49). Lucas faz questão de constar (e aqui ele concorda com 1Cor

15,5) que a aparição a Simão Pedro, o porta-voz do círculo dos Doze, seja contada como a *primeira*. Os dois discípulos, chegando às pressas de Emaús e, cheios de euforia, querendo contar o encontro com o ressuscitado ao círculo de discípulos reunidos, eles são recebidos com a resposta que confirma e refreia ao mesmo tempo: "É verdade! O Senhor ressuscitou e apareceu a *Simão*!" (v. 34). Cléofas e seu companheiro têm de reconhecer que a aparição do ressuscitado a eles é "apenas" a segunda.

O que Lucas no *Evangelho* condensa em um único dia, nos *Atos dos Apóstolos* ele o distribui num período de 40 dias (cf. M 58: lado direito). Numa longa sentença, cheia de conteúdo, ele resume o que lhe parece relevante no contexto da mensagem da ressurreição: "A eles, apresentou-se *vivo* depois de sua paixão, com muitas *provas* incontáveis: durante *40 dias apareceu*-lhes e lhes falou do que concerne ao Reino de Deus" (At 1,3; cf. 13,30s). Os quatro vocábulos "provas", "vivo", "quarenta dias", "apareceu" formam a estrutura básica de uma confissão em forma de catecismo, proclamando à comunidade: Jesus *vive! Comprovou-o* por meio de muitas *aparições*, distribuídas durante *40 dias*.

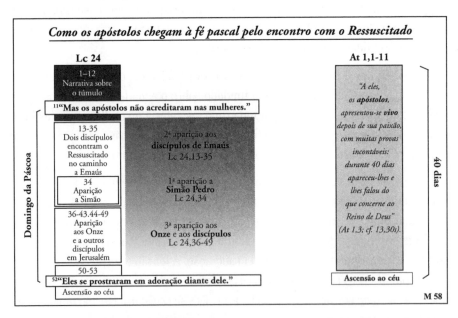

Síntese: Como para Paulo, também para Lucas, as *aparições* são extremamente importantes; suas intervenções redacionais em Lc 24 e At 1 o comprovam. Os discípulos chegam à *fé pascal* mediante *encontros com o ressuscitado, e que não são poucos.*

4.2.3 "Ver" o ressuscitado – para João o caminho para a fé pascal (cf. Jo 20,1-29)

A narrativa joanina sobre o túmulo (Jo 20,1-18) inicia curiosamente com *Maria de Magdala* (v. 1) e encerra também com ela (v. 18). Aquela que se dirigia às pressas ao túmulo com o coração aflito retorna de lá cheia de felicidade para anunciar aos discípulos com júbilo: *"Vi o Senhor!"* (gr. *heôraka*; cf. M 59 e também M 68).

O verbo "ver" não lhe escapou por acaso enquanto escrevia, mas se deve a uma escolha consciente, como João mostra logo adiante em outros dois textos (cf. M 59). Na história da aparição que se segue, narrando o encontro do ressuscitado com os discípulos sem a presença de Tomé (Jo 20,19-23), afirma-se no meio do texto: "Os discípulos, então, ficaram cheios de alegria por *verem* o Senhor" (gr. *heôrákamen*).

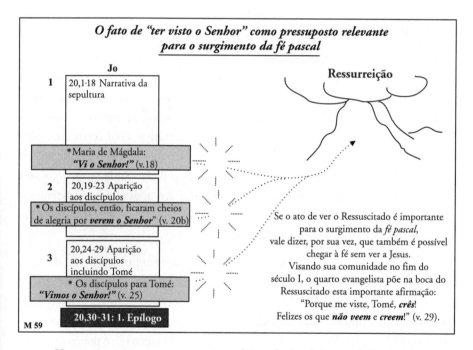

No entanto, para que não surja no leitor do final do século I, que não pode mais contar com aparições do ressuscitado, uma falsa impressão, João *encerra* (!) seu Evangelho com a sentença, proverbial até o dia de hoje: "Porque me *viste*, Tomé, por isso crês: Felizes (contudo) os que não *veem* e creem mesmo assim!" (v. 29). O ato de "ver o Senhor" não é, todavia, pressuposto indispensável para a fé no ressuscitado. Quem *sem* o encontro der o salto ousado em seus braços, "firmando-se" nele – outra coisa não significa "crer" para João (cf. Blank, p. 271s) –, esse pode ser declarado "bem-aventurado" (gr. *makários*), pode ser contado entre os que o Jesus terreno tinha em mente nas suas "bem-aventuranças" originais (Mt 5,3-11 par. Lc).

> *Síntese*: A mensagem da ressurreição de Jesus não se funda no túmulo vazio – como ainda há quem goste de afirmar isso. As aparições pascais formam "o indispensável pressuposto constitutivo para o surgimento do querigma" (Blank, p. 180).

Fontes: B. Spörlein. *Die Leugnung der Auferstehung*. Eine historisch-kritische Untersuchung zu 1Cor 15. Regensburg, 1971; Blank. *Johannes* 4/1a, p. 180, 271s.

4.3 Têm sua facticidade assegurada...

Quão autênticas são as aparições? Trata-se de *acontecimentos reais* ou serão *fantasias* de discípulos e discípulas estressados, beirando o patológico? Lancemos primeiramente um olhar sobre a *tradição neotestamentária* (cf. M 60), essa fonte interessante para nós! Oferece-nos uma situação favorável já que *ambos os filões da tradição*, a tradição dos credos e a tradição narrativa, conhecem aparições pascais (cf. M 52). No documento parcialmente até muito antigo da tradição dos credos (cf. M 53 e M 57), 1Cor 15,3-5.6-7.8, Paulo enumera nada menos que seis testemunhas de aparições. Os *evangelhos* e os *Atos dos apóstolos*, pertencentes à tradição narrativa, transmitem ao todo uma dúzia de notícias e narrativas sobre aparições (cf. M 60: caixinhas em branco).

Na visão geral do quadro M 60, pode-se observar muito bem como a tradição cresce e se desenvolve continuamente. A *tradição pré-paulina* (1Cor 15,3-5.6-7) e o próprio *Paulo* ainda se contentam com breves referências (cf. "apareceu a..."). Da mesma maneira também *Marcos*, no fim dos anos 60, aponta brevemente para aparições na Galileia (cf. Mc 16,7). No início bastava o fato como tal, e pouco interesse havia nas circunstâncias exteriores. Isso haveria de mudar no tempo subsequente. Uma pequena notícia sobre *o fato* foi ganhando contornos, transformando-se numa narrativa cheia de plasticidade. Ao todo Mt, Lc e Jo nos transmitem 8 dessas belas narrativas de aparições (cf. M 60: Mt duas, Lc também duas, Jo quatro). Ao proceder a avaliação histórica terá que se diferenciar entre *o fato* como tal e sua *roupagem narrativa*. Mesmo que a última contenha traços lendários, o fato como tal necessariamente não precisa ser colocado em dúvida.

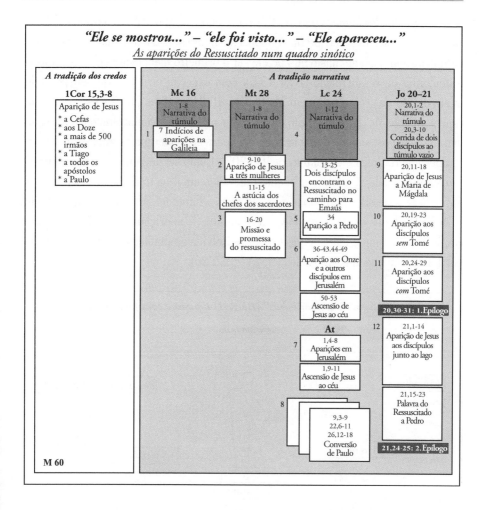

4.3.1 ... por uma *espessa e concludente* "nuvem de testemunhas" (Hb 12,1)

Uma seleção crítica dos textos de aparições desvenda uma espessa "nuvem de testemunhas" (Hb 12,1). Para melhor poder avaliar sua "força de prova", recomenda-se examiná-las de perto (cf. M 61).

Entrementes não é mais controverso, nem na Igreja, que o ressuscitado se mostrou a *mulheres,* como mais adiante será demonstrado (cf. Excurso II.5). Ao contrário de João que só relata de Maria de Magdala, pode-se partir do pressuposto de que houve *várias mulheres* (cf. adiante), testemunhas de aparição, conforme o evangelista Mateus (cf. Mt 28,9: "Maria de Magdala e a outra Maria").

O grupo dos *homens* registra três indivíduos (cf. M 61): *Pedro* (aram. *Kephas*), com seu cognome clássico judaico Simão, está muito bem documentado como testemunha pascal. Não apenas o fato de ele ser o primeiro mencionado no mais antigo testemunho da ressurreição (1Cor 15,5), com exceção de Mt (o que surpreende muito diante das referências em Mt 16,18s; 18,21 e outras passagens!), mas que especialmente Mc, Lc e Jo sabem da aparição a Pedro. Lamentavelmente a tradição não conhece pormenores dessa importante aparição; poderiam estar presentes "sob a superfície de Jo 21" (cf. Blank, p. 199-207). Como segunda testemunha aparece *Tiago*, o irmão de Senhor, igualmente registrado em uma tradição antiga (cf. 1Cor 15,7); haveremos de nos ocupar com ele mais adiante (cf. M 76). Finalmente, em 1Cor 15,8, *Paulo* se apresenta como testemunha de aparição (cf. M 77). Sua autoconfissão, um tanto quanto pequena, é desenvolvida amplamente em três narrativas por Lucas em Atos dos Apóstolos (cf. At 9; 22; 26).

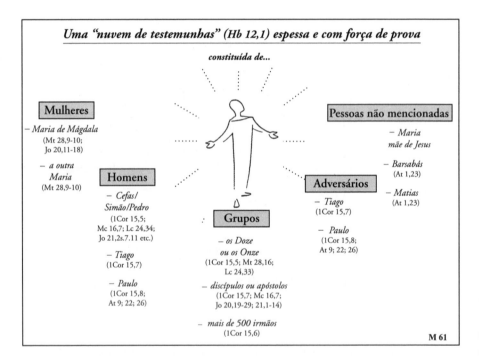

O ressuscitado, no entanto, não se mostra apenas a indivíduos, mas também a *grupos* (cf. M 61). Aos grupos mais interessantes pertence o grupo dos *Doze*, também chamados de "os Onze" após a exclusão de Judas (cf. Kertelge, p. 852ss). Trata-se do pequeno círculo íntimo, escolhido pelo próprio Jesus, e portador de caráter simbólico (imagem do novo Povo de Deus do fim dos tempos). Paulo menciona na sua lista de testemunhas de aparição em penúltimo lugar "todos os apóstolos" (v. 7), que não são idênticos com os do grupo dos *Doze*, como se depreende dos v. 5 ("os Doze") e v. 7 ("apóstolos), em que ambos os grupos estão contrapostos. Nesse grupo maior de pessoas talvez devam ser contados também os *discípulos* (cf. Lc 24,33; Jo 20,19), algo mais dos que meros simpatizantes. A antiga tradição pré-paulina de 1Cor 15,6-7 ainda sabe de *500 irmãos*, igualmente testemunhas pascais. Com claras intenções apologéticas Paulo ainda acrescenta que muitos desses já morreram, mas muitos ainda estão vivos e podem ser consultados. *Quem* se oculta atrás desse grande número e *onde* teria ocorrido essa "aparição a uma multidão" (se na Galileia ou no pátio do templo em Jerusalém?) até hoje continua controverso. Contra uma explicação como um fenômeno de massa com efeito contagiante (Lüdemann) depõe o fato do ressuscitado não se ter mostrado durante a noite nem em sonho e além disso as aparições ocorreram em lugares e tempos diversos. "Dessa forma, os *eventos isolados* não podem ser entendidos como reação em cadeia" (Gubler, p. 4s).

Uma função comprovatória especial desempenham o irmão do Senhor *Tiago* e o apóstolo *Paulo*, uma vez que ambos, ao contrário dos demais, não pertencem aos amigos e simpatizantes de Jesus. Ambos são desviados de seu curso de vida a partir do encontro com o ressuscitado (cf. M 76 / M 77), comprovando que aparições são mais do que belas experiências sem qualquer compromisso para os envolvidos.

> *Síntese:* Mesmo não podendo ser comprovadas, a "[não im-]possibilidade" das aparições, contudo, pode ser evidenciada, como Kessler enfatizada (p. 236). A favor de sua historicidade, sobre a qual reina "há muito tempo *unanimis consensus* entre os teólogos..." (p. 121), depõe entre outros argumentos o grande número de testemunhas ancoradas numa ampla tradição (cf. Schenke, p. 17).

4.3.2 ... a ser ampliada com pessoas não mencionadas

Dificilmente há como duvidar de que nem *todas* as testemunhas foram registradas na tradição dos credos e da tradição narrativa; ainda outras teriam de ser acrescentadas, mesmo que isso *só* possa ser depreendido indiretamente.

Curiosamente *Maria*, mãe de Jesus, não foi mencionada como testemunha. Isso surpreende, uma vez que *mulheres* até são citadas como as *primeiras testemunhas* do ressuscitado (cf. o capítulo seguinte). Por que a tradição conhece aparições a mulheres da Galileia (cf. M 63) e nada sabe do encontro com *Maria?* O preconceito da época explica a supressão da mãe como testemunha pascal por parte de *Paulo* e *Lucas* (cf. adiante). Um problema de difícil solução parece ser a ausência de *Maria* como testemunha pascal em *João*, já que esse evangelista é o único a mencioná-la juntamente com o discípulo amado junto à cruz de Jesus, presenciando de perto sua morte (cf. Jo 19,25-27), mas ele relata um comovente encontro do ressuscitado com Maria de Magdala (cf. Jo 20,11-18). Por que se refere ao encontro com ela e não com a mãe? Não vamos encontrar uma resposta satisfatória a esta e a outras perguntas sobre Maria como primeira testemunha. O fato de Tiago, o irmão do Senhor, ter sido honrado com uma aparição, bem como a observação de que, após a "ascensão de Jesus ao céu" (cf. At 1,11), toda a família (cf. At 1,14: "Maria, a mãe de Jesus, e com os irmãos dele") estava reunida com os apóstolos e "com algumas mulheres" evidenciam como segura uma aparição de Jesus também a sua mãe.

Albrecht Dürer preenche essa lacuna bíblica com um entalhado em madeira (cf. M 62). A representação tem como fonte a vida mística de Maria.

Igualmente entre os não citados como testemunhas da aparição, e que deverão ser vistos como tais, estão *Barsabás*, cognominado Justo, e *Matias*. Um grupo de aproximadamente 120 irmãos deveria escolher um deles, por votação, como sucessor de Judas (cf. At 1,15-26). O critério para apresentá-los como "substitutos" era o de terem estado junto o tempo todo "em que o Senhor Jesus viveu em nosso meio, a começar do batismo de João até o dia em que dentre nós foi arrebatado (ao céu), um destes se torne conosco testemunha (gr. *martýs*) de sua ressurreição" (v. 21s).

O Ressuscitado aparece a sua mãe
Xilogravura de Albrecht Dürer
da "Pequena Paixão" de 1510
M 62

Maria está no seu aposento de dormir, ajoelhada em oração, com a cabeça inclinada e as mãos postas. De tão concentrada que está em sua oração, aparentemente ela não percebe a presença de Cristo na figura do ressuscitado. Este se encontra diante dela, permeado de luz, com rosto sério, algo nada comum, portando na mão esquerda o estandarte da Páscoa e elevando a direita para a bênção.

Quão relevante é para Lucas a *condição de testemunha* dos apóstolos, ele o afirma por meio do uso, pelo menos 7 vezes, de conceitos como *martýs* e *martýrion* no contexto da ressurreição (cf. At 1,22; 2,32; 3,15; 4,33; 5.32; 10,41 e 13,31). "Deus ressuscitou Jesus, e disto nós (os apóstolos) somos testemunhas!" soa como uma fórmula estabelecida, procurando responder antecipadamente qualquer questionamento em relação à comprovação desse evento relevante (cf. Kertelge, p. 852ss).

> *Síntese:* Na pergunta sobre a realidade das aparições, segundo Trilling, ela "depende do todo do testemunho, um evento isolado não seria o suficiente..." (p. 153). A título de comparação, ele aponta para os milagres: "Não é possível 'comprovar', historicamente, um milagre isolado. A totalidade dos relatos de milagres, porém, não permite um questionamento sério ao fato de que Jesus em princípio tenha se manifestado dessa maneira" (p. 154).

Fontes: Blank. *Johannes 4/3*, p. 199-207; K. Kertelge. *"Apostel II*. In der alten Kirche". In: *LThK* 1 (1993), col. 852-854; Gubler. *Auferweckt*, p. 4s; Kessler. *Sucht den Lebenden*, p. 235s; Mussner, *Auferstehung*, p. 121; Schenke. *Urgemeinde*, p. 17; Trilling. *Fragen*, p. 141-160.

4.4 Mulheres como as primeiras testemunhas da aparição

A quem o ressuscitado apareceu em *primeiro lugar*? Durante muitos séculos Pedro era considerado a *primeira* testemunha. Não é ele quem encabeça a lista de nomes de 1Cor 15,5; Mc 16,7; Lc 24,34; Jo 21,2s e outras? As condições comprovatórias pareciam inequívocas. Entrementes, a situação da pesquisa se modificou em favor das mulheres, algo aceito até por Roma. Na comunicação papal "Mulieris dignitatem", de 1988, registra-se que Maria de Magdala "é a primeira a ter encontrado o Cristo ressuscitado" (p. 39). Poucos anos após (1993), o *Catecismo da Igreja Católica* (em alemão) formula ainda com maior clareza: "As primeiras a encontrar o ressuscitado foram Maria de Magdala e as santas mulheres que chegaram ao túmulo..." (p. 197). Qual é a contribuição da exegese para essa questão, sem dúvida, interessante? (Cf. Ritt, p. 117-133.)

4.4.1 Duas fontes textuais (cf. Mt 28,9-10 e Jo 20,11-14)...

De uma aparição do ressuscitado a mulheres, e especialmente a Maria de Magdala, só relatam *Mt 28,9-10 e Jo 20,11-18* (cf. M 63).

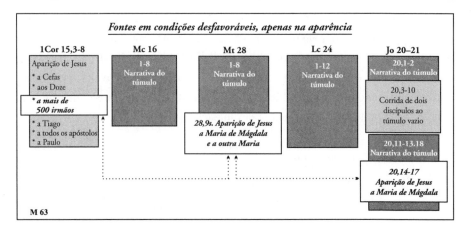

É possível dar uma explicação plausível, por que *Paulo, Marcos* e *Lucas* não retomam essa tradição: *Paulo* silencia quanto a aparições a mulheres em 1Cor 15, por causa "da incapacidade jurídica de mulheres de servirem como testemunhas segundo o direito vigente na época" (Gnilka, p. 496). Josefo (38-100/110 d.C.) documenta a situação precária da mulher judia na transição para a era comum. Ele registra em dois textos marcantes que "o testemunho das mulheres não é permitido por causa da leviandade e do atrevimento, próprias de seu gênero" (Ant. IV 8,15). E ainda: "A mulher em todos os sentidos está abaixo do homem. Por isso ela deve submissão para não sofrer maus tratos da parte dele, mas para que seja conduzida por ele; pois Deus conferiu ao homem o domínio" (Ap II 24). Mesmo que mulheres não sejam explicitamente mencionadas em 1Cor 15,3-8, parece mais que provável que entre os "mais de 500 irmãos", citados em 1Cor 15,6, também se encontrem mulheres. "Em todos os casos, 1Cor 15,3-8 não exclui mulheres como destinatárias de uma aparição pascal" (Sorger, p. 158).

Marcos no fim dos anos 60 ainda se encontra bem no início da tradição narrativa, por isso sua história da Páscoa se limita à narrativa do túmulo (cf. Mc 16,1-8). Visivelmente ele conhece apenas a tradição registrada em 1Cor 15,5, sabendo unicamente de Pedro e dos Doze como testemunhas de aparição (cf. Mc 16,7), omitindo as mulheres devido à pressão das condições reinantes na época.

Lucas omite a "tradição das mulheres", visando leitores orientados para um mundo helenístico-masculino, procurando, assim, amarrar a fé pascal aos *apóstolos* como seus garantidores decisivos. O "relato" das mulheres, a descoberta do túmulo aberto e vazio, bem como o encontro com "dois homens com veste fulgurante" (Lc 24,2-7), ele rejeita como falatório de mulher (cf. M 118).

> *Síntese: Mt 28,9-10* e *Jo 20,1-18*, como únicas fontes que conhecem mulheres como testemunhas de aparições tem um valor especial. A seguir terá de ser examinado como esses textos devem ser avaliados em termos crítico-literários, isto é, como se relacionam entre si, como imaginar seu surgimento e como datá-los.

4.4.1.1 ... com raízes em uma antiga tradição oral

Conforme *Mt 28,9-10*, o ressuscitado encontra *Maria de Magdala* e a *outra Maria* ainda junto ao túmulo, no momento em que resolvem ir até os discípulos para anunciar a mensagem e a incumbência dada pelo anjo (cf. M 64: lado esquerdo). Ao contrário dos traços apocalípticos da *narrativa do túmulo* (cf. v. 2-4: terremoto, anjo do Senhor), o encontro é narrado cuidadosamente e livre de todo aspecto miraculoso e estranho. "Parece-se mais a uma versão narrativa da simples expressão 'apareceu' de 1Cor 15,5" (Schnider/Stenger, p. 43s). "O decisivo, claramente, não está nos detalhes, mas na realidade de *Cristofania* como tal" (Merklein, p. 228).

João só relata uma aparição a *Maria de Magdala* (cf. M 64: lado direito). A história está cheia de símbolos (cf., por exemplo, Maria chora por quatro vezes, volve-se a Jesus por duas vezes) e de teologia (cf., por exemplo, Jesus aponta para Deus como pai dele e dos discípulos, e a esses chama de irmãos). A narrativa também não está livre de certa tensão erótica (cf. o breve vocativo "Maria" da parte de Jesus e a resposta "rabbuni", da parte da mulher, denotam respeito e proximidade ao mesmo tempo), oferecendo material para "histórias de amor" cheias de fantasias. Por isso a cena gozou de alguma preferência, servindo de tema na literatura e na arte, e não poucas vezes. Para a maioria dos exegetas, é indiscutível que a narrativa não deve ser considerada relato histórico. Consenso há também em que a narrativa preserva "a memória histórica da visita de Maria ao túmulo e/ou da primeira aparição de Jesus a uma discípula (cf. H. Ritt, R. Brown, W. Schweizer, M. Hengel e outros)..." (Maisch, p. 21).

De onde essa narrativa chega aos dois evangelistas? Três possibilidades de explicação se oferecem:

1) Segundo a primeira, *Mt* e *Jo inventaram* a narrativa, sem um depender do outro. Contra essa posição depõem os muitos e surpreendentes *dados em comum* (cf. M 64: indicação temporal; Maria de Magdala; dirigir-se a Jesus e procurá-lo; a designação dos discípulos como seus discípulos; incumbência de pregar).

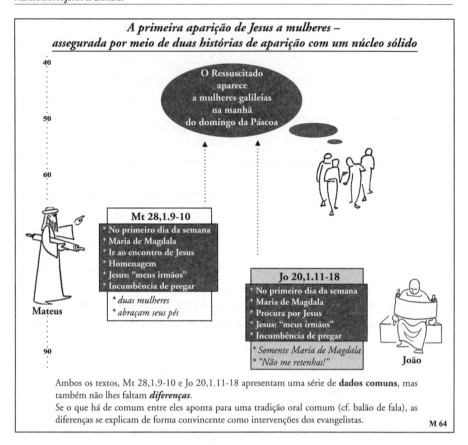

2) Conforme a segunda explicação, *Mt teria inventado* a narrativa (assim Blank, p. 156: "o Evangelista deu forma a ela"), *João*, seu colega mais jovem, a *assumiu* dele. A observação de que o judeu Mateus deve ter tido a mesma prevenção em relação a mulheres, como Josefo a teve, depõe contra essa explicação. "Parece algo impossível de ser inventado que mulheres sejam mencionadas como testemunhas de uma revelação junto ao túmulo de Jesus, dada a sua condição de testemunhas não reconhecidas no judaísmo do primeiro século" (Gubler, p. 5).

3) Segundo Schnackenburg, não há dependências literárias entre Mateus e João: "Contatos entre o Evangelho de Mateus e o de João são raros e insignificantes" (p. 19). 3) Resta apenas a seguinte explicação: a partir dos *traços comuns* entre as narrativas de Mateus e João, terá de se inferir a dependência de ambos de uma *tradição* oral (Schnackenburg, p. 19) "muito antiga" (Brown, p. 81). Ambos a assumem com seus dados básicos (cf. M 64: círculo oval), modificando-a com

vistas às diferentes comunidades, como o evidenciam as *diferenças* (cf. Mateus: duas mulheres/ João: apenas Maria de Magdala; Mateus: as mulheres abraçam os pés do ressuscitado/ João: Jesus ordena a Maria de Magdala: "Não me retenhas!").

4.4.1.2 ... com dois resultados relativamente seguros

Mesmo não sendo mais possível a reconstrução dessa tradição oral nos seus detalhes, *dois resultados relativamente seguros* podem ser constatados.

1) Ao lado das tradições sobre aparições a homens, como as inseridas no querigma (cf. 1Cor 15,6ss), deve "ter havido outras sobre aparições a mulheres" (Merklein, p. 229). O presente estado da pesquisa é sintetizado por Kremer na seguinte afirmação: "A pesquisa recente atribui às indicações sobre uma aparição pascal diante de mulheres, especialmente a Maria Madalena (Mt 28,8ss.; Jo 20,11-18), um maior embasamento histórico do que anteriormente" (p. 1180). Sob a pressão social, essa tradição sobre esse encontro sofreu uma espécie de "poda", mas não pode se suprimida totalmente. Se *João* apenas menciona Maria de Magdala, ele o faz porque tem uma preferência dramatúrgica por encontros individuais com Jesus (cf., por exemplo, o encontro de Jesus com Nicodemos, com a Samaritana). Maior probabilidade parece ter a versão de *Mateus*, segundo a qual, bem cedo na manhã da Páscoa, várias mulheres se põem a caminho do túmulo, a noroeste de Jerusalém. Surpreendentemente, a cena foi preservada numa antiga gravura de madeira em relevo em Roma (cf. M 65). Há reservas tanto de ordem prática quanto social em relação a Maria de Magdala, ao deixar sua morada em um vilarejo (Betânia?), a fim de estar só com o mestre querido na sepultura.

2) "Com alguma probabilidade" (Schweizer, p. 86s), esse encontro do ressuscitado aconteceu na companhia de mais mulheres *junto ao túmulo, ao romper da manhã do domingo da Páscoa*. Honestamente há que se conceder que a indicação de tempo "no primeiro dia da semana" em ambas as narrativas já pertencia à *história do túmulo* (cf. Mt 28,1; Jo 20,1) contendo o *achado do túmulo vazio* (e a mensagem do anjo). Com isso ainda não está excluída, automaticamente, a possibilidade de que também seja parte integrante da *história da aparição* (cf. M 64: círculo oval). Sim, pode-se até supor que Mateus e João tenham tido a ousadia de unir a *história da aparição* com a *história do túmulo* por causa da mesma indicação temporal em ambas as narrativas.

O Ressuscitado
aparece
a Maria de Magdala
e a outra Maria
junto ao túmulo
(cf. Mt 28,9-10).

Relevo em madeira
em uma porta da Igreja de
Santa Sabina em Roma,
do século V.

M 65

4.4.2 A fidelidade exemplar como forte argumento a favor

A *aparição do ressuscitado a mulheres* (Mt 28,9s e Jo 20,11-18), se aconteceu junto ao túmulo ou em qualquer outro lugar, se bem cedo na manhã da Páscoa ou mais tarde, *não é mais que uma decorrência da história*. Ela constitui o ponto alto e o fim de uma longa série de encontros com o Jesus histórico e pode ser entendida como *gratidão* pela fidelidade exemplar.

O quão exemplar foi essa fidelidade só se reconhece, na sua real dimensão, visualizando num mapa os caminhos e as estações pelas quais passaram as mulheres, cujos nomes conhecemos apenas parcialmente (cf. M 66), provavelmente galileias, seguindo a Jesus, seu mestre.

Encontramos as mulheres, acompanhando a Jesus e os Doze, na pequena *Galileia* e nas cercanias limítrofes, Siro-fenícia e Decápole, região percorrida por Jesus durante um ano, pregando e fazendo milagres, tendo como ponto de partida Cafarnaum (cf. Bösen, *Galiläa*, p. 92ss).

Também estão na companhia de Jesus, provavelmente, poucos dias antes da festa do *Pessach* do ano 30 a.C. Passando pela depressão do Jordão, Jesus faz sua última *peregrinação a Jerusalém*, que se encerra na sexta-feira, o dia 14 de Nisã, com a morte na cruz diante dos portões de Jerusalém.

São *testemunhas da morte de Jesus* – mesmo que à distância – enquanto os discípulos, em fuga, já estão a caminho de volta a Galileia (cf. Bösen, *Letzter Tag*, p. 322s).

Participam do *sepultamento do corpo de Jesus* (cf. Mc 15,47, par. Mt/Lc), assistindo a José de Arimateia colocando o morto no túmulo, e ficam sabendo assim de sua localização. A partir desse momento ninguém mais poderá afirmar que Jesus tenha sido enterrado numa cova coletiva.

Finalmente, bem cedo na manhã da Páscoa, elas acham o túmulo de Jesus *aberto e vazio*.

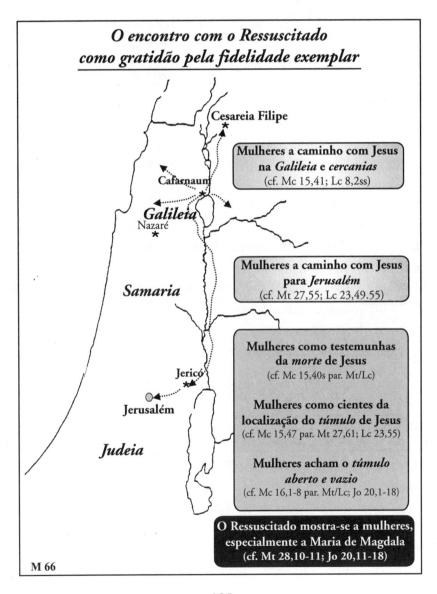

As mulheres galileias, dentre elas Maria de Magdala como força propulsora, evidenciam-se na Galileia e especialmente em Jerusalém como discípulas *fiéis e corajosas*. Com seu amor chegam a envergonhar os discípulos. A gratidão do ressuscitado demonstrado a elas não é mais que uma decorrência; com certeza da parte de Jesus que leva a sério o amor evidenciado a ele.

> *Síntese:* Dificilmente as aparições do ressuscitado a mulheres tenham sido inventadas. A Igreja primitiva as omite por não contribuírem, antes prejudicarem naquele mundo com predomínio do homem. A apresentação da primeira aparição a mulheres por Mateus e João "não deixa de ser uma defesa da mulher no discipulado e na Igreja diante da tirania masculina" (Gnilka, p. 496).

Fontes: *KKK.* p. 197: Ritt. *Frauen*, p. 117-133; Gnilka. *Matthäus II*, p. 496; K. Sorger. *Was in der Bibel wichtig ist*. Grundthemen des Alten und Neuen Testaments. München, 1992, p. 158; F. Schnider/W. Stenger. *Die Ostergeschichten der Evangelien*. München, 1970, p. 43s; Merklein. *Jesus geschichte*, p. 228s; I. Maisch. *Maria Magdalena*. Zwischen Verachtung und Verehrung. Das Bild einer Frau im Spiegel der Jahrhunderte. Freiburg i. Br. 1996, p. 21; Blank. *Johannes 4/3*, p. 156, 199-207; Gubler. *Auferweckt*, p. 2-7; Schnackenburg. *Johannes I*, p. 19; Brown. *Begegnung*, p. 81; Kremer. "Auferstehung Christi". In: *LThK*, col. 1180; Schweizer. *Jesus, das Gleichnis Gottes*, p. 86s; Bösen. *Galiläa*, p. 92ss; Bösen. *Letzter Tag*, p. 322s.

Excurso II: Quem foi Maria de Magdala?

Maria de Magdala, também conhecida como Maria Madalena, é, até a atualidade, tema preferido da literatura, do cinema (cf. Dirnbeck, p. 200-204), das artes plásticas (cf. Burrichter, p. 178-186), bem como das ciências exegéticas. No ano de 1983, Luise Rinser publicou seu romance *Mirjam*, recebendo muitas apreciações críticas; em 1993, Bárbara Thiering, professora de Antigo Testamento e Teologia Feminista em Sydney, Austrália, publicou uma monografia intitulada *Jesus de Qumrã*, na qual a mulher de Magdala é destacada; em 1999, a jornalista sueca Marianne Fredrikson publicou seu romance *Maria Madalena*. O perfil desenhado nas três publicações com poucas variações é sempre o mesmo: Maria de Magdala, uma mulher com má reputação, após a cura de uma doença grave, torna-se discípula e mais tarde amante de Jesus. Bárbara Thiering diz ter descoberto que no ano 30 d.C. ela teria contraído segundas núpcias com Jesus, mas, após o nascimento de uma filha e dois filhos, teria se separado dele novamente no ano 44 d.C.

Quem é esta mulher que estimula tanta fantasia? De que fontes sabemos algo dela? O que há de consistente nessas histórias da pecadora arrependida e da amiga íntima ou esposa de Jesus?

1. Informações de fontes limitadas

A situação das fontes de informações sobre a mulher mais conhecida nos quatro evangelhos, ao lado da mãe de Jesus, é modesta. Maria de Magdala não é nomeada em Atos dos Apóstolos nem nas cartas; é mencionada unicamente nos quatro evangelhos, então nada menos do que 13 vezes (cf. Mc 15,40.47; 16,1; Mt 27,56.61; 28,1; Lc 8,2; 24,10; Jo 19,25; 20,1.11.16.18). Faltam fontes profanas sérias. Essa falta é compensada por uma coleção de lendas, conhecida amplamente na Idade Média como "Legenda Áurea" (cf. Strauss, 741). Publicada pelo dominicano e posteriormente Arcebispo Jacobus de Voragine († 1298) e traduzida para 187 línguas, torna-se a partir da impressão em forma de livro, em 1470, "uma autêntica obra popular com uma grande influência pedagógica" (Texto de uma fonte medieval. In: *BuK 4* (2000), p. 186). Sua intenção sublime é estimular a piedade. Mesmo tendo conseguido isso nos primeiros séculos, hoje o que a obra mais provoca é incompreensão. As histórias em torno de Maria de Magdala causam mais estranheza do que edificação (ver adiante).

2. Apenas poucos fragmentos biográficos

O pouco material confiável, a que podemos recorrer na questão histórica, não basta para a reconstrução da biografia de Maria de Magdala. Também aquilo que podemos extrair dos textos dos evangelhos não passa de poucos fragmentos biográficos, mas insuficientes para o esboço de um retrato global.

1) O cognome já a caracteriza: Maria é originária da cidade de Magdala, situada à margem ocidental do lago de Genesaré (cf. Bösen, p. 42-44; Küchler, col. 1181) e fica a 4,5 km ao sul de Tiberíades e a 10 km de Cafarnaum na direção norte (cf. M 67). Na transição para a era comum, Magdala (do hebr./aram. *Migdal*/torre), também chamada de Tariqueia (do gr. *salgado*) por autores romanos como Plínio, Suetão e Estrabão, era uma importante cidade de pescadores. Sua boa localização na Via Maris favorecia a comercialização de peixe seco, chegando até Roma (cf. Bösen, p. 176). Da grande cidade de então, com fábricas, porto e hipódromo, restam apenas algumas ruínas (cf. Wenning, p. 208-211; Kroll, p. 278-283).

2) Onde, quando e como Maria de Magdala conheceu a Jesus não se sabe. Os evangelhos, de fato, nada relatam de uma visita de Jesus a essa cidade, mas basta uma breve olhada num mapa geográfico para entender que Jesus não poderia ter passado por Magdala sem entrar ali. A famosa via Maris, vindo de Séforis, levava diretamente para dentro da cidade. Mesmo que os textos silenciem sobre isso, é mais do que certo que Jesus também ali tenha pregado sua mensagem do reino de Deus iminente, reforçando-a através de milagres (cf. Bösen, p. 72-75). Mesmo não sabendo se foi na cidade ou fora dela, segundo uma informação confiável de Lc 8,2, Maria de Magdala é "libertada" de "sete demônios" por Jesus, isto é, ele a curou de uma grave (cf. "sete") doença psicossomática (cf. "demônios" como circunscrição para as mais diversas doenças).

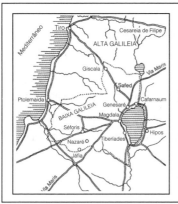

Magdala – cidade natal de uma grande mulher

Na transição para a Era Cristã, a grande cidade tornou-se uma pequena aldeia idílica no século XVIII, situada à margem ocidental do lago de Genesaré.

M 67

3) Conforme Lc 8,1-3, Maria de Magdala faz parte do grupo das mulheres galileias que "seguem" a Jesus. As feministas valorizam a constatação de que as mulheres não só sustentaram Jesus e os discípulos com dinheiro, nem só os serviram assumindo trabalhos cotidianos como o preparo de comida, mas que, antes de tudo, foram "discípulas". Mas o que se expressa com esse conceito? Quer se dizer com isso que as mulheres foram enviadas para proclamar o reinado de Deus que está próximo? (Cf. Mc 6,8-11; Mt 10,7-16; Lc 9,1-6; 10,1-16)? Afirmar isso significaria ignorar a situação social de então: mulheres não eram, necessariamente, proscritas em termos cultuais e religiosos, sociais e educacionais, mas encontravam-se em uma posição claramente inferior à dos homens. Como "missionárias" no sentido amplo, não tinham a menor chance. Não há problema em entendê-las como "discípulas" no sentido de seguidoras fiéis – ouvindo com atenção, solícitas nos pequenos serviços, zelosas na transposição das palavras de Jesus para a prática. O fato de Maria de Magdala ser citada em primeiro lugar em todas as listas de mulheres no Novo Testamento sugere que ela tenha sido *porta-voz* desse grupo de mulheres, um papel análogo ao desempenhado por Pedro.

4) Maria de Magdala ganha seu significado singular como *testemunha*, em primeiro lugar por ser testemunha de cinco acontecimentos importantes da vida de Jesus. Juntamente com outras mulheres é testemunha da *morte de Jesus* (Mc 15,40s, par; Jo 19,25-27) e do seu *sepultamento* (Mc 15,47, par.); é a que encontra o *túmulo aberto e vazio* (Mc 16,1-8, par.; Jo 20,1s). É uma das primeiras, senão a primeira *testemunha de aparição* e *recebedora de revelação* (Mt 28,9s; Jo 20,10-18) e, finalmente, é umas das primeiras, senão *a* primeira *mensageira da Páscoa* (cf. a dupla missão em Mt 28,7 recebida de um anjo; em Mt 28,10, recebida do próprio ressuscitado; cf. Jo 20,17s: "Vai a meus irmãos e dize-lhes [...]!"). Seu estado de "êxtase", S. May procura expressar numa xilografia original (cf. M 68).

"*Vi o Senhor!*" *(Jo 20,17s).*
Sr. M. Sigmunda May OSF (Xilografia, 1984)

Subitamente me cai como escamas dos olhos:

Mulheres foram as primeiras a proclamar a novidade da Páscoa – essa mensagem inacreditável!

Mulheres foram as que correram até os discípulos; já sem fôlego e transtornadas, passam adiante a maior de todas as notícias:

Ele vive!...

Märta Wilhelmsson

M 68

O círculo dos *Onze* está sentado a uma mesa redonda – apertando-se e se agarrando mutuamente, tamanho é seu medo – quando Maria de Magdala, completamente fora de si, entra com o cabelo esvoaçante e os braços abertos, para lhes trazer a notícia de seu encontro com o ressuscitado. Sua mão esquerda aponta em direção ao lugar onde Jesus se mostrara a ela; sua mão direita faz com que suas cabeças se ergam e seus olhos se abram. Que sensação: Maria encontra o ressuscitado antes de Pedro e demais apóstolos! "Em João o amor tem primazia sobre o cargo ou a posição" (Porsch, p. 213).

Porsch considera, "é surpreendente que... uma mulher, ainda antes da liderança dos homens, receba o privilégio de ser a primeira a pregar a mensagem da ressurreição" (p. 213). Talvez se necessitasse da alma de uma mulher para degustar esse fato em todo o seu significado revolucionário (cf. M 68, o poema de M. Wilhelmsson).

Contrapondo-se a "magdalense" aos doze apóstolos, depara-se com um resultado interessante (cf. M 69).

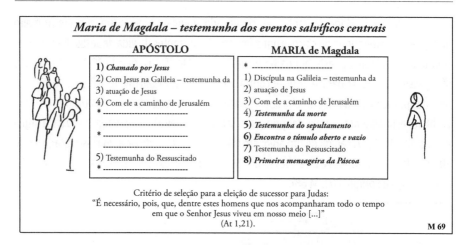

Em termos de "experiência com Jesus", Maria de Magdala tem infinitamente mais a apresentar do que os Doze. A única coisa que lhe falta é um chamamento, uma vocação explícita. Em lugar disso, torna-se testemunha valiosíssima no mínimo em três importantes acontecimentos (morte de Jesus – seu sepultamento – achado do túmulo aberto e vazio), aos quais os discípulos não estavam presentes por terem fugido (cf. Mc 14,50). Sem o testemunho dela (e o de suas companheiras) estaríamos com falta de provas em relação a morte, sepultamento e túmulo vazio.

Na eleição da pessoa para suceder Judas, Pedro irá exigir como critério decisivo de seleção que a pessoa a ser eleita fosse alguém que tivesse estado "conosco o tempo todo" (At 1,21). *Antes de* Barsabás e Matias, candidatos à eleição, Maria de Magdala já cumpria essa condição sensata. É por isso que Hipólito de Roma († 235), o último literato eclesiástico de fala grega no Ocidente, a chama com razão de "apostola apostolorum" (apóstola dos apóstolos).

3. Um sermão desastroso

À imagem tão positiva da "magdalenense" nos evangelhos, sobrepõem-se sombras escuras que a perseguem até o dia de hoje, e, provavelmente, não se livrará mais delas. Responsável por isso é o Papa Gregório I, também chamado o Grande († 604). Um sermão sobre Jo 20,11-18 (a aparição do ressuscitado a Maria de Magdala), que ele fez "diante do povo na Basílica de S. João", na quinta-feira após a Páscoa do ano 591, inicia com a frase (cf. M 70: lado superior): "Maria de Magdala, conhecida como pecadora na cidade, em amor à verdade, lavou as máculas de seu delito com suas lágrimas; assim se cumpriu a palavra da verdade dizendo: 'seus muitos pecados lhe foram perdoados, porque muito amou' (Lc 7,47)".

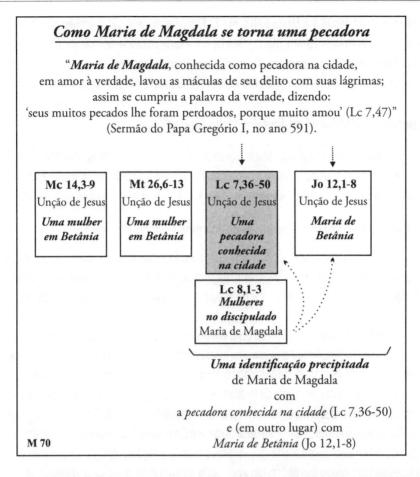

O que o Papa Gregório I terá de ouvir aqui é nada menos de que ele "relaciona elementos textuais dos evangelhos entre si que originalmente nada tem a ver com Maria de Magdala" (Ebner, p. 170), e isso por causa de conhecimentos bíblicos insuficientes e superficiais. Ele identifica a discípula da Galileia com a *pecadora anônima* de Lc 7,36-50 (cf. M 70: no centro) e, mais adiante no seu sermão, também com *Maria de Betânia*, irmã de Lázaro e de Marta e a que lava os pés de Jesus e os unge, conforme Jo 12,1-8 (cf. M 70: lado direito). Para ambas as identificações não há indícios diretos nem indiretos: o que motiva Gregório I a essa equiparação é evidentemente a sequência das perícopes Lc 7,36-50 e Lc 8,1-3 (cf. M 70). Ambas as mulheres são caracterizadas por seu amor extraordinário (cf. Lc 7,47 com Jo 20,1.11-18), o que deve ter fortalecido sua posição de que se tratasse da mesma pessoa. Agora, a equiparação com Maria de Betânia de Jo 12,1-8 continua completamente incompreensível. Acaso escapou a Gregório I que o quarto evangelista foi levado a identificar a mulher com "Maria de Betânia" por causa da menção a "de Betânia" em Mc 14,3 e Mt 26,6? (Cf. M 67.) E, sobretudo, ele não percebeu que Betânia, o vilarejo dos três irmãos, Lázaro, Marta e Maria, fica a uma distância de mais de 100 km dali? Só por isso uma identificação de Maria de *Betânia* com Maria de *Magdala* já é impossível. Trata-se de um descuido imperdoável pelo qual uma mulher honrada até hoje paga pelo seu bom nome.

4. Durante séculos uma mulher de "duplo caráter"

Durante séculos, raramente a imagem de Maria de Magdala foi apresentada com duas faces: a "apóstola" contrapondo-se à pecadora arrependida; a santa em oposição à prostituta pecadora. A título de comprovação dessas "duas faces", sejam mencionados dois documentos:

4.1 Maria de Magdala como "apostola apostolorum" (Hipólito de Roma)

Provavelmente a pedido de Cristina de Markyate, uma eremita e posteriormente priora, surge no século XII o Saltério Albani; uma de suas folhas valiosas traz a imagem de Maria de Magdala no momento em que leva a mensagem da ressurreição aos apóstolos (cf. Jo 20,18; cf. M 71).

O artista anônimo ambienta a cena em Jerusalém, como o indicam os quatro palácios e torres na margem superior da gravura. Seu interesse inequívoco reside nas figuras, reservando 3/4 do espaço para elas: Maria de Magdala, colocada num campo de visão próprio, pintado num verde intenso, encontra-se diante de Pedro e de dez outros apóstolos, em posição de igualdade "olho no olho, com pés e mãos na mesma altura" (Burrichter, p. 180). Seu dedo indicador da mão direita erguido indica que está ensinando, a mão esquerda parece estar reforçando suas palavras. "Sua mensagem é aceita com surpresa, mas com alguma reserva" (Burrichter, p. 181). É o que sinaliza o grupo dos apóstolos, apertando-se num espaço sob uma abóbada; com suas cabeças inclinadas e olhos bem abertos escutam atentamente. Como se quisesse interromper a comunicação, Pedro está com a mão direita levemente erguida em forma de recusa.

Muito próximo a essa representação medieval parece estar o "panô da fome" da instituição alemã Misereor do ano 1990/91, produzido pela artista plástica Lucy D'Sonza (cf. M 71: lado direito).

Maria de Magdala, vestida de vermelho, a cor do amor, surge vindo da luz para a escuridão de uma sala onde se encontram cinco homens, cheios de expectativa; apresenta-se a eles com a mão direita erguida para fazer sua proclamação. Logo junto à porta, Tiago a recebe, ao lado dele o discípulo amado João com o livro do quarto Evangelho na mão. O terceiro, portando uma chave, é identificado com Pedro. Junto desses ainda estão: o evangelista Mateus e André. Uma mulher delicada leva a cinco personalidades da comunidade primitiva a claridade reluzente – a mensagem do ressuscitado, o Cristo exaltado à altura divina!

Maria de Magdala proclama aos discípulos ter visto o Ressuscitado
(Jo 20,18)

Saltério Albani, folha 31b (século XII)   Lucy D'Sonza (*1949 – Índia)
Biblioteca Herzog August, Wolfenbüttel   Panô da fome 1990/1991   M 71

4.2 Maria de Magdala como pecadora e penitente declarada

A imagem da pecadora, que no fim se torna penitente, é o perfil traçado pela "Legenda Áurea", a mais importante coleção de lendas do Medievo.

Segundo ela, Maria de Magdala é originária de estirpe real. Juntamente com seu irmão Lázaro e sua irmã Marta, era proprietária do forte Magdalum, situado a duas milhas do lago de Genesaré, do vilarejo de Betânia e de boa parte da cidade de Jerusalém. "Como, pois, Madalena era extremamente rica, e como a luxúria é companheira constante da riqueza, via sua beleza e sua riqueza e entregava-se completamente aos prazeres carnais..." Quando soube que Jesus se hospedara na casa de Simão, o leproso, procura-o e achegando-se a ele passa a lavar seus pés com lágrimas, seca-os com seus cabelos e, por fim, unge-os com perfume precioso. "O Senhor expulsou dela sete espíritos maus e a incendiou completamente com sua paixão, tomou-a como sua amada especial e fez dela sua governanta e guia no caminho."

Após a "ascensão" de Jesus aconteceu que pessoas incrédulas embarcaram Maria de Magdala, juntamente com o santo Maximino, um dos 72 discípulos, o irmão Lázaro e sua irmã Marta num navio, despachando-o para o mar sem timoneiro, e naufragaram todos. A providência divina fez com o naufrágio acontecesse junto à costa da França (Marseille). Maria de Magdala "embrenhou-se na região inóspita, morando como anônima por 30 anos num só lugar". Segundo outros relatos, ela evangelizou a região, operando muitos milagres. Teve finalmente seu túmulo em Aix-em-Provence ou St. Maximin; relíquias suas também são veneradas em Vézelay, Bourgogne (cf. *Legenda Áurea*, p. 470-482; Burster / Heilig / Ruschmann, p. 205-207).

5. Reabilitada pela Igreja do século XX

Após o Vaticano II, Roma reabilitou-a ao menos parcialmente. No escrito apostólico *Mulieris dignitatem (Da dignidade da mulher)*, publicado pelo Papa João Paulo II, em 15 de agosto de 1988, destaca-se *"o papel especial de Maria de Magdala"* (em itálico no original!), remetendo para o Evangelho de João. "É a primeira a encontrar o Cristo ressuscitado... Maria de Magdala foi até os discípulos e proclamou-lhes: 'Vi o Senhor...' (Jo 20,16-18). Por isso também foi designada 'apóstola dos apóstolos'. Antes dos apóstolos, tornara-se testemunha ocular do Cristo ressuscitado e por isso foi *a primeira a dar testemunho dele diante dos apóstolos*" (em itálico no original!).

Sente-se falta, no entanto, nesse escrito papal e no *Catecismo da Igreja Católica*, da constatação de que a equiparação de Maria de Magdala com a pecadora com fama na cidade, de Lc 7,36-50, é um mal-entendido lamentável, e corrigi-lo está mais do que na hora. Enquanto na Igreja romana a imagem autêntica da "magdalenese" vai se afirmando lentamente, a Igreja oriental honra-a desde tempos antigos como mulher apóstola (cf. Jensen, p. 192-194).

Fontes: R. Radlbeck-Ossmann. "Maria Magdalena". 1. Schrift und Überlieferung. In: *LThK* 6 (1997), col. 1340; I. Maisch. "Maria Magdalena". 2. Zeitgenössische Deutungen. In: *LThK* 6 (1997), col. 1341; J. Dirnbeck. "Des Meisters Herz-Dame zwischen Kitsch und Kirchenkritik". Maria Magdalena in neuer Literatur und im Film. In: *BuK* 4 (2000), p. 200-204; R. Burrichter. "Erkenntnis und Hingabe – Maria Magdalena in der bildenden Kunst". In: *BuK* 4 (2000), p. 178-186; A. Strauss. "Legenda Aurea". In: *LThK* 6 (1997), col.741; *Die Legenda Aurea. Das Lebend der Heilien erzählt von Jacobus de Voragine*. Aus dem Lateinischen übersetzt von R. Benz. 14. ed. Gutersloh, 2005; Bösen. *Galiläa*, p. 42-44, 72-75, 176; M. Küchler. "Magdala". In: *LThK* 6 (1997), col. 1181; R. Wenning. "Magdala". In : *BuK* 4 (2000), p. 208-211; G. Kroll. *Auf den Spuren Jesu*. 5. ed. Stuttgart, 1983, p. 278-283; Porsch. *Johannes*, p. 213; M. Ebner, "Bilder von Maria Magdalena im Neuen Testament". In: *BuK* 4 (2000), p. 170-177; I. Maisch. *Maria Magdalena. Zwischen Verachtung und Verehrung. Das Bild einer Frrau im Spiegel der Jahrhunderte.* Freiburg i. Br. 1996; S. Burster / P. Heilig / S. Ruschmann. "Jüngerin, Apostolin, Legende und Vorbild. Ein Reisebericht". In: *BuK* 4 (2000), p. 205-207; A. Jensen. "Maria de Magdala in den frühkirchlichen und ostkirchlichen Traditionen". In: *BuK* 4 (2000), p. 192-194; S. Ruschmann. *Maria von Magdala im Johannesevangelium*. Jüngerin – Zeugin – Lebensbotin. Münster, 2002; Melzer-Keller. *Jesus und die Frauen. Eine Verhältnisbestimmung nach den synoptishen Überlieferungen*. (HBS 14), Freiburg i. Br., 1997.

4.5 Controvérsias quanto ao como das aparições

Apesar de reinar um amplo consenso entre os teólogos em relação à *historicidade* das aparições do ressuscitado, "sobre o 'como' dessas aparições são apresentadas, há muito, as mais diferentes posições..." (Mussner, p. 121; cf. Kessler, p. 219-236). Essa questão extremamente difícil não é discutida apenas pela teologia, mas também por disciplinas não teológicas como a filosofia e a psicologia. Mesmo que ambas ofereçam auxílios para a compreensão, o que é inegável, a resposta última continua reservada à teologia, já que aparições tratam da invasão da transcendência na imanência, do divino no mundo, da eternidade na finitude (cf. M 55). Como fenômenos pertencentes a "mundos" completamente diversos, portando em si dimensões completamente diferentes, devem ser considerados limítrofes e dificilmente explicáveis satisfatoriamente pelas ciências orientadas apenas a partir do imanente.

Ao leigo com interesses teológicos ocupa, sobretudo, uma pergunta: no caso das aparições, trata-se de *realidades* ou de *imaginações?* As discípulas e os discípulos apenas *imaginaram* o ressuscitado ou estiveram diante dele *de fato* como no tempo de sua atuação? (Cf. M 72) A redução a essas duas posições extremas parece um tanto simplista, mas nos ajuda na procura de uma postura própria numa "escala musical" ampla que permite muitas possibilidades de interpretação.

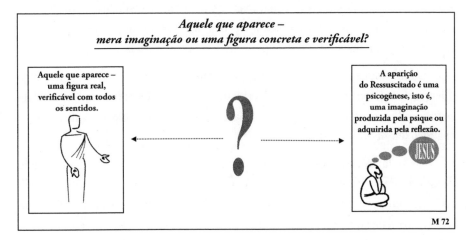

4.5.1 Nem uma coisa nem outra...

Realidade ou *imagem, percepções sensitivas objetiváveis* ou apenas *imaginações causadas pela psique?* A questão não se coloca apenas às pessoas na modernidade; ao menos a resposta dada pelos evangelhos é, surpreendentemente, clara.

4.5.1.1 "Não são percepções sensitivas objetiváveis" (Kessler)

Os assim chamados "realistas", preocupados com a realidade, isto é, a *realidade material* daquele que se apresenta nas aparições, gostam de apoiar-se em dois textos dos evangelhos: por um lado, em *Lc 24,36-43* e, por outro, em *Jo 20,24-29*. Ambas as narrativas, portanto, terão de ser questionadas; até que ponto podem ser entendidas como provas para a tese das materializações do ressuscitado, perceptíveis sensitivamente (cf. M 72: lado esquerdo).

Lc 24,36-43 – Afastando falsas suspeitas

Em conexão com a perícope de Emaús (Lc 24,13-35), Lucas narra como na noite da Páscoa o ressuscitado repentinamente entra no círculo de discussão dos discípulos reunidos, provocando medo e susto entre eles (Lc 24,36-43); pois "imaginavam ver um *espírito*" (v. 37). Jesus os acalma, mostrando-lhes os estigmas de suas mãos e de seus pés e convidando-os a apalpá-lo para que se certifiquem de que ele é de carne e osso. Como, ainda não pago para comer. O peixe assado que lhe servem, come-o de forma demonstrativa diante de seus olhos.

Não estaria o próprio ressuscitado provando sua *forma de aparição concreta e corporal* através dessa breve cena, mas cheia de plasticidade? Não confirmaria também a notícia de At 1,4 da "refeição conjunta" em que Jesus, após a Páscoa, se relaciona com discípulas e discípulos de forma confidencial?

Uma análise crítica da narração lucânica infelizmente nos ensina algo diferente (cf. Kremer, p. 136-155; Merklein, p. 240ss). Reconhece-se a partir da *estrutura da narrativa* que ela tem como alvo servir de uma "prova" planejada com exatidão (cf. M 73: lado direito).

A palavra-chave determinante da perícope chama-se *pneûma*, ocorrendo duas vezes (cf. v. 36.39). *Pneûma*, no entanto, significa "espírito", "fantasma". Com isso o terceiro evangelista circunscreve o problema ao qual ele responde com sua redação bem focada. Por meio de uma "demonstração de provas", ele se esforça em combater uma falsa compreensão de uma aparição acorporal, de um mero espírito. Num *crescendo*, o ressuscitado se vale de três iniciativas convidando seus discípulos para se certificarem de sua *realidade corporal*: "Vede minhas mãos e meus pés!" (v. 39a) soa o primeiro imperativo. Como existe a possibilidade de uma ilusão de ótica, de enganar-se com o que se vê, segue-se o convite: "*Apalpai-me* e entendei que um *espírito / fantasma* não tem carne, nem ossos, como estais vendo que eu tenho!" (v. 39b). Em terceiro lugar, pede aos que continuam incrédulos: "Tendes o que comer?" (v. 41). Passa, então, a *comer* diante de seus olhos o pedaço de peixe assado servido por eles. Tal demonstração não dá mais para superar (v. 42s). De forma visível e palpável está comprovado: no caso do ressuscitado, está-se *diante de alguém corpóreo* e, de forma alguma, de um *espírito* ou *fantasma*.

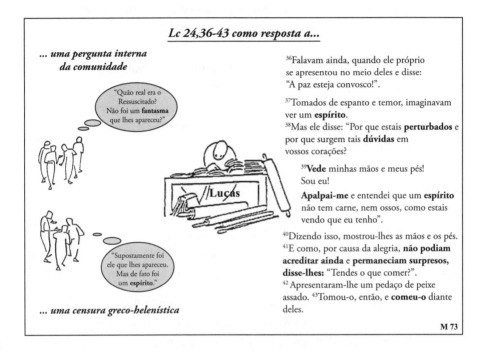

A "demonstração de provas" bem estruturada (cf. v. 39a.39b.41) classifica Lc 24,36-43 como uma *apologia* (cf. Blank, p. 171s). Como podemos imaginar seu núcleo histórico permanece uma questão aberta; dificilmente terá sido como descrito aqui: com essa narrativa apologética, redigida pelo evangelista, ele reage aparentemente a perguntas críticas na *comunidade* (cf. M 73: lado esquerdo em cima) tais como: "No caso do ressuscitado não foi apenas um espírito? As mulheres e os homens que o viram não se deixaram enganar por espírito sem corpo? As aparições discretas (v. 15s) bem como seu desaparecimento misterioso a seguir (v. 31) na perícope de Emaús não depõem a favor dessas suposições?" O acúmulo de verbos no vv. 37s evidencia o quanto a comunidade está insegura (cf. *tomado de espanto e temor – estar perturbado – duvidar*). Possíveis parecem também acusações e suspeitas oriundas do *contexto greco-helenístico* com sua antropologia dicotômica, segundo a qual o ser humano é constituído de "corpo" e "alma" ou "espírito" (cf. Merklein, p. 241; Kremer, p. 155). Em um mundo cheio de deuses e semideuses havia muito espaço para espíritos e fantasmas. Adversários confidenciavam entre si (cf. M 73, lado esquerdo embaixo): "Os cristãos narram aparições de seu ressuscitado, na verdade estavam diante de um fantasma!".

Lucas responde a essas perguntas e suspeitas com um realismo áspero: através de uma materialização sensitiva e tosca, sim, através de "fatos históricos brutais" (Karl Barth), ele procura provar objetivamente que o ressuscitado era alguém real e corpóreo que estava diante de discípulas e discípulos e não um espírito ou fantasma. Em Lc 24,36-43 ele leva a objetivação até o limite do permitido. A narrativa não pode ser tomada, de forma alguma, como prova de uma compreensão "realista" das aparições. Em Lc 24,36-43, "a tendência apologética pode ser reconhecida inequivocamente" (Kremer, p. 155).

Jo 20,24-29 como resposta a uma pergunta angustiante da comunidade joanina

O que há com essa outra narrativa em que Tomé, cuja "incredulidade" tornou-se proverbial, é solicitado pelo ressuscitado a colocar suas mãos nos sinais de suas chagas, para assim convencer-se de sua realidade corporal? (Cf. Jo,24-29.) Não é possível ver ao menos aqui uma prova dessa forma bem *concreta* de aparição do ressuscitado?

A perícope de Tomé, Jo 20,24-29, como última narrativa de aparição, era, na primeira redação desse Evangelho, o ponto culminante da história pascal joanina (Jo 21 é reconhecidamente um capítulo de uma redação posterior). Segundo Schnackenburg, há "muitos argumentos a favor" de que "provenha inteiramente do evangelista" (p. 381). A cena desenvolve-se a partir da cena anterior dos discípulos (Jo 20,19-23), que na verdade pressupõe a presença de *todos* os discípulos, já que trata de temas relevantes como concessão do espírito e conferir autoridade para o perdão dos pecados. Além do estilo de perícope, especialmente seu *peso teológico-pastoral* revela a autoria de João.

Jo 20, o capítulo joanino sobre a Páscoa, com suas três narrativas, persegue os seguintes aspectos: 1) o *surgimento da fé pascal*, 2) e não em último lugar, trata da questão *como pessoas de seu tempo, no fim do século I, podem chegar à fé no ressuscitado* "sem ter tido um contato direto com o Jesus terreno nem com os primeiros discípulos e apóstolos" (Blank, p. 183).

1) Segundo o Evangelho de João, chega-se à *fé pascal* mediante o túmulo vazio e as aparições (cf. M 98). Na figura do chamado "discípulo amado" (cf. Jo 13,23-26; 19,26s; 20,2-10; 21,7.24), o evangelista traça o perfil da pessoa que a partir do seu amor e de sua sensibilidade chega à fé mediante sinais "insignificantes", como os panos de linhos arrumados (Jo 20,3-8). O caminho decisivo ao ressuscitado, no entanto, passa pelo ato de *ver*, isto é, pelas aparições (cf. M 59). Maria bem como os discípulos confessam: *"Vimos* o Senhor!" (Jo 20,28.25), colocando com isso o fundamento para o querigma pascal.

2) Por mais importante que seja a pergunta sobre o *surgimento da fé pascal*, ela é desalojada por outra: o que acontece com a geração que está a 60 ou 70 anos distante do evento pascal, vivendo na última década do século I e precisa arranjar-se *sem túmulo vazio* e *sem aparições*? João responde através do caso do Tomé cheio de dúvidas, o "mais empedernido de todos os incrédulos" (Wilckens, p. 53). Encontramos seu nome em Mc 3,18, par. Mt / Lc; At 1,13; João cita-o em Jo 11,16; 14,5; 21,2.24. Tomé não interessa aqui como "figura histórica", mas como "tipo de um determinado comportamento" (Blank, p. 186). Sua exigência é a exigência de seus contemporâneos, bem como de muitas pessoas hoje: "Se eu não *vir* em suas mãos o lugar dos cravos e se não *puser*..., não crerei" (v. 25).

Na sua aparição, oito dias após a Páscoa, o ressuscitado realiza a exigência de Tomé com as proverbiais *provas palpáveis*. Demonstrativamente ele o solicita a examinar suas *mãos* e *seu* lado (cf. v. 27: "Põe teu dedo...! Estende tua mão..."). O texto do Evangelho não se manifesta se de fato Tomé atendeu à solicitação de Jesus. A arte, no entanto, não tem muitas dúvidas em relação a isso. Ela representa Tomé em inúmeros quadros como "examinador" das chagas; parte deles até de um mau gosto que chega a criar repulsa (cf. Caravaggio).

A partir da *teologia joanina* a pergunta se Tomé atendeu à solicitação, com certeza, pode ser negada (Brown, p. 90s). Ao invés de solicitar novamente a tocá-lo, o Jesus joanino intima Tomé: "Não seja incrédulo, mas creia!" A verdadeira fé renuncia ao "controle com a ponta dos dedos" (Thielicke, p. 209). João desenha o tipo de pessoa que chega à confissão cristológica mais sublime "Meu Senhor e meu Deus!" (v. 28). Ao contrário das discípulas e dos discípulos dos inícios, esse dispensa *túmulo vazio* e *aparição*.

Com isso fica claro que o quarto evangelista, escrevendo seu Evangelho entre os anos 90 e 100 d.C. (cf. a "localização" da "comunidade" e de João na cronologia em M 74), por meio da perícope Jo 20,24-29 quer mostrar "caminho e direção para a geração que crê, pertencente a tempos tardios" (Schnackenburg, p. 390); quer mostrar *como chegar à fé no ressuscitado, estando distante do evento pascal* (cf. balão de fala em M 74).

Toda a geração tardia, também nós do século XXI, teremos de renunciar aos *sinais visíveis* do ressuscitado, nos quais discípulas e discípulos logo após a Páscoa ainda podiam se firmar (cf. xilografia de H. Seidel em M 74, o ressuscitado mostrando ao Tomé, sentado no chão, os sinais de seus ferimentos de uma forma ostensiva).

A geração de tempos tardios e também nós teremos de *crer sem tê-lo visto* e *sem tê-lo tocado* (cf., em M 74, o vazio escuro abrindo-se na altura da comunidade joanina).

"Somente essa fé é verdadeira fé" (Wilckens, p. 53). Quem a encontrar, pode-se declarar "feliz" (gr. *makários*). Jo 20,24-29, portanto, não quer ser entendido como prova de um modo corpóreo-realista de aparição do ressuscitado, mas muito mais como convocação à fé "não provada".

Síntese: Ambas as narrativas, Lc 24,36-43 e Jo 20,24-29, dificilmente podem servir de prova para *uma tosca materialização sensitiva* do ressuscitado (cf. M 72, lado esquerdo), mas, por outro lado, representam um indício claro de uma fé *numa forma "real" de aparição, isto é,* não devem ser interpretadas *apenas de forma racional e espiritual.*

Fontes: Mussner. *Auferstehung,* p. 21; Kessler. *Sucht den Lebencden,* p. 219-236; Kremer. *Osterevangelien,* p. 136-155; Merklein. *Jesusgeschichte,* p. 240ss; Blank. *Johannes 4/3,* p. 171s, 183, 186; Schnackenburg. *Johannes III,* p. 381, 390; Wilckens. *Auferstehung,* p. 53; Brown. *Begegnung,* p. 90s; Thielicke. *Ich glaube,* p. 209.

4.5.1.2 Nem psicogêneses, isto é, produzidas pela psique humana ou imaginações, frutos de reflexão

Num manual de Ensino Religioso para a classe superior da escola pública alemã, publicado em 1912, tendo tido seis edições sucessivas, encontra-se o seguinte texto narrativo para explicar as aparições do ressuscitado:

> Desesperados, os discípulos fugiram para a Galileia... Agora, estão aí caminhando entre as testemunhas mudas de sua atuação. Diante deles está o lago onde vivenciaram a tempestade na companhia dele; lá do outro lado está a cidade sobre o monte e logo abaixo brilham as flores do campo que lhe serviram em suas parábolas; um agricultor está aí arando e semeando na esperança... Como por encantamento, essa imagem do amado mestre surge diante de seus olhos mentais... E eles se põem a pesquisar nas Escrituras... Com essa imagem revitalizada nas almas dos discípulos, desperta a esperança de que ele vive, porque a morte não tem domínio sobre ele. Aquilo que criam e esperavam tornou-se certeza alegre nessas horas de alta agitação psíquica. Quando totalmente envoltos em recordações e esperanças esqueciam o mundo exterior, ele se apresentava diante deles corporalmente com rosto sério, confiante e amável, como o haviam visto muitas vezes. (E. Thrändorf. *Der Religionsunterricht auf der Oberstufe der Volksschule und in den Mittelklassen höherer Volksschulen / Das Leben Jesus und der erste und zweite Artikel.* Dresden. 5. / 6. ed. 1912, p. 211.)

A explicação das aparições pascais como *psicogêneses,* isto é, produzidas pela psique humana, ou como imaginações, frutos de reflexão recebeu novo impulso com

G. Lüdemann, exegeta da Universidade de Gotinga (cf. Kessler, p. 419-442 e outros; Hoppe, p. 13-28; Vögtle, p. 102-113; Lohse, p. 116-138), para quem a Páscoa não é outra coisa senão resultado da "elaboração do luto". Segundo ele, após a Sexta-feira da Paixão sombria, discípulas e discípulos vão adquirindo *paulatinamente* a certeza de que ele vive. Chegam a isso por meio de reflexão e meditação de que Deus não o deixou na morte. Mais ainda, eles o veem diante de si, corporalmente, como viúvas que, ainda após meses, outras até após anos de elaboração do luto, repentinamente viram diante de si a imagem do amado que falecera; pesquisas nos Estados Unidos o comprovam (cf. M 72: lado direito).

Essa explicação das aparições como *meros produtos do poder da imaginação* ou *do subconsciente* dos discípulos poderá encontrar muita simpatia em um tempo com tanto interesse na psicologia e em processos psicológicos. Contra essa teoria depõem várias observações fundamentadas biblicamente (cf. Kessler, p. 418-442 e outros; Gubler, p. 4s; Hoppe, p. 13-28).

Não são visões psicogênicas por terem um efeito "causador de queda"

Não há como negar que imaginações, ideias e convicções tenham poder. Raro é que levem pessoas, e não apenas uma, a entregar a vida por elas. "A entrega total dos discípulos a sua doutrina, cuja confissão pública estava ligada aos maiores riscos, é segundo meu entender" – escreve o grande escritor eclesiástico grego Orígenes (morto em torno de 254) – "é prova clara e evidente de sua ressurreição. Tivessem eles apenas inventado a ressurreição de Jesus dos mortos, não teriam proclamado sua doutrina com tanta veemência; não teriam preparado outros a menosprezar a morte nem a teriam enfrentado, dando eles próprios o exemplo" (Contra Celso II, 56).

Os encontros com o ressuscitado são tudo menos belas experiências, que pudessem ser relatadas a ouvintes sedentos de notícias sensacionalistas, tomando prazerosamente "uma xícara de chá". Parecem-se mais com ondas de pressão de uma explosão com um efeito "arrasador" (cf. M 75). Quem por eles foi atingido acabou sendo atirado para fora do seu curso de vida e forçado a dar uma volta de 180°.

Tal meia-volta está documentada, no mínimo, em relação a duas personalidades de destaque da comunidade primitiva em textos neotestamentários. Para muitas outras, a lenda confirma a mesma sorte.

As aparições do Ressuscitado –
como ondas de uma poderosa explosão com o efeito "causador de queda"

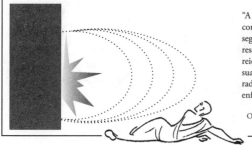

"A entrega total dos discípulos a sua doutrina, cuja confissão pública estava ligada aos maiores riscos, é segundo meu entender prova clara e evidente de sua ressurreição. Tivessem eles apenas inventado a ressurreição de Jesus dos mortos, não teriam proclamado sua doutrina com tanta veemência; não teriam preparado outros a menosprezar a morte nem a teriam enfrentado, dando eles próprios o exemplo."

Orígenes († em torno de 254 d.C.): Contra Celso II, 56.

M 75

Lemos, em uma fonte antiga, insuspeitável e dificilmente inventada, sobre *Tiago*, irmão do Senhor (cf. Bösen. *Galileia*, p. 127-130; Oberlinner, p. 720), o primeiro na listagem dos irmãos de Jesus (cf. Mc 6,3; Mt 13,55), que ele vai até Cafarnaum juntamente com Maria, a mãe, e outros parentes para buscar Jesus de volta para casa por ter sido considerado "louco" (cf. Mc 13,21.31). O que chegava de notícias ao vale de Nazaré era assustador: ele falava de si como portador do reinado de Deus! Perdoava pecados! Envolvera-se com figuras à margem da sociedade judaica e fazia outras coisas mais que ecoavam até os céus! Para evitar uma desgraça maior, a família decidira "tirá-lo de circulação" e trazê-lo de volta a Nazaré. A ação fracassou, e o grupo retorna sem o parente "doente". Com isso também o rompimento estava sacramentado (cf. M 76: lado esquerdo). O quarto evangelista o confirma com a declaração: "Também seus irmãos não creram nele" (Jo 7,5). Jesus procura uma nova família naqueles que "fazem a vontade de Deus" (Mc 3,35).

De fato, só vamos encontrar novamente o irmão do Senhor, Tiago, após a Páscoa (cf. M 76; lado direito), e então não mais como o parente crítico que nada quer com ele. Muito ao contrário – pasmem vocês! – ele assume a responsabilidade pela comunidade primitiva de Jerusalém, segundo Gl 2,9.12; At 12,17; 15,13; 21,18. Em sua carta aos Gálatas, escrita em Éfeso, entre os anos 53 e 55 d.C., Paulo o cita em primeiro lugar antes de Cefas / Pedro e João, como o primeiro da tríade que goza da reputação de "colunas" (Gl 2,9). Sua posição de influência encontra-se confirmada na menção em Antiguidades Judaicas XX 9,1 de Flávio Josefo. Segundo a qual ele teria sido condenado e apedrejado pelo Sinédrio, presidido pelo sumo sacerdote Ananos por causa de transgressão da Lei.

Quem ou o que provocou essa mudança radical de direção? Paulo nos dá a resposta em 1Cor 15,7, listando explicitamente Tiago entre as testemunhas da aparição (cf. M 76: centro). Segundo essa informação, nada menos que um *encontro com o ressuscitado* causou a mudança, isto é, uma meia-volta de 180°.

O segundo, sobre quem ainda estamos mais bem informados do que sobre Tiago, é *Paulo* (cf. WUB 20; Horn, p. 11-19), "o mais ousado missionário da Igreja primitiva" (Stecher, p. 36). Seus primeiros anos estão marcados pelo zelo pela Torá e pela tradição (cf. M 77: parte superior). Em Gl 1,13s, ele recorda à sua comunidade na Galácia, na Ásia Menor, como "outrora vivia como judeu fiel à Lei, como perseguia sobremaneira e devastava a Igreja de Deus". Essa postura hostil ele confirma em Fl 3,5s com a sentença: "quanto à Lei, fariseu; quanto ao zelo, perseguidor da Igreja".

A segunda metade de vida do apóstolo (cf. M 77: parte inferior) pode ser circunscrita com a fórmula cristológico-mística "em Cristo" (gr. *en christô*). Como místico de Cristo ele confessa: o que para mim no passado era lucro, agora o reconheço como perda. "Mais ainda: tudo eu considero perda, pela excelência do conhecimento de Cristo Jesus, meu Senhor. Por ele, eu perdi tudo, e tudo tenho como lixo a fim de ganhar a Cristo e estar nele" (Fl 3,7-9). Essa mudança ele confirma vivendo pelo Evangelho, com uma vida que não teme nem fadiga nem perigo (cf. cap. III.7.2), selando-a, segundo a lenda, com o martírio (cf. Horn, p. 19).

Como esse adversário decidido, até fanático, torna-se um colaborador entusiasta e engajado de Jesus? O próprio Paulo responde em duas observações, que Lucas mais tarde desenvolveria de forma dramática no livro de Atos (cf. At 9; 22 e 26): Em 1Cor 15,8 ele escreve que o ressuscitado se lhe mostrara "em último lugar" a ele, "o não esperado, o aborto" (cf. M 77: centro); segundo Gl 1,15s, "Deus me mostrou seu filho ressuscitado". Essa meia-volta radical, a ponto de chegar até as raízes da existência, provocou uma *aparição* da parte de Deus. O encontro com o ressuscitado "não só o lançou para fora da sela do cavalo, mas também de todas as trajetórias de vida prefixadas a um rabi judeu" (Stecher, p. 34).

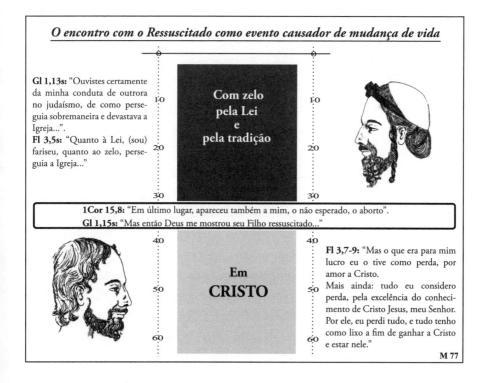

Não são visões psicogênicas por serem incomparáveis a situações de luto

Em sua tese, Gerd Lüdemann parte das experiências de enlutados, de pessoas profundamente atingidas pela morte. Ele não percebe que a angústia e o desespero de discípulos e discípulas apenas exteriormente tem algo a ver com a situação de suas "cobaias humanas". A morte de Jesus na cruz lançou o grupo mais íntimo, o círculo dos Doze e das mulheres, no mais profundo "fosso", falando figurativamente (Gubler [*Auferweckt* 3] fala de uma "experiência traumática na Sexta-feira da Paixão"). Trata-se do grupo que poucos dias após a Sexta-feira falariam de sua ressurreição. Se algo os pudesse demover dessa situação de "fosso abismal" em que se encontravam, se é que isso é possível, então seriam necessários anos de "elaboração do luto" (cf. em M 78, a "queda").

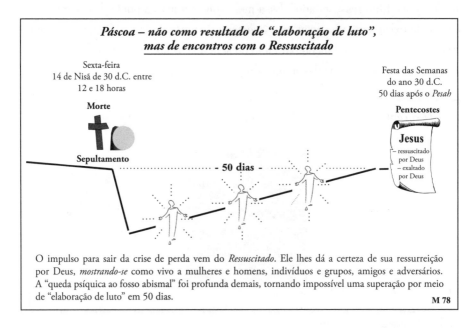

O impulso para sair da crise de perda vem do *Ressuscitado*. Ele lhes dá a certeza de sua ressurreição por Deus, *mostrando-se* como vivo a mulheres e homens, indivíduos e grupos, amigos e adversários. A "queda psíquica ao fosso abismal" foi profunda demais, tornando impossível uma superação por meio de "elaboração de luto" em 50 dias.

M 78

Encontravam-se nesse "fosso abismal" por causa da *morte na cruz*, que, ao lado da morte na fogueira e da luta com animais na arena, não só se constituía na pena de morte "mais cruel e horrorosa" (Cícero, *In Verrem* II 564,165), mas também na mais humilhante (cf. Bösen, *Letzter Tag*, p. 228s). É por isso que Cícero quer desterrar a palavra "cruz" do vocabulário latino: "Que fique distante não só do corpo dos cidadãos romanos, mas também de seus pensamentos, do seu olho e do seu ouvido!" (Cícero, *Pro Rabirio* 5,16). Paulo resume as dificuldades encontradas pelos primeiros missionários, por conta da crucificação de Jesus, escrevendo na 1ª Carta aos Coríntios: o crucificado "para judeus, um escândalo, para os gentios é loucura" (1Cor 1,23). A morte de Jesus causara uma dor profunda, mas sua morte na cruz significava simplesmente a catástrofe.

O "fosso abismal" em que se encontravam os discípulos também tem algo a ver com as elevadas expectativas depositadas em Jesus. Seguramente, os discípulos, ao se decidirem pelo seguimento de Jesus, não estavam completamente livres de interesses econômicos, no nível pessoal (cf. Mc 10,35; At 1,6). Acima desses interesses, porém, estava a esperança de "que fosse ele quem iria redimir Israel" (Lc 24,21); identificavam-no com o messias e rei da era da salvação, prometido a Davi e a quem profetas se referiam, sempre de novo e por mais de 1000 anos, como sendo o portador de esperança. Para muitas pessoas, essa visão libertadora era algo muito vivo na transição para a era comum, como acontecia em todos os tempos de aflição. Com certeza o era para seguidores e seguidoras que a ligavam ao nome de Jesus; essa agora estava definitiva e radicalmente destruída pela morte na cruz. Sob o ponto de vista histórico, as chances para a continuidade do movimento de Jesus eram extremamente mínimas. Também não se contava com um reaparecimento miraculoso de Jesus em Jerusalém, a cidade dos fins dos tempos, como o evidencia a fuga precipitada para a Galileia. A profundidade da situação traumática, em que os discípulos se encontravam na Sexta-feira da Paixão, é descrita apropriadamente pelo teólogo judeu Pinkas Lapide com as seguintes frases: "Se esse grupo de apóstolos assustado e amedrontado, prestes a abandonar tudo para em desespero total fugir para a Galileia..., da noite para o dia pode tornar-se uma sociedade missionária autoconfiante, convicta e consciente da salvação, atuando com mais sucesso após a Páscoa do que antes, então não bastavam visão e alucinação para explicar uma virada tão revolucionária" (p. 74s).

Não são visões psicogênicas por serem experimentadas como assaltos repentinos

A tese da origem psicogênica, apresentada por Gerd Lüdemann, não vê que as aparições pascais realmente não foram experimentadas após um longo período de "elaboração do luto" – como pressuposto em fenômenos comparáveis –, mas *repentinamente*.

O melhor exemplo aqui é Paulo. "O encontro com o Cristo crucificado e ressuscitado bem como o chamado de Deus não aconteceram a homem perseguido por temores de sua consciência, alguém alquebrado em seu sentimento de insuficiência, mas a um fariseu orgulhoso" (Gunther Bornkamm, p. 46). De forma similar também Dibelius / Kümmel descrevem a experiência de aparição por parte de Paulo. Segundo opinião de ambos, o apóstolo "não chegou a outra postura após um lento processo de luta... O fato de sua mudança de percurso ter ocorrido em meio à perseguição explica seu caráter repentino e radical" (p. 47s).

Além do mais, há que se assegurar que os discípulos *logo*, e não só após um longo processo de maturação, encontram coragem para o testemunho público. Mesmo admitindo que Lucas tenha introduzido Pentecostes como data para experiências eficazes com o Espírito Santo por parte do grupo de Jesus, seguindo Weiser (p. 188), dessa fixação da data, por parte de Lucas, terá que se depreender, no mínimo, que a *experiência pressuposta não deve ter ocorrido muito tempo após a Páscoa*. Segundo Dibelius, ocorreu algo que provocou nos discípulos, "*em questão de pouco tempo*, não só uma mudança total de ânimo, mas ainda os capacitou a empreender uma nova atividade e a fundar a comunidade" (p. 127s). Para tanto, o espaço de tempo descrito como de 50 dias entre Páscoa e Pentecostes (cf. M 78) dificilmente teria sido suficiente.

Não são visões psicogênicas porque ocorrem fora de qualquer imaginação e longe de qualquer expectativa

Além disso a explicação das aparições como fenômenos psicogênicos desconsidera que o querigma apostólico com seu duplo enunciado da *ressurreição para a nova vida* e a *exaltação à posição de juiz do final dos tempos* (cf. M 10) não pode ter sido imaginado nem inventado, muito menos por discípulos leigos, em termos de formação teológica.

No imaginário dos discípulos, no máximo, cabia a ideia da *ressurreição geral no fim dos tempos* (cf. M 43). Aliás, isso pode ser comprovado também para Jesus; quando ele fala de ressurreição ele tem esse esquema de pensamento diante de si (cf. cap. III.2). A afirmação da ressurreição de Jesus *antecipada*, "ao terceiro dia", estava completamente fora das possibilidades do pensamento judaico.

Agora, a ideia da *exaltação de Jesus* "para uma existência supraespacial, dotado de um poder vital e efetivo, igualável ao de Deus" (Vögtle, p. 14) não tem, absolutamente, nenhuma chance de ter sido inventada. O enunciado é complicado demais e está distante demais de qualquer "modelo" do pensamento veterotestamentário, que pudesse ser inventado a partir de reflexão pelos discípulos. Para tal exaltação a morte humilhante na cruz não deixaria qualquer espaço. O "salto" mental do crucificado e amaldiçoado por Deus para aquele que seria elevado à sua direita (cf. Excurso I.4) e honrado com nome acima de todos os nomes (cf. Fl 2,9s.) é grande demais para pensá-lo sem que algum evento exterior não o tivesse motivado. Esses eventos nos são dados nas *aparições* (cf. M 78).

> *Síntese:* Nada menos que quatro reflexões bíblicas não deixam qualquer espaço para uma mera interpretação psíquico-racional.

Fontes: Kessler. *Sucht den Lebenden*, p. 418-442, 479-481, 492-495; R. Hoppe. Anton Vögtle – "Wegbereiter historisicher Jesusforschung". In: Vögtle. *Biblischer Osterglaube*, p. 13-28; Vögtle. *Biblischer Osterglaube*, p. 102-113; E. Lohse. "Die Wahrheit der Osterbotschaft". In: Vögtle. *Biblischer Osterglaube*, p. 115-138; Gubler. *Auferweckt*, cad. 3 e seguintes; Bösen. *Galiläa*, p. 127-130; L. Oberliner. "Jakobus, Bruder Jesu". In: *LThK* 5 (1996), col. 720 (Lit.); *Paulus. Ein unbequemer Apostel* (WUB 20). Stuttgart, 2001; F. W. Horn. "Was wissen wir heute eigentlich über Paulus". In: *Paulus. Ein unbequemer Apostel* (WUB 20). Stuttgart, 2001, p. 11-19; Stecher. *Singen*, p. 34, 36; Bösen. *Letzter Tag*, p. 228s; Pinkas Lapide. *Glaubenserlebnis*, p. 74s; Gunther Bornkamm, *Paulus*, 4. ed. Stuttgart, 1979, p. 46; Martin Dibelius / Walter Georg Kümmel. *Paulus*. Berlin, 1951, p. 47s; A. Weiser, "Pfingsten". In: *LThK* 8 (1999), p. 187ss; Martin Dibelius. *Jesus*. 2. ed. Berlin, 1947, p. 27s.

4.5.2 Realidades de ordem especial: *revelações,* isto é, *experiências sem analogia* com o ressuscitado

Se as aparições do ressuscitado não podem ser entendidas como toscas *materializações* sensitivas nem como *imaginações* psicogênicas, como interpretá-las então? Entre esses dois polos abre-se uma gama de possibilidades. Talvez a Bíblia ao menos nos aponte a direção para onde olhar nessa questão altamente complexa. Dentre as explicações extremas apresentadas em M 72, há que se ver se a solução se encontra mais à direita ou mais à esquerda!

O conceito decisivo empregado pela comunidade primitiva para descrever as aparições pascais é *"óphte"* (do gr. *horáo*: ver), e terá de ser traduzido como *médio* (reflexivo) "deixou-se ver", "tornou-se visível", "apareceu". A forma verbal *óphte*, no grego clássico, não é usada com o dativo, mas ocorre com frequência na Septuaginta, a tradução do Antigo Testamento oriunda do século III / II a.C., em que é usada como "termo técnico para a presença da revelação" (Michaelis, p. 359).

É com esse verbo *óphte* (deixou-se ver) que o AT descreve as *teofanias* e as *aparições de Deus*, por exemplo, em Gn 12,7; 17,1; 18,1; 26,1; Ex 3,2 e outras. É desse contexto do AT que a comunidade assume o conceito para reproduzir suas experiências com o ressuscitado. Com isso, a direção está apontada; é a partir daí que as aparições pascais querem ser entendidas. Estão "em sintonia com as narrativas teofânicas do Antigo Testamento" (Klauck, p. 109) e terão de ser vistas como *revelações* (cf. M 79). Paulo também chama a atenção para o *caráter revelador* das aparições pascais ao descrever em Gl 1,15s seu encontro com o ressuscitado, diante da cidade de Damasco, com *apokalýpsai* (revelar, em gr.).

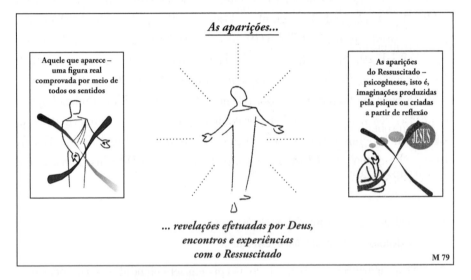

Mas o que se quer expressar com a classificação "revelação"? Trata-se de "um conceito fundamental da filosofia da religião", designando "uma categoria da experiência religiosa" (Schüssler, p. 988).

4.5.2.1 Efetuadas por Deus, respectivamente pelo ressuscitado e com isso indisponíveis

Mesmo que não se possa depreender do predicado *óphte* como imaginar essas aparições, para o conhecedor do grego, ele contém um aspecto importante, perceptível principalmente na tradução medial *"ele se mostrou"*, *"ele se tornou visível"*. Há que se acentuar o respectivo pronome pessoal "ele", ocultando ninguém menos do que o próprio *personagem que aparece. Ele,* o *ressuscitado*, é o agente; *dele* parte toda a atividade. Os receptores da aparição e revelação são remetidos para o papel de espectadores passivos. Só a quem o *ressuscitado* se mostrasse, só a quem *ele* se tornasse visível, somente esse poderia vê-lo. "Era necessário um agir milagroso próprio, da parte de Deus, respectivamente do ressuscitado" (Kremer, *Zeugnis*, p. 61s) para que ele pudesse ser reconhecido.

Como efetuadas por Deus, as aparições são *indisponíveis;* por isso que Willi Marxen fala de "acontecimentos visuais passivos" (p. 115-131). Destaca-se com isso a impossibilidade humana de provocar uma aparição, nem por meio de meditação ou de quaisquer técnicas nem por meio de exercícios ascéticos ou de drogas que ampliam o estado da consciência. As aparições são *graça imerecida, dom não conquistado*. A única coisa que o ser humano pode fazer é pedi-la e manter-se aberto como um recipiente. Toda interpretação meramente imanente, toda tentativa de explicação que querem ver as aparições como produto da psique humana, como resultado de esforço humano são teologicamente insustentáveis.

4.5.2.2 São de uma dupla realidade

Não faltam vestígios em textos do Novo Testamento que evidenciam a dificuldade que havia no reconhecimento do ressuscitado. Maria de Magdala necessitou de uma chamada pessoal (cf. Jo 20,16), os discípulos de Emaús precisaram do sinal familiar da refeição (cf. Lc 24,30s) e os discípulos, da sensibilidade do discípulo amado (cf. Jo 21,7). A dificuldade se explica por si mesma ao ficar evidente que quem aparece a eles "mergulha" a partir da transcendência na imanência, a partir do mundo de Deus na realidade espaço-temporal e histórica. É claro, falando figurativamente, mesmo servindo-se ainda da cosmovisão bíblica (ultrapassada, cf. M 80).

As aparições do Ressuscitado – de uma dupla realidade

"Tem de ficar claro que as aparições do Ressuscitado, isto é, alguém que passou do mundo terreno para o mundo de Deus, não podem ser descritas com a linguagem do cotidiano. Eram acontecimentos que ultrapassavam todas as experiências havidas até então, e mesmo assim se impunham como evento real. Aquele, vindo da transcendência, por um breve período de tempo, tornara-se real para eles e mesmo assim, a seguir, ausentou-se novamente."

(Rudolf Schnackenburg. "Brauchen wir noch Zeugen?" In: Karl Lehmann / Rudolf Schnackenburg. Brauchen wir noch Zeugen: Die heutige Situation in der Kirche und die Antwort des Neuen Testaments. Freiburg i. Br., 1992, p. 60)

M 80

Para poder ser reconhecido, precisou tornar-se acessível aos sentidos humanos. Assim sendo, os receptores da aparição encontravam-se diante de um ser, marcado por uma *dupla realidade,* do transcendente e do imanente, da luminosidade divina e da figura terrena, do ressuscitado pertencente ao novo modo de ser do final dos tempos, mas ainda com os sinais do crucificado.

Essa *dupla realidade,* essa tensão entre o mundo celestial-divino e o terreno-humano ainda ecoa nos textos neotestamentários. Por exemplo, isso acontece lá onde se quer realçar a *identidade daquele-que-se-mostra* com *o Jesus terreno,* respectivamente, com *o crucificado* (cf. Lc 24,36-43; Jo 20,24-29) ou ainda onde se aponta para a *indisponibilidade espacial e temporal* do ressuscitado: portas trancadas não o podem reter (cf. Jo 20,19.26); seu desaparecimento súbito como foi sua aparição (cf. Lc 24,15.31; Mt 28,9). Na verdade, os receptores da aparição deveriam poder dispor sobre os "órgãos da nova criação" (*Glaubensverkündigung* [Comunicação de fé], p. 208), para entrar em contato com o ressuscitado. Como esses não estavam disponíveis, o ressuscitado tinha de vir ao encontro dos discípulos. "Talvez se possa afirmar" – cautelosamente com Kremer – "que aparições do ressuscitado são uma espécie singular do tornar-se visível, encontrando-se entre uma experiência visionária, por um lado, e o reconhecimento terreno usual, por outro" (p. 61s).

Em todos os casos, percebe-se ainda a luta do narrador quando se põe a apreender em palavras aquilo que foi visto. Onde havia conceitos para poder descrever essa nova e "dupla" realidade? A que possibilidades de comparação podia-se recorrer? Simplesmente não havia! Assim, não é possível "dar uma definição e ter uma concepção positiva desse 'aparecimento' singular" (Kremer, p. 86). Apoiados em Blank, temos de nos precaver "de uma descrição psicológica mais pormenorizada desse 'ver' das aparições" (*Neues Glaubensbuch* [Novo livro da fé], p. 180).

Não só os autores do Novo Testamento têm suas dificuldades com a apresentação daquele-que-aparece, também os *artistas* as têm ao representarem *aquele-que--aparece.* Na representação da imagem da *aparição de Deus* a Moisés no deserto, por exemplo (cf. Ex 3,1-6), Marc Chagal pôde valer-se de anéis luminosos, em cujo centro ele inscreve o nome divino Yhvh (cf. M 81). Luz, sol e fogo são símbolos usuais para Deus e facilmente compreensíveis.

Como, no entanto, artistas reproduziriam *aquele-que-aparece* na sua *dupla realidade* humana e divina, terrena e celestial, espacial e infinita, temporal e eterna?

Matthaeus Merian (†1650) tenta fazê-lo, representando o crucificado em uma mandorla permeada de luz, simbolizando o mundo celestial totalmente diferente (cf. M 17); M. Grünewald (†1528) representa o ressuscitado no seu altar de Isenheim como imagem luminosa que se distancia, pairando no ar e mostrando ostensivamente as marcas da crucificação; H. Seidel, um representante da arte moderna (†1906), faz uma figura parecendo humana elevar-se de um emaranhado de linhas angulares, inclinadas e não retas (cf. M 81: lado direito).

Cada qual dessas tentativas tem a sua dignidade, mas evidencia uma arte que toca em limites intransponíveis ao tratar do tema, suscitando mais perguntas do que dando respostas.

4.5.2.3 São distintas, isto é, não podendo ser reduzidas a uma só classe ou a um só jeito de manifestação

Ainda um último ponto há que se considerar: temos de nos precaver de fixar a forma da aparição do ressuscitado em *um* determinado "esquema". Deus tem mil e uma possibilidades de mostrar-se, isto é, de revelar-se. Deus se mostra a cada qual dos seres humanos de uma forma específica e bem pessoal, permitindo que se formule a seguinte tese: Quantos os seres humanos, tantas as formas de aparição de *Deus!*

Aquele-que-aparece – para a arte uma tarefa insolúvel

Marc Chagall: "Moisés diante da sarça ardente"

Hans Seidel: "O Ressuscitado"

Na xilografia de Hans Seidel, formas em repouso e desfiguradas (debaixo delas, a serpente do paraíso?) erguem-se lentamente passando para formas tectônicas bem integradas. Na morte, Jesus deixou para trás o *velho Adão*, tendo-se "revestido" de *um ser totalmente novo*.

M 81

O que diz a respeito de Deus vale também em relação ao *ressuscitado:* ele encontra cada uma das testemunhas de aparição de um jeito bem pessoal; a um de um jeito que parece estar *imediatamente diante dele;* a outro mais como *espírito,* a um terceiro talvez como *percepção interna* como se poderá deduzir de Gl 1,16s, em que é dito que Deus revelou seu Filho "nele / a ele" (gr. *en emoí*).

Disso resulta a exigência de um *modo diferenciado de apreciação,* para a avaliação desse considerável número de notícias e narrativas sobre aparições (cf. M 60) com suas diferenças não harmonizáveis. Seguramente, algumas das diferenças notórias têm sua origem em *reflexões teológicas, apologéticas e pastorais* dos narradores e dos evangelistas (cf. M 90, em que ficou claro que as muitas diferenças nas quatro histórias do túmulo, diversas entre si, são explicadas com o mesmo argumento). Seguramente, em parte das narrativas pode-se ver retratado também o fato de "que as aparições do ressuscitado ocorreram das mais diferentes formas" (Schierse, p. 53).

Uma vez que o conceito "aparição" destaca unilateralmente o momento do *visual* e do *milagroso,* há que se perguntar se o aspecto central não é reproduzido melhor e de forma mais adequada por termos como *experiência, vivência* e *encontro.* Em todos os casos, Blank fala no contexto das aparições pascais de *"experiências religiosas arrebatadoras...,* em cujo centro está a própria pessoa de Jesus" (p. 157); Schillebeeckx refere-se a "experiências chaves" (p. 335-349; cf. Blank, p. 145ss). Em relação a "aparição", o conceito "experiência" não só é mais moderno e – apesar de sua complexidade (Schillebeeckx, p. 346-351) – mais familiar ao ser humano de hoje, mas tem também a vantagem de abranger a percepção *integral,* a percepção com todos os sentidos e também com a alma. Com isso, a afirmação de que discípulos e discípulas "experimentaram" o ressuscitado não expressa *apenas* que estiveram concretamente diante dele; a expressão também não exclui, por exemplo, as experiências "internas". O que precisa ficar garantido é o *ressuscitado como aquele de quem parte a iniciativa.* Temos de nos resguardar de fazer-lhe prescrições quanto ao *modo e a maneira* de sua aparição, quanto ao "como" de sua manifestação.

> *Síntese:* Com base na realidade divino-celestial do ressuscitado não é de se admirar que "não é possível... uma concretização desse como dessas aparições ou revelações do crucificado ressuscitado" (Kessler, p. 234). Segundo Kremer, "não é possível dar uma definição e uma concepção positivas dessa 'aparição' sui generis, por nos faltarem termos de comparação e consequentemente os respectivos conceitos" (Kremer, p. 86).

Fontes: Michaelis. In: *ThWNT* V (1966), p. 359; Klauck. *1. Korintherbrief*, p. 109; W. Schüssler. "Offenbarung" IV, Religionsphlosophisch.In: *LThK* 7 (1998), col. 988s; Kremer. *Zeugnis*, p. 61s, 86; W. Marxen. *Die Auferstehung Jesus von Nazareth*. Gutersloh, 1968, esp. p. 115-131; *Glaubensverkündigung*, p. 208: Blank. *Glaubensbuch*, p. 180; Blank. *Johannes* 4/3, p. 145ss, 157s.; Schierse. *Christologie*, p. 53; E. Schlillebeeckx. *Jesus*, p. 335-351; Kessler. *Sucht den Lebenden*, p. 234.

4.6 Atestadas na Galileia e em Jerusalém

Onde o ressuscitado apareceu a homens e mulheres, onde ele se mostrou a eles? Comparado ao que foi dito anteriormente, a pergunta é de menor peso, mas também não tão insignificante que pudéssemos deixá-la de lado, mesmo que seja só para explicar por que os textos da Páscoa a respondem de *diferentes maneiras* (cf. M 82).

Uma *visão panorâmica* sobre os textos dos evangelhos oferece uma situação não muito clara:

1) A antiga fórmula confessional de *1Cor 15,3-5*, bem como sua ampliação posterior *vv. 6-7*, sim, até a confissão do próprio Paulo no *v.8* não dão qualquer referência aos locais das aparições. Os três escritores aparentemente não estão interessados no "onde" das aparições, basta-lhes o "fato" das aparições.

Para Schenke, a aparição a Tiago, o irmão do Senhor (v. 7) aponta para *Galileia*, "porque a família de Jesus era natural da Galileia" (p. 20). Também a aparição a mais de 500 irmãos remete para *Galileia*, porque além dessa região "eventualmente o pátio do templo (em Jerusalém) entraria em cogitação" (idem). No entanto, tal fenômeno de massa na cidade santa teria chamado a atenção, e a tradição com certeza o teria registrado. Combinando a afirmação do próprio Paulo em 1Cor 15,8 com os relatos de conversão lucana em At 9; 22 e 26, a aparição decisiva a Paulo ocorreu nas *imediações de Damasco* (cf. At 9,3; 22,6).

2) *Mc16,7* aponta para aparições na *Galileia* ("...ele vos precede na Galileia. Lá o vereis...!"). Se a exegese crítica estiver certa, o evangelista inseriu aqui essa referência retomando-a de Mc 14,28 ("Mas, depois que eu ressurgir, eu vos precederei na Galileia"), mas não o fez sem que tivesse tomado conhecimento de aparições na terra natal de Jesus (cf. Bösen, p. 269-274).

3) Além da referência à *Galileia*, assumida de Marcos (cf. Mt 28,7 com Mc 16,7), *Mateus* sabe de uma aparição a duas mulheres junto ao túmulo em *Jerusalém* (Mt 29,9-10) e de outra aos Onze sobre o monte na *Galileia* (Mt 28,16-20).

4) Segundo Lucas, todas as aparições ocorrem exclusivamente em *Jerusalém* (Lc 24,36-49; At 1,3-14) e *redondezas* (cf. Lc 24,13-35: Emaús). Nessa concentração em Jerusalém, reflexões *teológicas* estão em jogo: para o terceiro evangelista o Evangelho inicia na *Galileia*, atinge seu ponto culminante, histórico-salvífico, em *Jerusalém* e se propaga a partir de lá até *Roma*, o centro do mundo de então (cf. At 28,16-31). Realiza-se, assim, fielmente a promessa do ressuscitado: "[...] sereis

minhas testemunhas em Jerusalém, em toda a Judeia e a Samaria, e até os confins da terra!" (At 1,8).

5) Pelo menos três aparições em *Jerusalém* são relatadas por *João* no capítulo 20 (cf. Jo 20,11-18.19-23.24-29), sendo que ele (ou sua escola) complementa essa tradição em Jo 21 com mais uma, ocorrida junto ao *Lago de Tiberíades* – talvez motivado por uma pressão demasiadamente forte da tradição da Galileia.

O que assegurar como resultado dessa visão geral? A tradição conhece dois "locais de aparição" – *Jerusalém* e *Galileia*. É difícil questionar a aparição do ressuscitado a homens e mulheres tanto em um quanto no outro local. Por isso a pesquisa exegética só discute a questão: qual das duas localidades deverá ter a preferência. Ambas as tradições são igualmente fortes; não faz sentido contá-las para então contrapor uma localidade à outra. Para Lohfink, "o resultado aponta inequivocamente para a Galileia" (p. 152); em favor da Galileia depõe também o fato de ter sido o centro da atuação de Jesus. Ao defender-se que o ressuscitado se mostrara primeiramente a mulheres, talvez já bem cedo na manhã da Páscoa junto ao túmulo (ver abaixo), a questão está decidida em favor de *Jerusalém*.

Jerusalém, Emaús, Galileia, Damasco – uma conexão mais profunda entre os locais não é possível reconhecer. Emaús e Damasco mostram que o ressuscitado *de forma alguma* está preso a *lugares* por ele frequentados *e caminhos* por ele percorridos anteriormente. Quem procura a Deus, encontra-o muitas vezes justamente lá onde não o espera, como é o caso dos discípulos de Emaús e de Paulo.

Quando o ressuscitado apareceu às pessoas por ele agraciadas? Os textos bíblicos sabem de aparições de *manhã* (cf. Mc 16,1s par; Jo 20,1), ao *meio-dia* (cf. At 22,6; 26,13) e à *noite* (cf. Lc 24,29s.36; Jo 20,19). Não há uma preferência por alguma parte do dia. Para quem espera por aquele-que-aparece vale a exortação, enfatizada com frequência, dada por Jesus em relação à parusia: "Ficai preparados, porque o Filho do Homem virá numa hora que não pensais!" (Mt 24,44; cf. Mt 25,13 e outras).

A mesma observação vale em relação às *situações em que ocorrem as aparições*. Conforme Jo 21,1-14, o ressuscitado aparece aos discípulos durante a pesca, portanto durante o *trabalho cotidiano*. Os discípulos de Emaús, ele os encontra enquanto *caminham* (Lc 24,13-35); a Paulo, igualmente durante uma *viagem* (cf. At 9; 22; 26). Somos lembrados da aparição de Deus a Moisés pastoreando o rebanho (cf. Ex 3). Tal qual Deus, também o ressuscitado não tem *preferência por algum tempo, lugar ou alguma situação*. A sua declaração "Eu estou convosco...!" (Mt 28,20; cf. Jo 14,16s) vale como aquela que acontece entre duas pessoas que se amam independentemente de espaço e tempo, o que naturalmente não depõem contra tempos e lugares sagrados.

Fontes: Schenke. *Urgemeinde*, p. 20; Bösen. *Galiläa*, p. 269-274; Lohfink. *Ablauf*, p. 152.

4.7 Apenas no dia da Páscoa ou ainda por quarenta dias ou até por mais tempo?

Por quanto tempo mostrou-se o ressuscitado? Uma pergunta que hoje nos parece quase sem sentido preocupava as comunidades nos primórdios, como se pode concluir de Jo 20 (o cap. 21 é tido como acréscimo posterior!). Se o quarto evangelista encerra seu Evangelho com a sentença programática "Felizes os que não *viram* e *creram*!" (v. 29), então ele está respondendo a lamentações, acusações, exigências de sua comunidade no final do século I, que se sentia "enganada" em relação às testemunhas das aparições da primeira geração.

Os textos neotestamentários respondem à pergunta "por quanto tempo" com informações bem *contraditórias* (cf. M 83).

1) O texto da tradição pré-paulina e paulina de *1Cor 15,3-5.6-7.8*, com suas seis aparições, não dispõe de *qualquer indicação temporal*. Agora, se incluirmos a experiência de Paulo em Damasco no ano 33/34 d.C. nas aparições pascais, o tempo das aparições se estenderia por *três ou quatro anos*.

2) Para *Marcos*, o mais antigo dos quatro evangelistas, a fixação do momento em que ocorreu a aparição ou ocorreram as aparições aparentemente não é relevante; não se encontra uma menção sequer em Mc 16,7. Contudo, da informação de que o ressuscitado precederá os discípulos na Galileia para se mostrar a eles, poderá se concluir uma *data posterior*.

3) *Mateus* e *João* concordam entre si, sabendo de *vários dias* de aparições. Conforme os dois, o ressuscitado não só se mostra *no dia da Páscoa* (cf. M 83: segundo *Mt* às duas mulheres, segundo *Jo* a Maria de Magdala e aos discípulos com exceção de Tomé), mas também *posteriormente*, o que para Mateus, no entanto, se depreende apenas da menção a uma aparição na Galileia. Em todos os casos, para

o quarto evangelista esse tempo "posterior" compreende um período mais longo, pois o Tomé "incrédulo", a quem o ressuscitado se mostra "oito dias" (Jo 20,26) após a Páscoa em Jerusalém, também se encontra entre o grupo dos sete discípulos que ainda "mais tarde" o encontram na Galileia (Jo 21,1).

4) *Lucas* de fato é o único evangelista com as indicações de tempo mais precisas, mas não raro contraditórias. Se no *Evangelho* ele concentra todas as aparições no *dia da Páscoa* (Lc 24), em *Atos dos Apóstolos* ele ressalta que o ressuscitado se mostrou como vivo "por quarenta dias" (At 1,3) antes de desaparecer solenemente no céu. Essa datação diversa não é acidental, ele quer ver o período de quarenta dias objeto de inquirição.

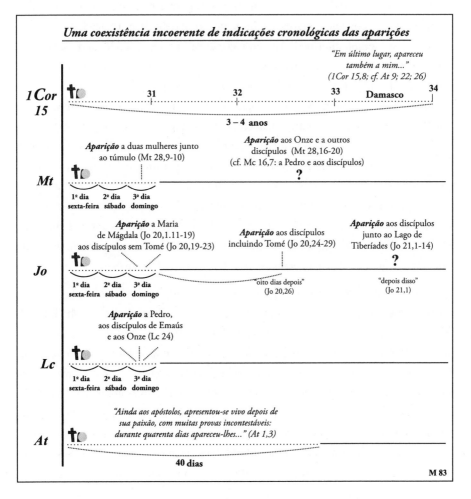

"40 dias" dificilmente é uma indicação concreta histórico-cronológica, pois seu significado simbólico ocorre com muita frequência na Bíblia (cf. Gn 7,4ss: o dilúvio dura 40 dias e 40 noites; Ex 24,18: Moisés fica 40 dias no monte Sinai para receber os mandamentos divinos; 1Rs 19,8: Elias caminha 40 dias em jejum até o monte Horebe; Jn 3,4: Jonas anuncia a queda de Nínive em 40 dias; Lc 4,1s: Jesus jejua 40 dias no deserto, e outras). Em todas essas referências a indicação cronológica aponta para um "tempo de transição, de espera ou de instrução" (*Grundkurs Bibel*, p. 22). Se Lucas a retoma aqui, ele quer acentuar que 40 dias entre Páscoa e Pentecostes representam um *tempo limitado, mas mesmo assim respeitável*, ao qual é conferido um significado especial.

Com esses "40 dias" Lucas cria "um estado intermediário em que Jesus não retornou à vida antiga nem ingressou ainda na glória definitiva" (Nützel, p. 122). Ele aproveita esse tempo intermediário para assegurar ainda mais a fé na ressurreição, uma vez que a questão da "segurança" (gr. *aspháleia*) comprovadamente é de seu interesse especial (cf. Lc 1,1-4). Conforme Lc 24, os apóstolos chegam à fé através de um total de *três aparições*, tendo ocorrido todas no *domingo da Páscoa* (cf. M 58). Bastam três aparições para um acontecimento tão grande como a ressurreição? Lucas percebe que ele precisa "incrementar" algo nesse sentido. Por isso ele aponta em *At 1,3* que o ressuscitado, através de aparições, por um período de nada menos que "40 dias", ofereceu "muitas provas" de que ele vive. O mesmo pensamento ele repete em um sermão do apóstolo Paulo, dizendo que o ressuscitado "*por muitos dias apareceu* aos que com ele tinham subido da Galileia para Jerusalém..." (At 13,30s; cf. 10,40). Os apóstolos e os discípulos, no decurso de *um período de tempo mais longo*, podem ficar convictos de que Jesus realmente vive.

Como interpretar essas, pelos menos quatro, indicações incoerentes (incompatíveis), colocadas lado a lado – entre *um dia* (Lc), *vários dias* (Mc; Mt; Jo) e *40 dias* (At), chegando a *três até quatro anos* (1Cor 15)? Com certeza trata-se de um indício claro de que os evangelistas não têm interesse numa *fixação cronológica*. A melhor prova dessa suposição oferece Lucas com suas indicações exatas, mas mesmo assim distintas, que só se explicam como enunciados *teológicos* (c. M 30/31). Esse desinteresse se explica porque o momento das aparições não pode ser mais estabelecido com exatidão, mas também, e principalmente, porque a aparição de Deus não pode ser limitada. Ou formulando positivamente, se para Deus só existe o hoje e o agora, então isso significa nada menos que ainda hoje ele se mostra, que ainda hoje podemos esperar por uma aparição do ressuscitado. É interessante ver quantas pessoas em nosso tempo podem relatar *experiências com o ressuscitado* em suas vidas (cf. Sutter / Bieberstein / Metternich). Onde são feitas experiências de ressurreição, o próprio *ressuscitado* não está mais muito distante.

Fontes: *Grundkurs Bibel*, p. 22; J. M. Nützel. "Himmelfahrt Christi. Neues Testament". In: *LThK* 5 (1996), p. 122s; L. Sutter / S. Bieberstein / U. Metternich (ed.). *Sich dem Leben in die Arme werfen. Auferstehungserfahrungen*. Gutersloh, 2002.

Relevância atual: ainda hoje de auxílio para a fé pascal

As aparições do ressuscitado evidenciaram-se como tema altamente *importante*. Elas ganham um significado singular para a fé pascal, uma vez atestadas por inúmeros textos e, principalmente, testemunhadas por muitas pessoas, distintas entre si. Através delas a ressurreição avança para dentro de nosso mundo. Se, após aquela Sexta-Feira Santa, o ressuscitado não tivesse se mostrado vivo e na sua glória divina, as discípulas e os discípulos não teriam feito a experiência avassaladora de sua presença corporal, independentemente de como a fizeram, com certeza, a ressurreição teria ficado oculta diante do mundo.

Agora, experiências próprias, como destacado anteriormente, são insubstituíveis. "O menor capítulo de experiência própria vale mais do que milhões de experiências de outros" (Lessing). Por outro lado, durante a vida dependemos da experiência de outros em muitas coisas. Mesmo que não possam ser comparadas com as experiências próprias, nem por isso deixam de ter valor. Tornam-se ajuda para o outro à medida que são "perscrutadas". Um medicamento, via de regra, tem efeito devido a sua composição química, mesmo que a desconheçamos. No caso das aparições (e de muitos outros temas teológicos), isso é diferente. Só desvendam seu poder de ajuda quando colocadas às claras com seus pressupostos complexos e conhecidos como tais.

Disso resulta, para a pregação eclesiástica, a exigência de não contentar-se mais com "chavões", mas de decifrar o complexo das aparições, com suas múltiplas facetas, a partir de seus elementos constitutivos: tradição, facticidade, caráter de revelação etc. O ser humano moderno, que recebe informações abrangentes em áreas como política, economia, esporte e outras, não se satisfaz mais com uma tese no estilo de uma sentença de catecismo; ele quer muito mais, quer conhecer o imaginário de sua religião, quando ainda manifesta interesse nela. Vemos hoje com mais clareza do que em outros tempos que a fé tem uma dimensão do *saber*. Isso não significa que a homilia dominical deva transformar-se numa preleção científica, tampouco poderá esgotar-se em animações e admoestações. Há demanda por ambas as dimensões – *informação* e *animação, saber da fé* e *fortalecimento da fé*.

5. A sepultura vazia

Ainda hoje vale para duas dentre três pessoas que creem o que pareceu importante ao autor de um hino pascal do ano 1777, ainda cantado na atualidade, no que diz respeito à ressurreição de Jesus: "*O túmulo* está vazio, o herói despertou, o Salvador ressuscitou..." (GL 827, Trierer Anhang). Como mostra essa anteposição provocadora, o fato de que o Salvador foi ressuscitado da morte reconhece-se no *túmulo vazio*. O sinal de reconhecimento da ressurreição de Jesus é o túmulo vazio! Como é fácil, então, assegurar esse grande mistério! Basta uma breve espiada na câmara mortuária.

No capítulo a seguir ficará claro que a questão se apresenta bem mais complexa ao ser humano moderno.

5.1 Qual a relevância da sepultura vazia para a ressurreição de Jesus?

A primeira pergunta a ser respondida trata da *relevância* do túmulo vazio. Que valor conferir a essa pergunta na discussão sobre a ressurreição de Jesus? Não contará ela entre as "colunas" que sustentam o mistério da Páscoa? A mensagem da Páscoa não deveria ser desmascarada como fraude dos discípulos, se arqueólogos escavassem ossadas que, com toda segurança, teriam que ser atribuídas a Jesus de Nazaré? O túmulo vazio não é simplesmente a prova?

5.1.1 Altamente relevante para o judaísmo

O túmulo vazio é, sim, um *sinal irrenunciável* da ressurreição de Jesus para o *judaísmo* contemporâneo, mas também para o ortodoxo da atualidade. A proclamação da ressurreição de Jesus só teria tido alguma chance, e ainda o terá hoje, junto ao judeu piedoso, se *o túmulo vazio* estivesse assegurado *como fato*. Se os opositores pudessem apontar para o corpo de Jesus no túmulo teriam o argumento mais forte contra a ressurreição de Jesus. Os discípulos, eles próprios judeus, jamais teriam a coragem de falar da ressurreição de Jesus, se o corpo continuasse no túmulo. Vögtle comenta com razão: "A afirmação da ressurreição de Jesus poderia ter sido refutada facilmente, ao menos nos inícios, apontando-se para o corpo ainda existente" (p. 88). Curiosamente não encontramos essa objeção em lugar algum; o *túmulo vazio* não é negado, mas, simplesmente, procura-se *explicá-lo* como furto, ocultação e fraude (cf. M 97).

O túmulo vazio como pressuposto para a ressurreição tem sua fundamentação na *antropologia do judaísmo antigo* (cf. M 84: parte superior). Segundo a compreensão judaica, Deus criou o ser humano "como unidade constituída de corpo e alma e, nessa sua composição essencial, o determinou para uma existência duradoura" (Haag p. 1191).

Corpo / físico e alma estão intimamente unidos; o ser humano só pode ser pensado como *unidade de ambos* (cf. Nocke, p. 116; Schladoth, p. 235s). Extrair dessa unidade o corpo ou a alma significava a destruição de uma *unidade constitutiva*. A ressurreição, respectivamente, significa a ressurreição do ser humano *todo*, isto é, o ser humano com *corpo e alma*. Uma ressurreição apenas da alma era algo inaceitável para o judaísmo. "Ressurreição segundo a concepção judaica da época só podia ser pensada corporalmente" (Zink, p. 58), isto é, como ressurreição de corpo *e* alma.

Sob o pano de fundo dessa *antropologia global*, o assassinato e a cremação de prisioneiros judeus pelos nazistas constituíam um crime duplo. Roubavam-se dessas pessoas não só a existência *física*, mas também a *escatológica*.

Ressurreição
segundo
... *o pensamento bíblico-judaico*

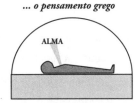

Ressurreição do ser humano **todo** constituído de **carne** (*sárx*) e **alma** (*sôma*)

... *o pensamento grego*

Libertação da **alma** (*psyché*) do recipiente, a prisão, o esquife do **corpo**

... *o pensamento cristão tradicional*

O ícone antigo do século XII / XIII, conhecido na Igreja Ortodoxa Russa como "Passamento de Maria", mostra Maria no campo central deitada sobre um estrado. Carinhosamente a rodeiam apóstolos, bispos e hierarcas, reunidos à direita e à esquerda. No centro, em uma mandorla sinalizando o mundo divino encontra-se Cristo em pé em dimensões extraordinárias. Em suas mãos, cobertas por um pano, ele segura a alma de sua mãe, retratada na figura de uma criança pequena. **M 84**

Uma irmandade religiosa, denominada "homens da graça", tem como preocupação até o dia de hoje assegurar a *integralidade do ser humano*. Seus membros são os primeiros a chegar aos locais de explosão para assegurar a integralidade do corpo de terroristas palestinos em atentados suicidas recentes. Fazem-no com o maior cuidado para assim assegurar a ressurreição no fim dos tempos.

Nesse ponto, há diferenças em relação ao pensamento *grego*, especialmente o *platonismo* (cf. M 84, centro). Para Platão († 347 a.C.), o discípulo de Sócrates, o ser humano é um *ser dualista*, constituído de corpo e alma. A grandeza decisiva entre as duas é a *alma*; é a que mais se assemelha ao divino e ao imortal (*Phaidon*) e dirige qual capitão o navio chamado corpo. O corpo é apenas um substrato bioquímico que a qualquer momento se desfaz, um recipiente sem valor que se quebra na hora da morte, uma prisão da qual a alma se liberta ao morrer, retornando ao estado original. Corpo e alma são delimitados rigorosamente, o domínio sobre o corpo cabe à alma. No pensamento greco-platônico, não há espaço para uma ressurreição *corporal* (cf. Nocke, p. 117). O *cristianismo* aderiu muito cedo a essa visão antropológica dualista e hostil ao corpo. Até hoje se acredita que na morte a alma se desprende do corpo elevando-se até o céu ou sendo carregada por anjos até lá, como pode ser observado em inúmeras representações da morte de Maria, a mãe de Deus (cf. M 84; parte inferior).

5.1.2 Menos relevante para nós hoje

No decurso da história, mudou-se a concepção sobre *o que é o ser humano* e *o que o identifica como indivíduo*. Para nós hoje, o ser humano é essencialmente "corpo" (gr. *sôma*). Em textos teológicos, "corpo" não pode ser confundido com "carne" (gr. *sarx;* cf. Jo 1,14). Se mesmo assim isso acontecer, a ressurreição torna-se a "reconstrução" do corpo (carne) ocidentalizado, ficando ainda em aberto de que corpo está se falando, se do velho, do doente ou do jovem e belo. (Os maiores mal-entendidos ocorrem também no caso das palavras de explicação na Eucaristia "Isto é meu corpo [gr. *sôma*]!", quando "corpo" e "carne" são equiparados.) Corpo, aqui quanto lá, significa o *"eu" insubstituível* de um ser humano, aquilo que constitui a personalidade singular em sua *identidade e essência, a totalidade e singularidade histórica de um ser humano*. O que melhor visualiza este "eu", esta "pessoa", este algo invisível no "curso da vida" é o sobe e desce comparável à escala da temperatura num estado febril (cf. M 85).

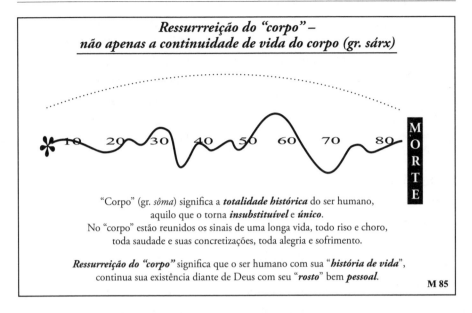

Com essa comparação também se evita uma ideia muito comum de que "alma" é uma espécie de sopro ou hálito. Essa "trajetória de vida", como descrição de "corpo", reúne tudo o que foi acumulado numa vida longa ou breve, toda lágrima como todo riso, toda catástrofe como todo sucesso, todo fracasso como todo acerto.

Se confere que "corpo" não significa a carne, então o que está em jogo na ressurreição não é a continuidade de uma *grandeza física*, mas muito mais a *identidade de uma pessoa*, isto é, o *"eu"* de um ser humano com sua história de vida individual e pessoal. Como esse algo que constitui a pessoa pode existir independentemente do corpo, a carne poderá ficar até para trás e desfazer-se na morte, e, no fim dos tempos, Deus a poderá substituir por uma *nova criação*, pelo corpo "espiritual" (1Cor 15,35-50). A morte não poderá atingir meu "eu", que naturalmente é bem mais que a alma. Esse ultrapassará a linha da morte sem sofrer qualquer dano, tendo continuidade na vida eterna.

Entendido assim, o enunciado sobre a *ressurreição de Jesus* significa, principalmente, que Jesus, *em seu ser, seu eu, sua pessoa e em sua singularidade*, portanto, naquilo que constitui seu *sôma*, continua vivo e exerce domínio junto a Deus. Seu corpo bem que poderia desfazer-se no túmulo sem que com isso colocasse em risco a ressurreição do seu "corpo". Dito com outras palavras, a ressurreição de Jesus, segundo a compreensão atual, não correria qualquer risco se arqueólogos de fato encontrassem restos de uma ossada a ser atribuída, indubitavelmente, a Jesus de Nazaré.

> *Síntese:* Que relevância tem o túmulo de Jesus para a ressurreição de Jesus? Tanto para *o judaísmo da época de Jesus quanto para o judaísmo ortodoxo da atualidade* o túmulo vazio tem a maior relevância, dada a sua *concepção de integralidade do ser humano*. Para nós, a questão se coloca de modo diferente, uma vez que entendemos ressurreição como ressurreição do *corpo*, constituído em sua essência independentemente da carne.

Fontes: Vögtle / Pesch. *Osterglauben*, p. 85-98; E. Haag. *Auferstehung der Toten*. II. Im Alten Testament. In: *LThK* 1 (1993), col. 1191-1193; Nocke. *Eschatologie*, p. 116s; Schladoth. *Glaube*, p. 235s; Zink, *Auferstehung*, p. 57-62.

5.2 Onde e com que abrangência a sepultura vazia é atestada?

Enquanto o historiador pergunta primeiramente pelas fontes, o olhar do exegeta dirige-se num primeiro momento para a *situação textual*. Onde e com que abrangência é atestado o túmulo vazio.

5.2.1 Testificada apenas em quatro narrativas dos evangelhos...

A base textual sobre a qual repousa a notícia do túmulo vazio – para ser honesto, e é o que conta aqui – é um tanto quanto estreita, ao contrário das *aparições*, podendo remeter a uma dúzia de diferentes textos (cf. M 60).

A *tradição das confissões*, supostamente a mais antiga, não apresenta o tema túmulo vazio. A fórmula de fé reconhecidamente mais antiga, 1Cor 15,3-5, não contém uma referência direta ao túmulo vazio (cf. M 53). Isso pode parecer estranho num primeiro momento, mas explica-se como plausível ao nos conscientizarmos de que para o judeu piedoso Paulo no querigma "ele foi ressuscitado" (1Cor 25,4) o túmulo vazio *está incluído* (ver anteriormente). Para a compreensão judaica de ressurreição, a *totalidade* do ser humano ressuscita, tanto sua alma quanto seu corpo no sentido de carne (cf. M 84). Assim, só se podia falar de ressurreição se no túmulo não houvesse quaisquer vestígios de morto.

No entanto, *os quatro evangelhos* (cf. M 86: parte inferior) falam do túmulo vazio nas chamadas *histórias do túmulo* (Mc 16,1-8; Mt 28,1-8; Lc 24,1-12 e Jo 20,1-18). Para o historiador e sua busca de fatos históricos, essas narrativas constituiriam uma base, se não fossem histórias *tardias* e totalmente impregnadas de *reflexão teológica*.

Na sua configuração final, portanto, em qualquer um dos seus formatos atuais, essas narrativas surgiram somente entre 60 e 100 d.C. Não se trata de relatos sobre fatos ou atas sobre acontecimentos, como se pode depreender não só com base nas *diferenças* dos detalhes (cf. M 89: pessoas, anjos, mensagem, reação das mulheres), mas também pelo espaço maior reservado à *mensagem da ressurreição*.

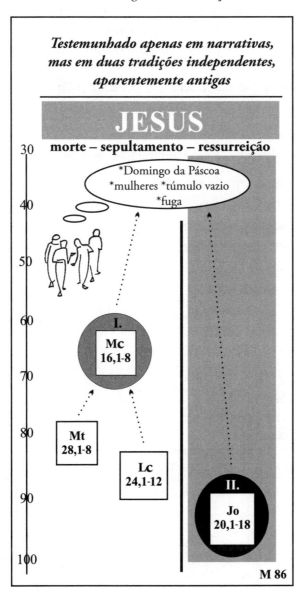

Na narrativa do túmulo em Mc 16,1-8, a exegese por muito tempo destacou em demasia os acontecimentos relacionados ao achado do túmulo vazio, intitulando-a de "O túmulo vazio" (cf. Schenke, p. 104; Haenchen, p. 545); os títulos que a história ganha em comentários mais recentes evidenciam um acento totalmente novo. Na exegese de Gnilka sobre Mc 16,1-8, a narrativa ganha o título "A mensagem pascal do anjo junto ao túmulo aberto" (p. 337; semelhantemente, Kertelge, p. 161). Schweizer confere-lhe a epígrafe "A vitória de Deus" (p. 210); Pesch formula como título "O túmulo vazio de Jesus e a mensagem de sua ressurreição" (p. 519).

5.2.2 ... mas em duas tradições independentes (Mc 16,1-8/Jo 20,1-18)

Mesmo estando certo que apenas em quatro narrativas *tardias* e *teologicamente* de peso se fala do túmulo vazio, por outro lado não há como ignorar que essas quatro histórias pertencem a *duas tradições independentes entre si*.

A mais antiga das quatro narrativas é, sem dúvida, a de *Marcos* (Mc 16,1-8), segundo a hipótese das duas fontes, amplamente aceita. Também há consenso na

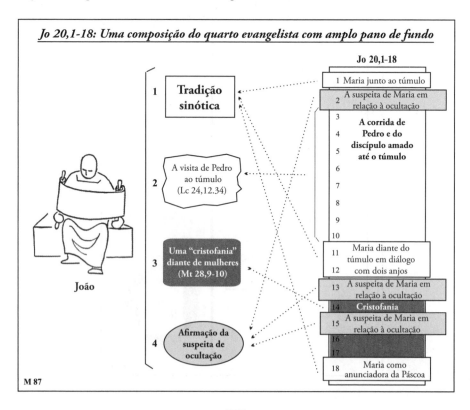

exegese quanto à observação de que Mateus e Lucas dependem de Mc 16,1-8 (cf. M 86), apesar das duas versões apresentarem, parcialmente, divergências acentuadas em relação à de Marcos (cf. M 86). Com toda probabilidade, ambos os evangelistas se valeram de Mc 16,1-8 como sua base (Vorlage), porém fazendo intervenções marcantes nessa versão, dando-lhe um perfil próprio com vistas a perguntas de suas respectivas comunidades (cf. M 90). (Mc 16,9-20, como composição de aparições do ressuscitado, também conhecido como "final não autêntico de Marcos", terá de ser atribuído a uma redação datada do século II, segundo amplo consenso na pesquisa.)

Jo 20,1-18 (cf. o destaque do isolamento em M 86), ao contrário, não apresenta qualquer dependência da história do túmulo marquina. Ao formular a sua narrativa, que diverge consideravelmente daquelas dos sinóticos, o quarto evangelista recorre a pelo menos quatro fontes, parcialmente orais, parcialmente escritas. Um gráfico deverá clarear e tornar mais transparente esse entrelaçamento das tradições aproveitadas (cf. M 87).

1) Há pontos de contato notáveis com a *narrativa do túmulo sinótico-marquina* nos vv. 1.11s.18, em que se relata que Maria de Magdala se põe a caminho rumo ao túmulo de Jesus na manhã da Páscoa, encontra lá dois anjos, conversa com eles e no fim leva a mensagem pascal aos apóstolos (cf. Schnackenburg, p. 358).

2) Apenas o quarto evangelista sabe *da aposta de uma corrida ao túmulo entre Pedro e o discípulo amado*. Por isso ele também é considerado o inventor dessa cena cheia de vivacidade. Talvez atrás dessa narrativa esteja a tradição que sabe da primeira aparição a Pedro (cf. 1Cor 15,5; Lc 24,12.24; Jo 21,1ss). Conforme Schnackenburg, essa história da visitação ao túmulo por parte de discípulos "não é verificável, e a fé daquele discípulo na manhã da Páscoa é improvável" (p. 368). Nesse espaço de tempo em questão, Pedro provavelmente já se encontrava a caminho de volta à Galileia; o discípulo que chega à fé diante do túmulo "foi introduzido pelo evangelista na visitação ao túmulo" (p. 364) porque a sepultura vazia lhe pareceu importante no caminho à fé pascal (cf. M 98).

3) Juntamente com Mateus também João sabe de uma *cristofania diante de mulheres* (cf. Mt 28,9-10 e Jo 10,14-18). Como demonstrado anteriormente em M 64, as concordâncias linguísticas e de conteúdo entre ambas as tradições levam a supor a existência de uma fonte comum, antiga e provavelmente oral.

4) Nos vv. 2.13.15 ressoa um *boato*, que também encontramos um pouco modificado em Mt 28,13.15. Enquanto lá se falava de *furto do corpo* praticado pelos

discípulos, em Jo 20,2.13.15 levanta-se a suspeita de que eles tenham *ocultado* o corpo de Jesus em outro túmulo para poder afirmar sua ressurreição (cf. M 102 e M 104). Ambos os boatos nos dão uma boa visão da discussão sobre ressurreição no final do século I (cf. M 106).

A narrativa joanina do túmulo é prova de uma considerável *habilidade redacional* e de um *talento teológico* singular. Ambas as qualidades fazem da narrativa uma "arca do tesouro", altamente precioso, na qual o quarto evangelista reuniu argumentos apologéticos, exemplos encorajadores (cf. o discípulo amado, Maria de Magdala), bem como informações históricas, valendo-se de tudo isso para conquistar para a fé no ressuscitado. Ele o faz baseando-se em tradições antigas, reflexões teológicas e experiências pessoais.

> Disso obtém-se o *primeiro resultado parcial:* apenas quatro narrativas referem-se ao túmulo vazio, mas pertencendo a *duas tradições independentes entre si* – I. a *marquina* e II. a *joanina* (cf. M 86).

5.2.3 ... oriundas, claramente, de uma fonte antiga

Mc 16,1-8 bem como Jo 20,1-18, ambas consideradas tradições originais, são de *datação recente* no formato em que se nos apresentam. *Tensões quanto ao conteúdo* e *desencontros de ordem linguístico-estilística* apontam para um processo de formação mais longo. Mc 16,1-8 deve ter atingido seu formato final, provavelmente, no final dos anos sessenta; Jo 20,1-18 deve ser datado a partir do fim do século I d.C.

Uma ligeira comparação já deixa claro que em ambas as narrativas "recentes" ainda se encontram restos de uma *tradição comum*.

Apesar de inúmeras e notáveis diferenças quanto a tamanho e conteúdo, ambos os textos, curiosamente, se relacionam em *quatro momentos constitutivos* (cf. M 88).

1) Ambas as narrativas coincidem quanto à *indicação cronológica*. Marcos e João empregam a mesma fórmula "no primeiro dia da semana" (cf. Mc 16,2 e Jo 20,1: "*tê miâ tôn sabbátôn*").

2) Em ambas as narrativas *mulheres* desempenham o papel principal (cf. Mc 16,1 e Jo 20,1). Enquanto Marcos sabe de *três* mulheres, citando Maria de Magdala

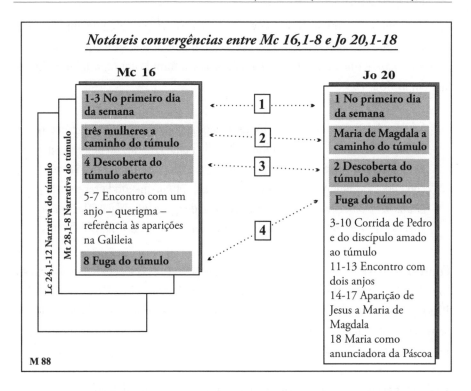

em primeiro lugar, em João o desenrolar dos acontecimentos se concentra unicamente em torno de Maria de Magdala. Maior originalidade parece ter a narração de Marcos; a menção unicamente a Maria de Magdala Jo 20,1-18 deve-se à conhecida preferência pelo olhar a uma só pessoa (cf. Jo 3: Nicodemos; Jo 4: a samaritana; Jo 13,23-26; 19,26s; 20,2-10 e outras: o discípulo amado; Jo 21: Pedro).

3) Surpreendentemente, em ambas as narrativas o túmulo de Jesus é encontrado *aberto* e *vazio* (cf. Mc 16,4 e Jo 20,1).

4) Por fim, ambas as narrativas concordam quanto à reação dos envolvidos: conforme Mc 16,8, as três mulheres *abandonam* o túmulo *em fuga*, voltando à cidade. O mesmo é relatado em João a respeito de Maria de Magdala: quando ela percebe a pedra retirada do túmulo, ela sai correndo – sem olhar para dentro do túmulo – até se encontrar com Pedro e o discípulo amado, anunciando-lhes que o corpo fora retirado (cf. Jo 20,1s).

Essas quatro coincidências, constituindo a estrutura de ambas as narrativas, só podem ser explicadas satisfatoriamente assim: o narrador (pré-)marcano e o (pré-)joanino basearam-se numa provável *tradição oral* que sabia de uma visita de algumas *mulheres* na *manhã da Páscoa* ao túmulo de Jesus, sabia que esse estava *aberto e vazio*, e que as mulheres *abandonaram* o túmulo *em fuga* (cf. o balão de fala em M 86).

> *Síntese:* A base textual a que a exegese pode recorrer na questão do túmulo vazio é reconhecidamente limitada. Não há como ignorar, no entanto, que as quatro narrativas do túmulo pertencem a *duas tradições autônomas*, contendo, claramente, no seu cerne material antigo, que ainda revelam *pegadas de acontecimentos reais*. A afirmação de que a informação do túmulo vazio se deve a invenções tardias simplifica demais o enunciado dos textos.

Fontes: Schenke. Auferstehungsverkündigung, p. 104; E. Haenchen. Der Weg Jesu. Eine Erklärung des Markus-Evangeliums und der kanonischen Parallelen. Berlin, 1966, p. 545ss; Gnilka. Markus II, p. 337; Kertelge. Markusevangelium, p. 161ss; Schweizer. Markus, p. 210; Pesch. Markusevangelium, p. 519; Schanckenburg. Johannes III, p. 358, 364, 368.

5.3 Como se explicam as muitas diferenças nas quatro histórias do túmulo?

Os quatro evangelhos transmitem uma *história do túmulo* que, no seu núcleo, narram de mulheres que no primeiro dia da semana encontram o túmulo de Jesus aberto e vazio, sendo informadas por anjos da ressurreição de Jesus (cf. Mc 16,1-8; Mt 28,1-8; Lc 24,1-12; Jo 20,1-18). Essa narrativa influenciou a espiritualidade pascal e a concepção de fé sobre a ressurreição muito mais do que as demais. O que mais incomoda é que nos detalhes elas tanto divirjam entre si.

5.3.1 As diferenças em quatro aspectos relevantes

Uma comparação entre as quatro narrativas evidencia que as divergências observadas são mais que "pequenas diferenças" explicadas pelo "agito das emoções" dos seus autores, como Kroll (p. 538) tenta sugerir. As diferenças são percebidas em relação a quatro aspectos:

1) as pessoas, 2) os anjos, 3) a mensagem da Páscoa e 4) a reação das mulheres (cf. M 89). *João* se limita a apresentar *só a madalenense* (Jo 20,1.11.18), visitando o túmulo do amado "Rabbuni" (Jo 20,16).

As quatro histórias do túmulo – divergem no seguinte...

	Mt 28,1-8	Mc 16,1-8	Lc 24,1-12	Jo 20,1-18
1 Pessoas	Maria de Mágdala e a outra Maria (v. 1)	Maria de Mágdala, Maria mãe de Tiago e Salomé (v. 1)	Maria de Mágdala, Joana e Maria mãe de Tiago e as demais (v. 10)	Maria de Mágdala (vv. 1.11.18)
2 Anjos	Um anjo do Senhor sentado sobre a pedra em forma de roda diante da entrada (v. 2)	Um jovem no túmulo sentado à direita (v. 5)	Dois homens no túmulo, dirigindo-se às mulheres (v. 4)	Dois anjos no túmulo sentados um à cabeceira e outro aos pés (v. 12)
3 Mensagem	48 vocábulos (vv. 5-7)	39 vocábulos (v. 6s)	41 vocábulos (vv. 5-7)	33 vocábulos (v. 17)
4 Reação das mulheres	"Elas, partindo depressa do túmulo, com medo e grande alegria, correram a anunciá-lo aos seus discípulos" (v. 8)	Elas fugiram do túmulo e nada contaram a ninguém, pois tinham medo (v. 8)	"Ao voltarem do túmulo, anunciaram tudo isso aos Onze, bem como a todos os outros" (v. 9)	Após a primeira visita, Maria de Mágdala sai correndo do túmulo... (v. 2) Após a segunda visita, vai anunciar aos discípulos... (v. 18)

2) Conforme *Mateus*, um anjo rola a pedra da entrada do túmulo antes de sentar-se sobre ela (Mt 28,2); *Marcos* sabe de *um* anjo sentado do lado direito do túmulo recebendo as três mulheres (Mc 16,5); em *Lucas 24,4 dois* jovens se dirigem às mulheres; na narrativa joanina, *dois* anjos estão sentados no túmulo, um à cabeceira e outro aos pés (Jo 20,12).

3) Há diferenças também em relação à *extensão* da mensagem da ressurreição. Em *Mateus* compreende 48 vocábulos (Mt 28,5-7), em *Marcos*, 39 (Mc 16,5) e em *Lucas*, 41 (Lc 24,5-7), mas em *João*, a mensagem não só se encontra na boca do ressuscitado como só abrange 33 vocábulos (Jo 20,17).

4) Finalmente, um última diferença: as mulheres, segundo *Mateus*, deixam o túmulo *com temor e grande alegria*, anunciando aos discípulos a boa nova (Mt 28,8); em *Marcos*, elas abandonam o túmulo *em pânico* e nada contam a ninguém de sua experiência, apesar da ordem explícita dos anjos (Mc 16,8); conforme *Lucas*, as mulheres retornam aos Onze e demais discípulos para relatar-lhes o que vivenciaram (Lc 24,9). Na narrativa de *João*, Maria de Magdala, diante do túmulo aberto na sua primeira visita, sai correndo precipitadamente até Pedro e o discípulo amado (Jo 20,2); após sua segunda visita vai até os discípulos, anunciando-lhes: "Vi o Senhor!" (v. 18).

5.3.2 Não são explicadas através de harmonizações

As contradições divergem demais não podendo ser harmonizadas satisfatoriamente. Um breve recorte da tentativa de reconstrução de Kroll evidencia que ele não dispensa suposições, invenções e distorções fantásticas.

Após uma noite curta, elas estavam aí (isto é, as mulheres do Evangelho de Marcos) na entrada da cidade antes do nascer do sol. Durante o caminho tinham uma só preocupação: "Quem rolará a pedra da entrada do túmulo para nós?" (Mc 16,3). Sim, só nos resta dizer: Boas mulheres, mas ingênuas! Tivessem sabido algo das medidas de segurança tomadas pelo Sinédrio, teriam ido ao túmulo ainda mais preocupadas... Esse relato sumário sobre a visita das mulheres ao túmulo é complementado por João com alguns detalhes. Maria de Magdala já havia se colocado a caminho do túmulo ainda no escuro. Para sua surpresa, encontrara a pedra retirada e o túmulo vazio. Imediatamente, ela corre de volta à cidade. Enquanto isso as outras mulheres chegam ao túmulo. Elas percebem a pedra retirada e entram na câmara mortuária. "Agora uma surpresa segue-se à outra. O morto não se encontrava mais lá. Enquanto ainda estavam paradas e perplexas, uma figura reluzente se torna visível." O anjo anuncia-lhes a ressurreição e lhes dá a incumbência de transmitir a boa-nova. "Surpreendidas pela alegria, mas também cheias de temor... deixam o túmulo e correm até os discípulos na cidade." Os incidentes que se seguem parecem precipitar-se. Nesse ínterim, Maria Madalena havia corrido de volta, isto é, até Pedro... Pedro e João imediatamente se põem a caminho do túmulo... João concede a Simão a preferência de ver e agir, pois isso cabia a Pedro... Entrementes, também as outras mulheres tinham voltado e relatado tudo que haviam vivenciado... Encontramos também a mesma agitação no lado oposto. "Os soldados correram à cidade anunciando ao sumo sacerdote o que havia acontecido" (Mt 28,11). O mais embaraçoso que poderia acontecer, acontecera: o corpo sumira apesar da guarda rigorosa... (p. 538-539).

Kroll ignora silenciosamente questões como os diversos nomes das mulheres, o número dos anjos e onde estavam posicionados (cf. M 95), a fuga dos discípulos em direção à Galileia após a prisão de Jesus (cf. Mc 14,50), a guarda junto ao túmulo, narrada unicamente por Mateus (27,62-66) e outras coisas mais. Como foi possível Maria de Magdala, sempre citada em primeiro lugar, distanciar-se das demais mulheres para correr sozinha ao túmulo? Por que Pedro e o discípulo amado, identificado precipitadamente com o apóstolo João, se põem sozinhos a caminho? Por que João nada sabe das demais mulheres? Que confusão na hora do luto, além de um voltar-se contra o outro num momento em que normalmente pessoas se unem! (Cf. a reconstrução ainda mais fantástica em Walker, p. 51-60.) No fim das contas a gente se pergunta o que é mais difícil crer: na harmonização apresentada aqui ou na explicação da exegese histórico-crítica seguinte.

5.3.3 Ao contrário, explicam-se a partir da personalidade dos evangelistas e do perfil de suas comunidades

As diferenças tornam-se compreensíveis considerando-se as diferentes situações em que os evangelistas escrevem. As quatro histórias do túmulo são como quatro janelas que se abrem para se enxergarem não só quatro diferentes *personalidades de autores*, mas também quatro diferentes *comunidades*, vivendo em quatro *países* e *tempos* diversos (cf. M 90).

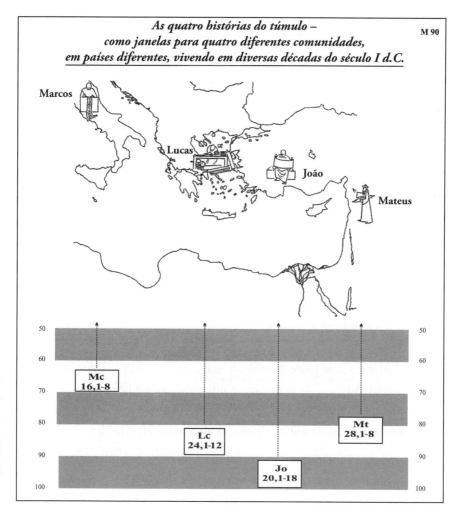

Marcos, o mais antigo dos evangelistas, não é de forma alguma testemunha ocular ou auricular de Jesus, mas um escritor da segunda geração. Sendo ele um cristão gentílico, talvez *vivendo em Roma*, escreve nos anos 60 para cristãos convertidos do paganismo que tinham suas dificuldades com o Messias Jesus. Sua história do túmulo (Mc 16,1-8), que ao mesmo tempo é a única história da Páscoa, compreende apenas oito versículos (cf. Mc 16,1-8) e mesmo assim tudo que é relevante – ao lado do *querigma* no centro (v. 6) – aponta para o *túmulo vazio* (v. 6) bem como para as *aparições* do ressuscitado (v. 7).

MARCOS **MATEUS** **LUCAS** **JOÃO**

Mateus, um judeu-cristão, versado nas Escrituras, vive em torno de 80 d.C. no território da Síria, talvez na própria capital *Antioquia*, que tinha a maior população judaica dentre todas as cidades sírias (cf. Flávio Josefo, *Bellum Judaicum* VII 3,3: "O povo judeu está fortemente disperso entre os povos sobre toda a terra, mas principalmente representado na Síria e aqui preferencialmente vivia em Antioquia por causa do tamanho dessa cidade, mesclando-se com o restante da população".). Preocupa-se com uma comunidade constituída de judeus e pagãos vivendo numa disputa intensa com um judaísmo, fortemente influenciado pelo farisaísmo (cf. Bösen, p. 249-254). Apesar de sua história do túmulo depender da versão de Marcos, Mateus lhe dá um novo rosto com vistas aos membros de sua comunidade judaica (cf. M 99). Como judeu lhe é importante a ressurreição de Jesus como evento escatológico (cf. Mt 28,2-4), bem como o túmulo vazio, explicado pelos oponentes judeus como furto do corpo, além das aparições, razão por que ainda faz o ressuscitado encontrar as duas mulheres junto ao túmulo (cf. Mt 28,9-10).

Lucas, um cristão gentílico erudito da Grécia ou Ásia Menor, escreve seu Evangelho a um amigo de nome Teófilo (amigo de Deus), não se sabendo ao certo se representa uma pessoa concreta ou "amigos de Deus", isto é, homens e mulheres com interesse teológico. Com vistas ao seu destinatário ou aos seus destinatários críticos e cansados na fé, ocupa-se principalmente com a "confiabilidade da doutrina" (Lc 1,1-4). Como Mateus, também sua história do túmulo se apoia em Mc 16,1-8 como base (Vorlage), modificando-a tão profundamente a ponto de se questionar se não estamos diante de uma tradição própria (Lc 24,1-12). Ele não perde seus leitores gentílicos de vista, como se evidencia no "novo acento" dado ao querigma. Afastando-se do teor bíblico "ele foi ressuscitado" (cf. Mc 16,6; Mt 28,6; 1Cor 15,4), põe na boca dos anjos anunciadores o importante aspecto da "vida" (Lc 24,5): "Por que procurais o *vivo* entre os mortos?!" "Vida" delimitada em relação à morte também os gentios entendem, embora não estejam tão familiarizados com a temática da ressurreição como os judeus.

No caso de *João*, o quarto evangelista, não se trata do filho de Zebedeu e irmão de Tiago (Mc 1,16ss), como afirmava a tradição da Igreja Antiga (Clemente de Alexandria, Irineu e outros), nem do misterioso discípulo amado; deve tratar-se antes de um aluno ou de uma pessoa mais jovem da confiança do discípulo amado. Possivelmente tenha vivido entre os anos 90 e 100 d.C. na Síria ou Ásia Menor, escrevendo para uma comunidade afligida inúmeras vezes. Sua intenção explícita é levar à fé em Jesus, o Messias e o Filho de Deus e, assim, conduzir à vida (cf. Jo 20,31). Sua história do túmulo (Jo 20,1-18) nada tem em comum com a dos sinóticos, mas após um olhar detido encontram-se aí os mesmos temas ao lado de outros – a descoberta do túmulo vazio (vv. 1-9), as aparições (vv. 10-18) e, sobretudo, também a mensagem da ressurreição sob um "manto" novo (v. 17).

Cada qual dos evangelistas constitui uma *personalidade própria* com seu perfil teológico e de caráter. Como se não bastasse, acrescente-se a isso, como outro fator determinante, a *respectiva comunidade* com suas perguntas, necessidades e aflições específicas. Assim torna-se compreensível que a feição da história do túmulo em Marcos divirja daquela de Mateus e Lucas e ainda apresente diferenças em relação à de João. Fazendo jus à situação da comunidade e à concepção teológica pessoal, são feitos complementos, supressões, intensificações e abrandamentos, deixando a impressão de que finalmente estamos diante de uma tradição diferente no detalhe. Os quatro evangelhos, no entanto, criam *variações* sobre *um e mesmo* tema. Como pintores com a tarefa de reproduzir o mesmo rosto, os evangelistas, com vistas à sua comunidade e à sua própria pessoa, têm a chance de dar a "seu" rosto, *a* impressão, *os* traços e *o* perfil que lhes parecem relevantes. No fim das contas, o que de fato importa é a correspondência entre apresentação e realidade, isto é, a *verdade*. Verdadeiras, *teologicamente verdadeiras*, são, no entanto, as quatro versões – para além de todas as diferenças exteriores!

Fontes: G. Kroll. *Auf den Spuren Jesu*. 9. ed. Stuttgart, 1983, p. 538s; Walker. *Geheimnis*, p. 51-60; Bösen. *Letzter Tag*, p. 249-254.

5.4 A sepultura estava realmente vazia naquela manhã de Páscoa?

Uma análise da história da tradição das quatro histórias do túmulo colocou a descoberto duas tradições autônomas, independentes entre si: *Mc 16,1-8* e *Jo 20,1-18*. Apesar de todas as divergências na estrutura e no conteúdo, elas coincidem em pelo menos *quatro fatos*: 1) na *indicação cronológica;* 2) em *mulheres* visitando o túmulo de Jesus; 3) na *descoberta do túmulo aberto e vazio*; e finalmente 4) na *fuga em pânico* do túmulo (cf. M 88). Chama a atenção que duas tradições independentes tenham pontos de contatos em quatro enunciados importantes para o percurso narrativo. Isso só se explica satisfatoriamente se ambas as tradições se serviram de uma *fonte comum* que, num primeiro momento, só jorrava *oralmente*.

5.4.1 Dificilmente se trata de uma estrutura narrativa inventada a partir em um núcleo narrativo

As observações a seguir depõem a favor de que pelo menos três dos quatro enunciados não podem ter sido inventados.

1) A *data do primeiro dia da semana* não é comum. Um narrador que se apresentasse com a intenção de criar uma narrativa apologética, ao pensar sobre a questão cronológica, dificilmente teria se fixado no primeiro dia da semana, que correspondia à antiga "segunda-feira", mas teria optado pelo sábado, o dia sagrado para os judeus. O motivo da escolha dessa data fora do comum, que a Igreja muito cedo tornaria seu dia de reuniões de culto (cf. 1Cor 16,2; At 20,7.11; Ap 1,10: "Dia do Senhor"), deve ter sido algum *evento especial*. "Isso dificilmente poderá ter acontecido a partir de aparições na Galileia..., mas sim a partir da descoberta do túmulo vazio" (Schweizer. *Markus*, p. 214).

2) Os nomes de *mulheres* estão intimamente ligados à antiga tradição do *túmulo vazio*; irrelevante para nossa pergunta é o fato de que seus nomes variam e de que o número delas não coincide. O "inventor" de uma história fictícia teria

agido com mais prudência. Para assegurar o túmulo vazio, tão importante para os judeus, com certeza teria tomado *homens* como testemunhas decisivas dessa descoberta tão importante, possivelmente os próprios apóstolos, mas não mulheres. Flávio Josefo documentou claramente que, no século I d.C., no contexto cultural judaico, mulheres não eram confiáveis. Conforme opinião do autor judaico "o testemunho das mulheres não era permitido por causa da leviandade e ousadia próprias do seu gênero" (Ant. IV 2,15). Uma mesma atmosfera reinava no mundo greco-helenístico, como nos confirma o terceiro evangelista em Lc 24,11. O apóstolo considera o relato das mulheres retornando do túmulo "conversa fiada" (gr. *lêros*).

3) A declaração da descoberta do *túmulo vazio* – tão importante para o judaísmo e sua concepção de ressurreição – só não representava risco para o pequeno grupo dos adeptos de Jesus no caso de tratar-se de fato seguro. "O querigma da ressurreição não teria durado um dia nem uma hora sequer em Jerusalém se o vazio do túmulo não estivesse assegurado como fato" (Althaus, p. 40; Lehmann, p. 85 e outros). Mesmo Pedro e os demais apóstolos, que como judeus pensavam em categorias judaicas, não teriam tido a coragem de falar da ressurreição de Jesus, se não tivessem um testemunho confiável em favor do túmulo vazio. Mesmo um "inventor" pagão dessa história teria evitado a formulação de uma tese, pois a notícia do túmulo vazio não facilitava a proclamação da ressurreição de Jesus, muito ao contrário. Segundo a concepção antropológica greco-helenística, a alma se separa do corpo (cf. M 84: centro) e para sua ressurreição não precisava do túmulo vazio.

A fala de que a sepultura fora encontrada vazia mais confundia do que tranquilizava os ouvintes pagãos. Curiosamente, nem o judaísmo nem os oponentes pagãos negam o túmulo vazio, só o explicam diferentemente (cf. M 97).

Três dos quatro enunciados podem ser provados como "não inventados". Isso só permite uma conclusão: a tradição marquina bem como a joanina preservam nesses quatro dados a *memória de um acontecimento factual*. Conforme Lohfink, trata-se de "elementos portadores do pulsar de um acontecimento real" (p. 162).

Assim, pois, um grande número de exegetas de nome, em ambas as tradições cristãs (católica e evangélica), até hoje considera "como assegurada ou no mínimo provável a descoberta do túmulo vazio feita por mulheres, alguns destacam especialmente Maria Madalena" (Vögtle, p. 85). – Para Wengst "pode ter sido assim que o túmulo de Jesus fora descoberto como vazio por mulheres, discípulas suas" (p. 44). – Conforme Trilling "também como historiador crítico poderá se contar com o fato do túmulo vazio" (p. 158). – O exegeta judeu Flusser acredita "que não se deveria duvidar do núcleo histórico desses relatos" (isto é, narrativas do túmulo) (p. 141). Segundo Wilckens "terá que se admitir como núcleo histórico que mulheres cedo na manhã do primeiro dia da semana encontraram o túmulo vazio" (p. 111). – Para Schweizer pode-se "concluir sob o ponto de vista histórico como relativamente seguro" que Maria de Magdala descobriu o túmulo vazio na manhã da Páscoa (*Jesus Christus*, p. 50s). – Pertencem ainda ao grupo dos que contam com o núcleo histórico de Mc 16,1-8: F. Mussner, P. Stuhlmacher, M. Hengel, L. Schenke, H. v. Campenhausen, P. Althaus, W. Pannenberg (cf. Vögtle, p. 85 A. 21).

Contudo também não são poucos os exegetas que consideram Mc 16,1-8, a mais antiga das duas tradições do túmulo, como uma *criação apologética tardia* (cf. Bultmann, p. 308-316; Grass, p. 102s, entre outros), com a qual a comunidade primitiva quer defender posições controversas (cf. túmulo vazio, a ressurreição real conforme a compreensão judaica ressurreição corporal). Segundo Schierse, a história do túmulo vazio provavelmente só foi concebida a partir de uma fé pascal refletida (p. 51). Para Pesch "a descoberta do túmulo de Jesus aberto e vazio... por parte de três mulheres da Galileia no primeiro dia da semana após a crucificação e sepultamento, não (pode) ser considerada historicamente assegurada" (p. 536).

5.4.2 Tentativa de uma reconstrução dos acontecimentos na manhã da Páscoa

Partindo dos dados transmitidos de uma tradição antiga, poder-se-ia imaginar os acontecimentos da manhã da Páscoa mais ou menos assim:

Várias mulheres, provavelmente da Galileia, vieram na companhia de Jesus para participar da festa da Páscoa, entre elas estava Maria de Magdala. Na *manhã do domingo da Páscoa* visitam o túmulo de Jesus com a intenção de estar perto do honrado mestre (Mt 28,1); dificilmente para embalsamá-lo como escrevem Marcos em Mc 16,1 e Lucas em Lc 23,56. Não há como extrair dos evangelhos qualquer informação direta ou indireta sobre a casa que as hospeda em Jerusalém, nem quem as abriga durante o tempo da peregrinação, ou se estão hospedadas em Betânia, a dois quilômetros de lá, o paradeiro "clássico" dos galileus, ou em outro local na cidade. Por isso também terá de ficar em aberto o caminho que tomam; apenas o destino está claro: Gólgota e, nas imediações, o túmulo feito na rocha, a noroeste da cidade (cf. em M 91 o mapa da cidade). Segundo o estado da discussão atual, a comunidade primitiva conhecia o túmulo de Jesus (resultado da pesquisa de I. Broer: *Die Urgemeinde und das Grab Jesu*. Munique, 1972; cf. também Vögtle, p.

85; Schweizer, p. 214). Jesus não fora sepultado em local ignorado nem colocado em uma vala comum (cf. Bösen, p. 329-339). Aquele recanto entre o 1o e 2o muro servira de pedreira por muitos séculos (cf. Bieberstein, p. 1320s). Uma pequena elevação em formato de caveira, formada de rocha porosa, num terreno com jeito de jardim (cf. Jo 19,41) era usada pelos romanos como local de execuções, dada a sua localização favorável junto a uma estrada movimentada, que levava ao mar. Quem por ali passasse, vendo as cruzes instaladas no alto, sentia-se advertido a não empreender qualquer atividade contra o poder de ocupação.

O "túmulo do jardim", descoberto por Gordon em 1883, localizado a nordeste do portal de Damasco (cf. M 91), e, durante décadas, considerado e venerado por peregrinos como local da sepultura de Jesus, tem pouca probabilidade de acerto (cf. o relato exaustivo em Walker, p. 118-168).

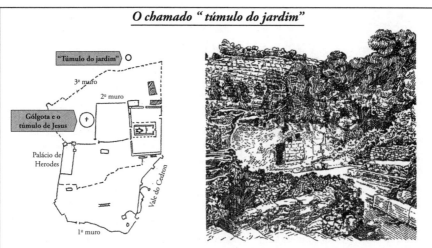

O chamado "túmulo do jardim"

Todos que visitam o "túmulo do jardim" concordam num ponto: o ambiente encontrado pelos visitantes aqui é em nada comparável com a agitação turística junto à Igreja do Santo Sepulcro. Na questão histórica não há dúvida: no caso do "túmulo do jardim" trata-se de uma descoberta tardia que não levou em conta que a atual Igreja do Santo Sepulcro, com o Gólgota e o túmulo sob o seu teto, no ano 30 d.C. provavelmente ficava fora dos muros da cidade. O 3º muro só foi construído mais tarde, no ano 44 d.C. Com isso cai por terra a fundamentação do "túmulo do jardim", que se apoiava na sua localização dentro da cidade.

M 91

O texto em que o general inglês descreve sua descoberta, segundo um conhecedor da terra santa e sua arqueologia, como Murphy O'Connor, "exibe um misticismo bíblico pouco elaborado" (p. 139). Entrementes também a Igreja anglicana, curadora carinhosa e engajada do "túmulo do jardim", retirou seu reconhecimento oficial. O lugar continua um espaço preferido para devoção, algo que se procura em vão na Igreja do Santo Sepulcro com sua agitação turística.

Ao se aproximarem do túmulo na rocha, a noroeste de Jerusalém, independentemente de que lado tenham vindo (cf. M 92), elas veem de longe que a *pedra em forma de roda*, usada para fechar o túmulo no fim da tarde da Sexta-feira (cf. Mc 15,46, par. Mt; Jo 20,1), *fora rolado para o lado* (cf. M 93).

"O lugar onde Jesus foi crucificado ficava perto da cidade"
(Jo 19,20)

O túmulo de Jesus era acessível através de muitos caminhos. Se as mulheres se aproximaram do nordeste (talvez vindo de Betânia), tiveram esta vista diante de si: a uns cem metros daí estava o palácio de Herodes, residência de Pilatos quando se encontrava em Jerusalém, onde com muita probabilidade ele condenara Jesus. A meio caminho entre a esquina do 2º muro (à esquerda) erguia-se o Gólgota, uma rocha em forma de caveira, um lugar bem apropriado como local de execução, graças à sua localização à estrada movimentada que dava ao mar, prestando serviços de propaganda e advertência. Logo à direita, reconhecem-se as pedras em forma de roda de vários túmulos escavados na rocha. Em um desses Jesus fora colocado no fim da tarde da sexta-feira.

M 92

Maus pressentimentos confirmam-se no interior da câmara apertada da sepultura (cf. M 93): o túmulo está vazio e do corpo falta qualquer vestígio. Atordoadas, as mulheres voltam para fora, onde já as espera outra surpresa: veem-se diante do ressuscitado. Tomadas de felicidade, elas retornam à cidade, sem que se diga a que destino se dirigem. Dificilmente devem ter encontrado Pedro e os demais apóstolos como se lê em Lc 24,12 e Jo 20,2-10 (diferentemente, Kroll e Walker). Mc 14,50 relata a fuga de "todos" (*pántes*), uma informação digna de confiança. Essa breve notícia, dificilmente pode ter sido inventada, uma vez que lança sombras escuras sobre os que tinham responsabilidades. Possivelmente tomados de medo se puseram a caminho de volta à Galileia, logo após a prisão de Jesus. Lá eles estavam em casa, conheciam cavernas e esconderijos para escapar a uma possível perseguição por parte das forças de ocupação por causa de sua cumplicidade. "A fuga dos discípulos para casa já provável por não aparecerem em lugar algum na crucificação, no sepultamento ou junto ao túmulo de Jesus" (Schweizer. *Markus*, p. 213).

> *Síntese:* Mesmo que não seja possível provar, com última segurança, que o túmulo de Jesus estava vazio, apesar disso observações da história da tradição depõem a favor de um respectivo núcleo histórico nas quatro histórias do túmulo. Inventores de uma apologia teriam sido mais espertos e mais refinados. "Apesar de diversos questionamentos críticos, não há motivo para duvidar do fato histórico do túmulo vazio" (EKE, p. 202).

Fontes: Schweizer. *Markus,* p. 213s; P. Althaus. *Die Wahrheit des Kirchlichen Osterglaubens.* Einspruch gegen Emanuel Hirsch. *Gutersloh,* 1940, p. 40; Lehmann. *Auferweckt,* p. 85; Lohfink. *Ablauf,* p. 162; Vögtle / Pesch. *Osterglauben,* p. 85 A. 21; Wengst. *Ostern,* p. 44; Trilling. *Fragen,* p. 158; D. Flusser. *Die letzten Tage Jesus in Jerusalém.* Das Passionsgeschehen in jüdischer Sicht. Bericht über neuste Forschungsergebnisse. Stuttgart, 1982, p. 141; Wilckens. *Auferstehung,* p. 1101s; Schweizer. *Jesus Christus,* p. 50s; R. Bultmann. *Synoptische Tradition,* p. 308-316; Grass, *Christliche Glaubenslehre I.* Stuttgart, p. 1973, p. 102s; Schierse. *Christologie,* p. 51; Pesch. *Markusevangelium,* p. 536; Bösen. *Letzter Tag,* p. 329-339; K. Bieberstein. "Heiliges Grab". In: *LThK* 4 (1995), col. 1320s; Walker. *Geheimnis,* p. 118-168; J. Murphy-O'Connor. *Das Heilige Land.* Ein archäologischer Führer. Oxford, 1980, p. 138-140; *KEK,* p. 202.

5.5 Quem removeu a pedra da sepultura?

Com toda probabilidade, Jesus deve ter sido sepultado num *túmulo na rocha,* com bancos e nichos, localizado nas proximidades do Gólgota (cf. Bösen, p. 334-339; Zangenberg, p. 43). Essa instalação constituída de duas câmaras (gr. *tò mnêma* ou *tò mnemeîon*) pode ser fechada para proteger de arrombadores de túmulos ou de animais selvagens (cf. M 93). Os quatro evangelistas (cf. Mc 15,46; Mt 27,60; Lc 24,2; Jo 20,1) falam de tal pedra (gr. *líthos*). Segundo Mt 27,60, ela era "grande" (gr. *mégas*), conforme Mc 16,4, até "muito grande" (gr. *mégas sphódra*).

"Quem rolará a pedra da entrada do túmulo para nós?" (Mc 16,3), perguntam-se as três mulheres a caminho do túmulo, na história marquina. Marcos formula a pergunta até hoje discutida, mas não a responde, fazendo-a desaparecer na observação que se segue: "E erguendo os olhos, viram que a pedra já fora removida. Ora a pedra era muito grande" (Mc 16,4).

Uma sepultura da época semelhante àquela de Jesus (gr. mnemeîon)

A instalação sepulcral, fechada por meio de uma pedra a ser rolada à entrada, dispunha de dois espaços – uma *antecâmara* com bancos, para a permanência ou descanso de enlutados, e a *câmara mortuária* propriamente dita, que poderia estar equipada com os mais diferentes tipos de túmulos.

O túmulo de Jesus deve ter sido *um túmulo em forma de banco*; o morto era colocado sobre um banco de pedra, coberto por um arco, ou depositado num rebaixamento em forma de tanque.

M 93

Nesse ponto, *Mateus*, totalmente insatisfeito com a base textual (Vorlage) marquina, substitui a lacuna, uma década depois (em torno de 80 d.C.), por uma cena pequena, abrangendo apenas três versículos (cf. Gnilka, p. 493s; Frankemölle, p. 519ss; Schweizer, p. 343). Em Mt 28,2-4, ele narra (cf. M 19) como um anjo do Senhor em meio a um terremoto desce do céu, rola a pedra para o lado e senta-se sobre ela. Sua figura reluzente como um relâmpago e sua veste alva como a neve assustam os guardas do túmulo de tal maneira que esses caem "como mortos", não podendo mais enxergar o que acontece a seguir.

Mateus extrai essa pequena cena dramática de uma narrativa mais longa sobre a guarda do túmulo (Mt 27,62-66; 28,2-4.11-15), que ele encontra em seu material exclusivo, que só ele conhece (cf. M 99). Ele quer que seja entendida como *chave teológica* e não como relato histórico, como o demonstram os quatro temas apocalíptico-veterotestamentários, usados para a construção dos três versículos: 1) *Terremotos* são manifestações que acompanham o Deus transcendente que vai ao encontro do ser humano no mundo (cf. Ex 19,18: a manifestação divina no Sinai); 2) *anjo do Senhor* é uma forma frequente de parafrasear a presença divina no Antigo Testamento bem como no Novo Testamento (cf. Gn 16,7.9.11; Ex 3,2; Mt 1,20.24; Lc 1,11 e outras); 3) na formulação "seu aspecto era como de um relâmpago", o narrador apoia-se em Dn 10,6 e 4 e a expressão "veste alva como a neve" retoma Dn 7,9. Um judeu familiarizado com os escritos e o imaginário do Antigo

Testamento nunca chegaria a tomar a cena como relato de acontecimentos. Isso o faz apenas o ser humano na modernidade, que perdeu essa visão de fundo própria dessa linguagem de imagens bíblico-apocalípticas.

Que reflexões motivam o autor do primeiro evangelho a fazer essa inserção da cena angelical dramático-ilustrativa, contrariando a base marquina da história do túmulo de que dispunha?

1) Com a inserção, Mateus responde em primeiro lugar à pergunta formulada com frequência, e continua em aberto, em Marcos: *quem* removeu a pedra da entrada do túmulo?

Na figura do *anjo do Senhor* ele nomina o próprio *Deus* como responsável. Com isso ele deixa sem chão todas as especulações, suspeitas e falsas acusações. Os opositores a partir de então não poderão mais falar de furto (cf. Mt 28,13) ou de ocultação do corpo (cf. Jo 20,2.13.15).

2) Se é *Deus quem abre o túmulo de Jesus*, então também é *ele* quem *ressuscitou Jesus dos mortos*. Deus, e nenhum outro, está ativo nesse evento único na história, mesmo que ninguém o tenha observado. Isso é confirmado pouco depois pela fala do anjo, formulada no passivo: "ele foi ressuscitado" (v. 5b: o que deveria ser complementado pela expressão "por Deus").

Por ser de natureza divino-celestial, a ressurreição não pode ser descrita quanto ao "como aconteceu", há que se satisfazer com o "que aconteceu". O que é possível afirmar sobre a *entrada do túmulo* é absolutamente tabu em relação à *ressurreição*. Mateus respeita esse tabu, mas sugere através da cena, completamente "celestial" (v. 2-4), que o crucificado ressuscita do túmulo, enquanto que os guardas desmaiam diante do olhar do anjo do Senhor e, sem poder ver nem ouvir, caem na frente do túmulo.

3) E um terceiro enunciado está oculto atrás da cena: no caso da ressurreição, trata-se de um *evento escatológico e do fim dos tempos* (cf. cap. II.2.3.2). O leitor familiarizado com o imaginário apocalíptico entenderá sem dificuldade a mensagem que aqui se encerra: o que acontece aqui tem a ver com o *tempo do fim*. Essa ideia é importante para o primeiro evangelista, de origem judaica e ligado a essa tradição, como ele já o apontara através do terremoto por ocasião da morte de Jesus (cf. Mt 27,51).

> *Síntese:* Quem removeu a pedra do túmulo? Essa questão atual até o dia de hoje é respondida apenas por *Mateus* dentre os quatro evangelistas. Por meio de uma narrativa dramático-ilustrativa, repleta de imagens apocalípticas do Antigo Testamento (cf. Mt 28,2-4), ele diz ao leitor de seu Evangelho, entre outras coisas, que *Deus* mesmo abriu o túmulo.

Fontes: Böesen. *Letzter Tag,* p. 334-339; J. Zangenberg. "Zwischen Welt und Unterwelt. Bestattungssitten und Gräber in Palästina zur Zeit Jesu". In: *WUB* 27 (2003), p. 40-47; Gnilka. *Matthäus II,* p. 490-493; Frankemölle. *Matthäus II,* p. 516-536; Schweizer. *Matthäus,* p. 343.

5.6 Um anjo na sepultura vazia, de fato, proclamou a ressurreição de Jesus?

Peter Walker, sacerdote anglicano e professor de Novo Testamento, impressiona com sua descrição da experiência das quatro (?) mulheres junto ao túmulo (cf. M 94) no seu livro *Das Geheimnis des leeren Grabes (O mistério do túmulo vazio)*:

> Então as quatro (mulheres) tomam coragem e na ponta dos pés movimentam-se lentamente túmulo adentro – só para evitar um susto. De fato, o corpo desaparecera... – o túmulo estava vazio. Tendo-se adaptado à meia escuridão, ainda trêmulas, repentinamente deram-se conta de que não estão sós: o túmulo *não* estava totalmente vazio. Ali, do lado direito, tem alguém sentado, um homem, ainda jovem... O que há com ele aqui, o que ele queria? Terá ele furtado o corpo?... Naquele instante: "Não se assustem!..." Podemos maginar, o jovem procurando alcançar com suas palavras as mulheres que se puseram a correr... Ainda lançam um último olhar para trás. Ao fazerem isso, finalmente perceberam que não era um homem jovem quem dizia aquelas palavras atrás delas, mas na verdade... dois anjos!... Tudo acontecera tão rapidamente – aquele estranho encontro no túmulo possivelmente não durara mais que um minuto (p. 57s).

Walker se baseia em Mc 16,1-8, a mais antiga história do túmulo, conforme critérios da história da tradição, elaborando uma apresentação dramática, pronta para um roteiro de filme. Apenas no fim de sua descrição, ao falar de dois anjos, ele lança um breve olhar para Lc 24,1-12. No seu nervosismo, as quatro mulheres nem se deram conta do segundo anjo. Nesse ponto, Walker mostra-se melhor informado do que os evangelistas que, sabidamente, não chegaram a um acordo quanto ao número de mulheres (cf. *Mc*: três; *Mt*: dois; *Lc*: muitas; *Jo*: uma). Afinal, quantos anjos havia – um ou dois ou acaso nenhum? A pergunta soa provocadora, mas se justifica plenamente – como veremos a seguir.

O túmulo de Jesus hoje

Vista da antecâmara para a câmara propriamente dita com a rocha coberta de mármore (à direita) sobre o qual fora depositado o corpo de Jesus.
M 94

5.6.1 Uma dupla observação

Diga-se logo de início, para evitar um mal-entendido: não se trata aqui da pergunta pela *existência* dos anjos. Essa é inquestionável. Ao micro e macrocosmo de nosso mundo visível, rico em sua diversidade, corresponde, em contrapartida, um "micro e macrocosmo" igualmente bem diferenciado do mundo invisível. O Antigo Testamento faz referência a ele valendo-se de imagens como querubins e serafins, dominadores e poderes, tronos e potências (cf. Haag, p. 646-648).

Como é inquestionável a existência dos anjos, é igualmente inquestionável que o Antigo e o Novo Testamentos gostam de introduzir um anjo ou anjos como figuras de estilo, como *intérpretes*, e o fazem sempre que há dificuldade de reconhecer a ação de Deus em um evento ou uma palavra. Sempre que o mistério de Deus está em jogo, indecifrável para a razão humana, anjos entram em cena. Assim, por exemplo, para expressar o fato de que Jesus provém totalmente de Deus, necessita-se do anúncio de um anjo (cf. Mt 1,18-25; Lc 1,26-38). Sem o "anjo do Senhor" nas campinas de Belém, a criança na manjedoura não teria sido reconhecida como Messias, Salvador e *Kyrios* (cf. Lc 2,9-12). Os exemplos em que narradores bíblicos recorrem ao anjo como figura de estilo, como intérprete (lat. *angelus interpres*), facilmente poderiam ser multiplicados.

Chega-se a um resultado igualmente tão aberto quando se trata do *túmulo vazio*; tomado para si, permite muitas interpretações (cf. M 97). Se entendido como sinal da ressurreição, terá de ser apresentado *expressamente* como tal. Os evangelistas o fazem bem no estilo da Bíblia através do anjo ou dos anjos. Ao colocarem na boca do anjo ou dos anjos a mensagem da ressurreição (cf. Mc 16,6 par.), eles querem assegurar que o túmulo vazio tem a ver com Deus. O *angelus interpres* cria clareza, sua explicação acaba com toda e qualquer especulação.

5.6.2 Um resultado inequívoco

Os quatro evangelistas entendem o anjo na história do túmulo como *recurso estilístico-literário* e não como aparição concreta, o que fica evidente no ato de, literalmente, "brincarem" com ele, isto é, de lidarem com ele com muita liberdade (cf. M 95). A comparação sinótica mostra claramente as diferenças consideráveis existentes.

1) Há em *primeiro* lugar diferenças em relação ao *número:* enquanto Marcos (Mc 16,5: *neanískos*) e Mateus (Mt 28,2: *ággelos kyríou*) sabem apenas de *um* anjo, Lucas (Lc 24,4: *ándres dýo*) e João (Jo 20,12: *dýo ággeloi*) relatam de *dois*.

2) Quanto às diferenças em relação ao *aspecto* do anjo, podem ser desconsideradas por serem mais de ordem estilístico-linguística do que de conteúdo.

3) Mais significativas, porém, são as diferenças em relação ao *lugar ocupado* pelo anjo ou pelos anjos: em Mateus o anjo está sentado *sobre a pedra removível da entrada do túmulo* (Mt 28,2); o jovem de Marcos tomou lugar *no lado direito dentro do túmulo* (Mc 16,5); na história do túmulo lucânica, os dois homens *no interior do túmulo se dirigem às mulheres* (Lc 24,4), enquanto que na versão joanina, Maria de Magdala (Jo 20,12) enxerga dois anjos *no interior do túmulo* sentados, *um à cabeceira e outro aos pés do lugar* "onde o corpo de Jesus fora colocado" (v. 12).

4) Consideráveis também são as diferenças em relação à *função:* segundo os sinóticos, cabe ao anjo ou aos anjos o *anúncio* da ressurreição, enquanto João designa a dois anjos só a função de *figurantes*.

Um "jogo" difuso

	Mt 28,1-8	Mc 16,1-8	Lc 24,1-12	Jo 20,1-18
1 Número	Um anjo do Senhor (*ággelos kyríou*) (v. 2)	Um homem, ainda jovem (*neanískos*) (v. 5)	Dois homens (*dýo andrés*) (v. 4)	Dois anjos (*dýo ággeloi*) (v. 12)
2 Aspecto	Como um relâmpago, em vestimentas alvas como a neve (v. 3)	Vestido com uma túnica branca (v. 5)	Com veste fulgurante (v. 4)	Vestidos de branco (v. 12)
3 Lugar ocupado	Sentado sobre pedra removível na entrada (v. 2)	Sentado no interior do túmulo, do lado direito (v. 5)	No interior do túmulo (v. 4)	Sentados no interior do túmulo, um à cabeceira e outro aos pés (v. 11s)
4 Função	Proclamando	Proclamando	Proclamando	Figurantes
5 Mensagem	48 vocábulos (vv. 5-7)	39 vocábulos (vv. 6-7)	41 vocábulos (vv. 5-7)	3 vocábulos (v. 13)

M 95

5) Restam finalmente as variantes quanto à *mensagem* colocada na boca dos anjos: em Mateus ela compreende 48 vocábulos, em Marcos, 39 e em Lucas, 41, enquanto que em João ela abrange mal e mal três palavras ("Mulher, por que choras?").

> *Síntese:* As diferenças demonstradas são tão grandes a ponto de não permitirem uma harmonização entre si. Com base na observação de que, com frequência, a Bíblia recorre à figura do anjo-intérprete e de que há verdadeiro "jogo angelical" nas quatro histórias do túmulo, o teólogo só pode responder com um não categórico à pergunta – se mulheres na manhã da Páscoa foram instruídas sobre a ressurreição de Jesus por um ou mais anjos. No caso do anjo ou dos anjos nas histórias do túmulo, trata-se de figuras de estilo literárias, com função metodológica, e não de aparições reais (cf. M 96).

A história do túmulo marquina (Mc 16,1-8), que serviu de base (Vorlage), pelo menos, para Mateus (Mt 28,1-8) e Lucas (Lc 24,1-12), provavelmente teve a seguinte *história da tradição*:

1) Um relato sobre a *descoberta do túmulo vazio por mulheres na manhã da Páscoa* (cf. cap. III.5.4) serviu de ponto de partida. As mulheres não tinham como desenvolver a ideia de que o túmulo vazio era indício da ressurreição de Jesus; mais prováveis eram suposições como furto ou ocultação do corpo, independentemente de quem pudesse ser o autor.

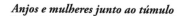

Anjos e mulheres junto ao túmulo

(cf. Mc 16,1-8)

MULHERES   ANJO DO SENHOR

A história do túmulo com o anjo anunciando a ressurreição e as mulheres é tema predileto de artistas da Idade Média antiga. Eles procuram evitar o risco de promover uma compreensão histórica, e com isso errônea, fazendo uma representação *iconográfica* que desiste dos detalhes. A figura do anjo imenso ganha traços do Ressuscitado ao ser reproduzido pelo pintor do famoso *Códice de Egbert*, um monge do Scriptorium com o nome do arcebispo Egbert de Trier (980 aprox.). Observe-se o anjo posicionado do lado direito da laje do túmulo, que está levantada (= túmulo vazio); sua mão direita está erguida como quem ensina, enquanto sua esquerda segura o "bastão de soberano".

M 96

2) Através do *encontro com o ressuscitado diante do túmulo*, as mulheres souberam, pouco depois, que o túmulo vazio tem a ver com a ressurreição (cf. Mt 28,9s; Jo 20,10-18). Somente depois que o ressuscitado mostrou-se vivo, reconheceram que ele foi ressuscitado por Deus, e, consequentemente, o túmulo foi aberto e esvaziado por Deus.

3) Como, pois, comunicar ao leitor esse nexo entre túmulo vazio e ressurreição por Deus de *forma narrativa*? Nesse ponto, o *anjo-intérprete* da tradição bíblica oferece-se como ajuda ao narrador. Ao colocá-lo no túmulo vazio com as palavras do querigma na boca, ele quer assegurar que o leitor entenda o túmulo vazio como sinal da ressurreição.

Com a caracterização do anjo como *intérprete fictício*, a pergunta pelo anjo perde sua relevância; algo que proporciona tanta dificuldade ao ser humano na atualidade, tão interessado em questões de historicidade e facticidade. Com isso, finalmente, a *mensagem da Páscoa* (Mc 16,6s.par.), o verdadeiro núcleo da história do túmulo, volta ao centro das atenções como intencionado pelos evangelistas: o crucificado foi ressuscitado para uma nova vida e elevado às alturas pelo próprio Deus! Motivado pelos mal-entendidos profundamente arraigados, não se poderá deixar de insistir que em Mc 16,1-8 "não se trata em primeiro lugar dos cuidados carinhosos das mulheres nem da constatação histórica da sepultura real e comprovadamente vazia, mas, antes de mais nada e sobretudo, o que está em jogo é a mensagem: Jesus, o nazareno crucificado foi ressuscitado" (Broer). O anjo ocupa um lugar à margem, representa simplesmente uma ajuda metodológica, da qual se poderá renunciar sem causar prejuízos à mensagem da Páscoa.

> *Síntese:* No caso do "jovem" mencionado em Mc 16,5ss, trata-se de um chamado anjo-intérprete, um recurso frequente dos autores bíblicos quando precisam tornar inteligíveis mistérios divinos de difícil compreensão ou totalmente incompreensíveis. Sem a mensagem da ressurreição veiculada pelo anjo-intérprete, o túmulo vazio seria passível de múltiplas interpretações tanto para as mulheres como também para o leitor. O mensageiro divino e sua palavra evidenciam com toda a clareza que o túmulo vazio tem a ver com a ressurreição de Jesus e que nenhum outro a não ser Deus atuou nesse evento.

Fontes: Walker. *Geheimnis*, p. 57s. G. Kroll. *Auf den Spuren Jesu.* 9. ed. 1983, p. 537ss); E. Haag. "Engel". II Bilbisch. In: *LThK* 3(1995), col. 646-648 (Lit.).

5.7 Pode a sepultura vazia provar a ressurreição de Jesus?

Quando Gert Lüdemann, em decorrência de seu trabalho sobre a ressurreição (1994), veio a público com sua tese intencionalmente provocadora "o túmulo está cheio", o alvoroço inicial foi grande. Para muitos isso representava um ataque direto à ressurreição de Jesus. Afinal, o túmulo vazio não faz parte das "colunas" que sustentam a ressurreição? Não é ele *uma* senão *a única* prova?

5.7.1 Não se trata de prova, por ter distintas explicações

De fato o túmulo vazio é *pressuposto indispensável* da ressurreição segundo a compreensão judaica, como vimos anteriormente (cf. M 84). Como foi possível *provar o vazio* do túmulo? Não é difícil reconstruir os questionamentos com que os discípulos foram atacados quando falavam da ressurreição, tentando comprová-la com a referência ao túmulo vazio (cf. M 97).

À meia voz vinham da multidão reações tais como:

1) "Admitam que vocês o roubaram para poder declarar que ele ressuscitou!" (cf. Mt 28,13).

2) Outros diziam ter ouvido que o corpo fora *transferido* para outro túmulo (cf. Jo 20,2.13.15).

3) Ainda outros questionavam: Não acontecia que *animais rondavam* e entravam em túmulos, arrastando o corpo para algum lugar desconhecido?

4) Houve quem dizia ter ouvido de um jardineiro que teria atirado o corpo em algum canal de água (*Toledót Yeshú*).

5) Talvez Jesus *só* estivesse *aparentemente morto*. As especulações não tinham fim. Depois de ter-se recuperado no frescor do túmulo, na noite de sexta para sábado ou de sábado para domingo teria partido às escondidas para um destino ignorado.

> *Síntese:* Definitivamente não! O túmulo vazio não podia servir de prova para a ressurreição, uma vez que o seu vazio permitia diversas explicações.

5.7.2 Não foi prova nem para a comunidade primitiva

Com isso a comunidade primitiva não faz a menor tentativa de fundamentar a ressurreição de Jesus com o túmulo vazio. "Uma argumentação que se vale do túmulo vazio para explicar o surgimento da fé dos discípulos na ressurreição de Jesus está excluída" (Broer, p. 45). A fé da Igreja primitiva na ressurreição de Jesus "não (é) fruto do túmulo de Jesus aberto e vazio, mas das aparições do ressuscitado" (Mussner, p. 132). Uma visão geral sobre *os caminhos à fé pascal*, demarcados por Paulo e os quatro evangelistas, aponta para o túmulo vazio uma posição nitidamente inferior (cf. M 98).

Para *Paulo* contam as *aparições* do ressuscitado (cf. 1Cor 15,5-8). Como para ele, um judeu, o túmulo vazio é um pressuposto indispensável e algo tão óbvio, a ponto de nem ser mencionado, não lhe atribui nenhuma força de comprovação. As seis pessoas e todos os grupos, citados em 1Cor 15,5-8, chegam à fé pascal através e a partir do "encontro" com o ressuscitado.

Segundo a mais antiga narrativa do túmulo, Mc 16,1-8, as mulheres deixam a sepultura em fuga sem dizer nada a ninguém de sua descoberta de terem encontrado o túmulo vazio (v. 8). Para *Marcos* o túmulo vazio é sinal que aponta para algo, mas ganha força em conexão com as aparições (M 101).

Conforme *Mt 28,8*, Maria de Magdala e a outra Maria deixam "depressa o túmulo, com medo e grande alegria", mas só chegam à fé pascal através do "encontro" com o ressuscitado que se segue (cf. Mt 28,9-10).

Lucas evita tudo o "que pudesse dar a impressão de que a mensagem da ressurreição de Jesus se depreende do túmulo vazio" (Merklein, p. 237). Apesar das faixas de linho como um argumento adicional para a ressurreição corporal, Pedro, conforme Lc 24,12, "de fato não vai além da surpresa, não chega à fé" (Ernst, p. 501). Nem dos discípulos é dito que chegam à fé a partir do túmulo vazio (v. 24). Essa só é provocada pelas aparições (cf. M 58).

Apenas para o *quarto evangelista* o túmulo vazio torna-se sinal que leva à fé no ressuscitado. Pedro inspeciona o túmulo, vê as faixas de linho e o sudário bem arrumados num lugar (cf. Jo 20,6s), mas não reage. Diferentemente do discípulo amado! Ao entrar no túmulo, como segundo, vê as faixas de linho e o sudário e passa a *crer* espontaneamente (cf. v. 8). A ele bastam os mínimos sinais para chegar à fé pascal, isto é, a arrumação dos panos que excluem tanto furto quanto ocultação.

Numa época há muito distante dos acontecimentos reais, João convida exemplarmente a não esperar grandes comprovações na procura da fé, mas a contentar-se com pequenos sinais, indícios e observações. Para ele, o discípulo amado representa o protótipo de alguém que crê e é altamente sensível para "a grafia de Deus".

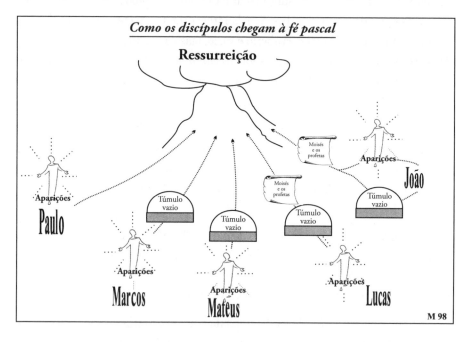

Essa valoração positiva do túmulo vazio não impede o evangelista de insistir no ato de "ver", isto é, nas aparições como o caminho clássico à fé pascal (cf. M 59).

Síntese: Pode o túmulo vazio provar a ressurreição de Jesus? – A resposta é um inequívoco não. O túmulo não pode ser comprovação, porque é passível de diversas interpretações e explicações. Em si mesmo e por si só o túmulo vazio não tem força de comprovação.

Fontes: Gert Lüdemann. *Auferstehung Jesu*; Broer, apud: Vögtle. *Biblischer Osterglauben*, p. 45; Mussner. *Auferstehung*, p. 128-135; Merklein. *Jesusgeschichte*, p. 237; Ernst. *Lukas*, 501.

5.8 A sepultura não foi vigiada por soldados o tempo todo?

No capítulo anterior reunimos cinco *objeções* que depõem contra um túmulo comprovadamente vazio (cf. M 97). Contudo, essas objeções todas não são refutadas com a menção aos soldados colocados como guarda do túmulo?

De fato, Mateus relata que os sumos sacerdotes e os fariseus se dirigem no sábado a Pilatos pedindo a guarda do túmulo. Supostamente, aqueles discípulos criminosos teriam anunciado, ainda enquanto Jesus vivia, sua ressurreição após três dias (cf. Mt 27,62-66). O procurador romano atende ao pedido e coloca soldados à disposição, que lacram o túmulo e montam guarda junto à entrada do túmulo fechado por uma pedra removível. Permanecem aí até que na manhã da Páscoa desmaiam, caindo "como mortos" diante do aspecto do anjo que se manifestou (cf. Mt 28,2-4). Isso, contudo, não os impede de afirmarem, mediante "uma vultosa quantia de dinheiro", terem visto os discípulos de Jesus chegarem de noite para roubar o corpo (cf. Mt 28,11-15).

De onde vem ao primeiro evangelista essa narrativa, conhecida como *narrativa da guarda do túmulo*? Ele já a encontrara formulada ou ele mesmo a redigiu? Lohmeyer e Gaechter sustentam tratar-se de uma *tradição antiga*; ao contrário de Broer, Pesch e outros que defendem *Mateus como redator*. Conforme Kratz, o primeiro evangelista dispunha de um relato "transmitido de alguma forma, oral ou escrita" (p. 73), sobre a guarda do túmulo e a fraude dos sumos sacerdotes. No entanto, a estatística das palavras e o estilo denunciam claramente a mão de Mateus. A densidade da redação de Mateus é demonstrada por uma análise estatística e estilística por parte de Broer (cf. p. 69-77). Visto como um todo, Mateus é antes *transmissor* de uma tradição do que inventor da narrativa da guarda do túmulo (Mt 27,62-66; 28,2-4.11-15). Mesmo que ele não a tenha redigido, a estatística das palavras e o estilo desses versículos evidenciam que Mateus lhe deu "um novo perfil estilístico" (Kremer, p. 42). Ele não se satisfaz assumindo essa narrativa, demasiadamente longa, como um bloco na sua história da Páscoa. Com habilidade ele constrói uma história do túmulo praticamente "nova" (cf. M 99) a partir dessa tradição sobre *a guarda do túmulo*, a *história do túmulo marquina* de Mc 16,1-8 e uma *tradição de aparições* falando de um encontro com mulheres (cf. Mt 28,9-10).

1) Como "base inicial" serviu-lhe a *narrativa do túmulo marquina, Mc 16,1-8*, modificando-a em quase todos os versículos, a ponto de receber um rosto novo (cf.

por exemplo, a alteração da indicação cronológica, a reelaboração da cena do anjo, e a reordenação do querigma).

2) Essa nova configuração da história do túmulo amplia-se no fim com uma *aparição do ressuscitado* às duas mulheres que haviam deixado a sepultura às pressas para relatarem aos discípulos o que haviam vivenciado (cf. v. 9-10). 3) E finalmente, essa narrativa do túmulo, ampliada por uma "cristofania", é *emoldurada* (cf. Mt 27,62-66 e Mt 28,11-15) e *entrelaçada* (cf. Mt 28,2-4) pela *narrativa da guarda do túmulo* (cf. M 99); o fio que amarra as três partes são *os guardas do túmulo* (cf. Mt 27,65s; 28,4; 28,11.15).

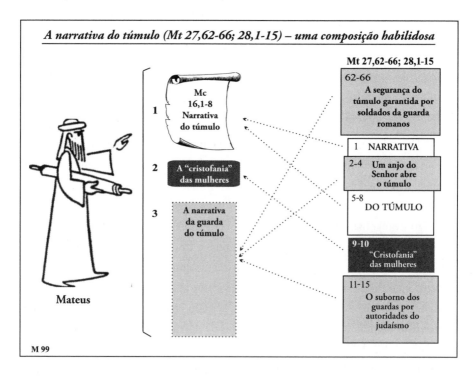

Diante de um olhar mais detido, essa volumosa redação se revela como *reação a um falatório* (gr. *lógos*), que "se espalhou... entre os judeus até o dia de hoje" (Mt 28,15). Desse "até hoje" pode-se depreender uma história mais longa e pré-existente. Quando esse falatório surgiu e onde apareceu, o texto não revela mais. Naturalmente, não é pura invenção (cf. Schweizer, p. 340), mas poderá ter tido sua origem na discussão gentílico-judaica sobre o túmulo vazio. A volumosa redação de Mateus identifica o falatório como dificuldade séria da comunidade na discussão sobre a ressurreição de Jesus. "Havia, supostamente, uma verdadeira contrapropaganda judaica contra a mensagem cristã da ressurreição" (Schweizer, p. 339s). A observação de que o falatório circula e provoca confusão "entre judeus" (v. 15b; observe-se: sem artigo!), isto é, em meio a grupos judeus, e não "entre *os judeus*" (cf. a maioria das traduções), é algo relevante com vistas ao diálogo judaico-cristão.

Mateus recorre a todos os recursos para defender-se desses ataques, o que fica muito claro numa comparação com Mc 16,1-8 (cf. M 100). A história do túmulo *marquina* evidenciou-se para ele como insuficiente, faltando-lhe salvaguardas importantes (cf. M 100: lado esquerdo). Segundo Mc 15,47, o túmulo havia sido fechado com uma pedra removível, e isso sob a observação de duas mulheres, para depois ser encontrado aberto e vazio pelas mulheres ao romper do primeiro dia da semana. Mas o que acontecera nessas *36 horas* entre essas duas indicações de tempo? Ladrões estrangeiros ou arrombadores de túmulos, indiferentes a leis do sábado e de pureza, não poderiam ter agido nesse ínterim? Não seria também tempo suficiente para animais selvagens obstinados terem acesso ao interior do túmulo e arrastarem o corpo para local ignorado? Para pessoas céticas e opositores da mensagem da ressurreição, quer judeus ou não, essas 36 horas sem qualquer segurança do túmulo representavam um ponto fraco oportuno a ser usado como argumento.

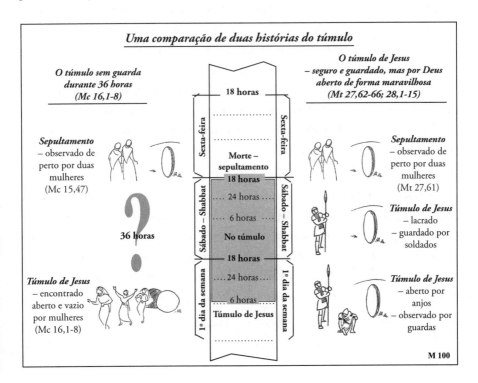

Mateus percebe claramente a "falta de segurança" na versão de Marcos e por isso se esforça corrigindo essa lacuna com sua composição, para assim combater o falatório que difama e, em última análise, ataca a ressurreição de Jesus (cf. M 100: lado direito). Com sua história da guarda do túmulo, ele sinaliza que no sábado o túmulo fora *lacrado* pelas autoridades judaicas e depois *vigiado* por soldados (cf. Mt 27,66). O sistema de segurança parecia perfeito, mas apenas parcialmente, pois não se contava com Deus. Deus mesmo colocaria os soldados da guarda "fora de combate", abrindo maravilhosamente o túmulo. Que ironia! Aqueles que deveriam vigiar o morto para assim impedirem a ressurreição, por ele anunciada anteriormente, estão aí deitados "como mortos". "Lacrar uma pedra e montar guarda não passam de procedimentos infantis diante do poder que Deus está por evidenciar" (Brown, p. 31). Nenhum aglomerado de poderes terrenos tem qualquer chance diante de Deus.

Quanto de histórico há na narrativa? Contra a compreensão de tratar-se de um *relato factual* depõem...

1) ...a *observação significativa da história da tradição* de que apenas Mateus a conhece. Como poderia ter escapado aos três outros evangelistas a necessidade de tomar-se essa medida de segurança, por parte do estado, em relação ao túmulo? Chama mais do que a atenção que nem no encadeamento da tradição de Marcos nem no de João há qualquer conhecimento de tais atividades. Aliás, se as mulheres a caminho do túmulo, na narrativa de Marcos, soubessem da guarda por parte de soldados, sua preocupação com a remoção da pedra da entrada não faria sentido (cf. Mc 16,3). Curiosamente, não a mencionam com uma única palavra sequer como possível ajuda.

2) ...a *improbabilidade histórica* de que Pilatos tenha cedido a tais desejos dos sumos sacerdotes. Para o procurador romano, Jesus não passava de um rebelde comum e um criminoso da Galileia, a quem não se precisava dar mais atenção do que a qualquer zelote. Sua mensagem teológica não lhe interessa, sem falar que Jesus dificilmente tenha anunciado sua ressurreição antecipada e pessoal "após três dias" (cf. cap. III.2), como afirmavam os judeus que requisitavam a guarda do túmulo (cf. Mt 27,63). A perícope nesse ponto evidencia influência pós-pascal.

3) ...a *intencionalidade teológica* da história. A narrativa, por um lado, quer combater o boato do furto e, por outro, destacar a dimensão do milagroso e divino da ressurreição de Jesus.

> *Sintetizando*, há que se sustentar: a narrativa da guarda do túmulo (Mt 27,62-66; 28,2-4.11-15) "é uma lenda apologética inventada posteriormente" (Grass, p. 23; bem como Bultmann, p. 297; Blank, 183; Kremer, p. 42; Frankemölle, p. 531-536 e outros). Mesmo que a requisição de uma guarda do túmulo não possa ser rejeitada de antemão como a-histórica (cf. Seidensticker, p. 88 A. 52), há duas coisas que suscitam dúvidas, a clara tendência apologética da narrativa e as inúmeras suspeitas em relação à autenticidade histórica. Essa narrativa com traços populares, "nascida em contexto de apologia e polêmica" (Brown, p. 31), dificilmente poderá ser considerada histórica.

Fontes: Kratz. *Auferweckung*, p. 73; Broer. *Urgemeinde*, p. 62-65, 69-77; Kremer. *Osterevangelien*, p. 42,73; Schweizer. *Matthäus*, p. 339-345; Brown. *Begegnung*, p. 31; Grass. *Ostergeschehen*, p. 23; Bultmann. *Synoptische Tradition*, p. 297; Blank. *Neues Glaubensbuch*, p. 183; Frankmölle. *Matthäus II*, p. 531-536; Seidensticker. *Auferstehung*, p. 88.

5.9 Que significado a comunidade primitiva atribui à sepultura vazia?

A Igreja dos primórdios é, num primeiro plano, a comunidade primitiva em Jerusalém com um perfil totalmente judaico, bem como as muitas comunidades constituídas de judeus liberais e pagãos helenísticos em "todo o mundo", na Mesopotâmia como no Egito, na Ásia Menor como na Grécia, na Itália como no norte da África. Se para judeus o túmulo vazio representava um pressuposto indispensável, para cristãos do mundo pagão constituía antes um problema. Há vestígios desse pano de fundo diverso nos textos bíblicos? Como, por exemplo, argumenta *Mateus*, o judeu versado nas Escrituras, ou *Lucas* o pagão culto? E *Marcos*, que conhece apenas uma breve história do túmulo, tem alguma sensibilidade para essa pergunta pelo túmulo vazio? A *João* no fim do primeiro século ainda interessa a questão do túmulo vazio? (Cf. Nauck, p. 243-267.)

5.9.1 Para Paulo, não é digno de menção por estar subentendido (cf. 1Cor 15,3-5)

Segundo um consenso quase unânime na pesquisa, Paulo não menciona o túmulo vazio em lugar algum, nem mesmo em 1Cor 15,3-5, a fórmula do credo mais antigo. A referência ao túmulo na expressão "sepultado" (1Cor 15,4) não quer testemunhar o fato da sepultura vazia (cf. Vögtle, p. 87), quer antes ser entendida como confirmação da morte. Quem está no túmulo, está morto. Por isso o silêncio do apóstolo quanto ao túmulo "ainda não precisa derrubar a autenticidade de tal notícia" (Lehmann, p. 80). Como o apóstolo, seguramente, dispunha de mais conhecimento sobre o Jesus terreno do que ele revela em suas cartas, também poderia ter tido informações sobre a descoberta do túmulo vazio. Como na escatologia da apocalíptica judaica tardia a ressurreição pressupunha a ressurreição do *corpo* (cf. M 84: em cima), é de se admitir que Paulo como judeu considerasse o túmulo vazio algo óbvio (cf. Lehmann, p. 81). Para o apóstolo, sem dúvida, as aparições têm relevância maior do que o túmulo vazio (cf. 1Cor 15,5-8).

5.9.2 Para Marcos, é relevante como sinal e confirmação da ressurreição

Na narrativa do túmulo marquina, Mc 16,1-8, a *mensagem do anjo* no v. 6s constitui o centro e ponto culminante: "Não vos espanteis! Estais procurando Jesus de Nazaré, o crucificado. Ele foi ressuscitado, *não está aqui. Vede o lugar onde o puseram!*" (cf. M 101).

O túmulo vazio na mensagem pascal de Marcos
(Mc 16,6-7)

⁶"Não vos espanteis! Estais procurando
Jesus de Nazaré, o crucificado.
Ele foi ressuscitado,
não está aqui.
Vede o lugar onde o puseram!

⁷Mas ide dizer aos seus
discípulos e a Pedro que
ele vos precede na Galileia.
Lá o vereis, como vos
tinha dito."

M 101

Como o evangelista faz o anjo apontar para *o túmulo vazio* somente *após o querigma* (como parece, sem qualquer intenção apologética), isso significa que só lhe atribui função *secundária*. Destaque maior recebe a mensagem da ressurreição "Ele foi ressuscitado!". A oração que se segue "não está aqui" quer ser entendida como *sinal* que aponta para a ressurreição e a confirma: a ressurreição de Jesus torna-se palpável e visível no túmulo vazio.

A justaposição imediata das orações "ele foi ressuscitado!" (a ser complementada "por Deus") e "não está aqui"! sinaliza que ressurreição e túmulo vazio estão intimamente ligados entre si. Se Marcos na primeira oração aponta para cima, para o mundo de Deus, na segunda, ele aponta para o lugar diante dele. O túmulo vazio é como o vestígio visível da ressurreição.

Esse sinal é relevante para o evangelista, como se depreende do fato de o ter como tema em *duas* orações, sendo o último um imperativo. Com a anteposição do "vede!" foca-se a atenção no "lugar" vazio. Parafraseando: "Vejam", o lugar onde puseram o corpo, há poucos dias, está vazio. E poderá se complementar: Olhem para o lugar, tirem as consequências e creiam! Para Marcos o túmulo vazio, seguramente, não é prova da ressurreição de Jesus; com sua descoberta, as mulheres não chegam à fé. "A constatação de que o túmulo estava vazio não serve como ponto de partida ou prova da mensagem pascal, mas como sinal de confirmação" (Kremer, p. 38).

5.9.3 Para Mateus, judeu, é algo indispensável

Mateus acentua o túmulo vazio, sim, "enfatiza[-o] além da conta" (Gnilka, p. 494). Essa afirmação ousada pode ser fundamentada em duas intervenções redacionais, sendo que especialmente a segunda supera todas as expectativas.

Em primeiro lugar, salta aos olhos do leitor atento que o evangelista modifica a sua base literária marquina no que diz respeito ao querigma. Ao invés de deixar seguir ao anúncio do anjo "Ele foi ressuscitado!" (Mt 28,5-8) – como em Mc 16,6b – a *dupla* referência ao túmulo vazio, Mateus o *fragmenta* para fazer das partes a *moldura* do anúncio da ressurreição, acentuando com isso duplamente o túmulo vazio (cf. M 102: a estrutura do texto à esquerda). Assim, em contraposição a Marcos, a mensagem pascal de Mateus *inicia* com a referência ao túmulo vazio "Ele não está aqui!" (v. 6a: observe-se o acento na partícula "aqui", colocado no fim) e *termina* com uma nova referência em forma de um duplo imperativo, insistindo, chegando até a pressionar: "Vinde e vede o lugar onde ele jazia!" (v. 6c). A fundamentação para o vazio do túmulo é, por assim dizer, acrescentada depois: "pois ele foi ressuscitado!" (v. 6b), querendo dizer que o fato do túmulo estar vazio se deve a *Deus*.

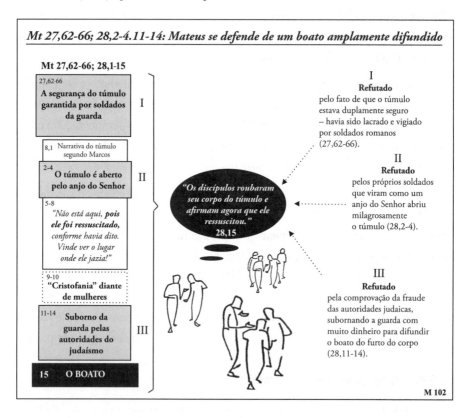

Diferentemente da primeira intervenção, a segunda não é tão fácil de passar despercebida (cf. M 102 e M 99). Com muita habilidade e sensibilidade, Mateus *emoldura e entrelaça* a história do túmulo marquina (Mc 16,1-8) com uma narrativa que só ele conhece, sendo que seu fio condutor são os *guardas do túmulo* (cf. Mt 27,65s; 28,4; 28,11-15).

Na *parte I* (Mt 27,62-66), é relatado que os sumos sacerdotes e os fariseus procuram Pilatos "no dia seguinte", portanto no sábado, requisitando guarda para o túmulo, para que os discípulos não roubem o corpo e digam depois que o enganador tenha ressuscitado, como ele havia predito em vida. O procurador atende ao pedido, lacrando a entrada do túmulo e autorizando que soldados romanos cuidem de sua segurança.

A *parte II*, inserida em Mt 28,2-4 (cf. M 102 e M 99), sabe de um grande terremoto, em que um anjo do Senhor desce do céu, removendo a pedra lacrada e sentando-se sobre ela. O seu aspecto reluzente assusta os soldados da guarda, a ponto de caírem como mortos no chão (cf. M 19).

A *parte III* (Mt 28,11-15) por fim relata exaustivamente uma fraude escandalosa dos sumos sacerdotes e anciãos (cf. M 102 e M 99). "Com muito dinheiro" (v. 12) e com a promessa de defendê-los em caso de dificuldades, eles subornam os guardas para dizerem a inverdade de que os discípulos teriam vindo durante a noite enquanto dormiam (!), roubando o corpo (v.13).

Mateus vê nesse boato, difundido entre judeus "até hoje" (cf. v. 15), um ataque direto à ressurreição de Jesus e parte para a ofensiva. Através de três iniciativas, ele comprova que esse boato (gr. *lógos*) ainda presente no seu tempo não passa de uma pesada difamação, mas facilmente refutável (cf. M 102; lado direito):

I. É refutado pela *dupla segurança colocada junto ao túmulo*. Lacrado pelas mais altas autoridades do judaísmo, os sumos sacerdotes e os fariseus, e vigiado por soldados romanos, não havia a menor chance para um furto do corpo pelos discípulos.

II. Além disso, o boato é refutado pelos *guardas do túmulo*. Eles mesmos – antes de desmaiarem – viram com os próprios olhos um anjo do Senhor liberando o túmulo da grande pedra de entrada. Mesmo que não tenham podido ver o que aconteceu após a abertura do túmulo, o anjo do Senhor aponta claramente para uma intervenção divina.

III. O boato, finalmente, é refutado pela *comprovação da fraude* das autoridades judaicas. Elas subornaram a guarda do túmulo, soldados romanos, com muito dinheiro para tornar público o boato do furto do corpo.

Mateus defende o túmulo vazio com muito empenho, e com razão. Para ele, *judeu*, com sua *visão de ser humano integral*, só se poderia falar de ressurreição se também o *corpo* fosse elevado até Deus ou, em outras palavras, se o túmulo estivesse vazio. A proclamação da ressurreição de Jesus não teria qualquer chance entre judeus se o corpo pudesse ser apresentado. Se existisse a menor dúvida, a polêmica anticristã, seguramente, teria se apropriado desse argumento contrário à ressurreição, fazendo dele a base para uma crítica ferrenha. Curiosamente, não nos deparamos com tal objeção em lugar algum. Ao contrário, o túmulo vazio até recebe a confirmação dos opositores (cf. Mt 28,11).

5.9.4 Para Lucas, o túmulo vazio é relevante na controvérsia com leitores e opositores helenistas

Bem como Mateus, judeu, enfatiza o túmulo vazio, também o grego Lucas o faz. Indícios claros disso são as várias interferências redacionais, facilmente detectáveis numa comparação sinótica (cf. M 103: lado esquerdo).

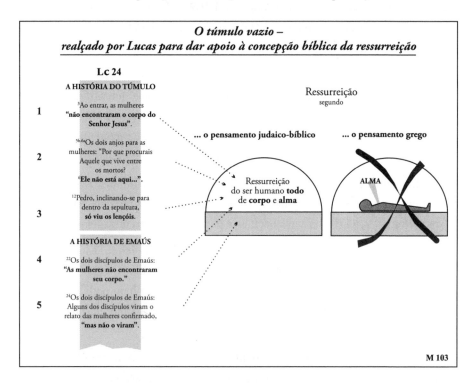

1) Diferentemente de Mc 16,5, o evangelista em Lc 24,2s percebe que as mulheres "não encontraram o corpo (gr. *tò sôma*) do Senhor Jesus". Isso surpreende muito e não poderia estar baseado num erro, pois as mesmas mulheres no sepultamento na Sexta-Feira Santa viram "como o corpo (*tò sôma*) de Jesus fora depositado no túmulo" (Lc 23,55).

2) Os dois anjos, que se dirigiram às mulheres para ajudá-las em sua perplexidade (v. 4), acrescentam à sua pergunta provocadora – "Por que procurais Aquele que vive entre os mortos?" – a constatação final: "Ele não está aqui!" (v. 6). O fato de Jesus estar vivo e não se encontrar mais no túmulo tem a explicação na sua ressurreição.

3) As mulheres falaram a verdade, como pouco depois Pedro (v. 12) o vê confirmado. "A ideia dominante (cf. a ida de Pedro ao túmulo no v.12) é a confirmação do túmulo vazio pelo apóstolo líder" (Ernst, p. 501).

4) A constatação do túmulo vazio é tão importante para o evangelista a ponto de ele o repetir no relato dos discípulos de Emaús (v. 22). Eles relatam ao desconhecido, que se juntara a eles no caminho, que algumas mulheres do seu círculo haviam estado no túmulo e "não encontraram o corpo" (gr. *tò sôma*, v. 22).

5) Mais adiante também alguns dos discípulos fizeram sua visita ao túmulo e se convenceram de que o relato das mulheres conferia; também eles "não o viram" (v. 24).

Lucas demonstra um *interesse claro* no túmulo vazio; por *cinco vezes* ele aponta explicitamente para a ausência do corpo no túmulo (cf. Lc 24,3.6.12.23.24). Quem poderia servir de testemunha é citado – as mulheres da Galileia (v. 10), Pedro, a liderança da comunidade primitiva (v. 12) e os discípulos (v. 24). Não há dúvida em relação ao *túmulo vazio*, há pessoas demais que podem testemunhá-lo. Se ainda restasse a pergunta por uma possível *troca* com outra sepultura, essa terá de ser respondida com um inequívoco não, já que as mulheres presenciaram "como o corpo fora depositado no túmulo" (Lc 23,55) na tarde da sexta-feira. Também um *furto do corpo* não entra em cogitação, dada a disposição dos panos de linho (cf. v. 12); nenhum ladrão tomaria o tempo para desvestir um morto.

Por que, afinal, Lucas dedica tanta atenção à questão do túmulo vazio? Encontraremos a resposta entre os seus leitores e opositores em algum lugar na Grécia ou Ásia Menor (cf. M 90). Em sua maioria são pessoas influenciadas pela filosofia grega com sua visão antropológica dualista. O corpo ou o organismo humano tem conotação negativa; o que de fato conta e tem alguma chance de continuidade de vida além da morte é somente a *alma* (cf. M 103: lado direito). Em contraposição a isso, Lucas enfatiza a ressurreição também do *corpo* através da comprovação do túmulo vazio; aqui ele pensa em categorias bíblicas (cf. M 103: centro).

Por mais relevante que o túmulo vazio possa ser para Lucas, ainda não é prova, mas apenas *sinal* para a ressurreição: um sinal que *aguça o ouvido* e *deixa a pessoa atenta*, mas ainda não *conduz* à fé. Apesar de ver os panos de linho ordenados, isso só o deixa admirado; também dos discípulos não se diz que tenham chegado à fé com base no túmulo vazio (v. 24). Como Marcos já fazia, Lucas evita tudo o "que pudesse dar a impressão de que a mensagem da ressurreição é dedução do túmulo vazio" (Merklein, p. 237). A fé pascal só é despertada a partir da aparição do Senhor "a Simão" (v. 34; cf. 1Cor 15,3-5).

5.9.5 Para João, "um testemunho cabal" (Schnackenburg)

No seu empenho pelo túmulo vazio, João, o quarto evangelista, não perde de forma alguma para seus colegas Mateus e Lucas. Para o exegeta Schulz, o túmulo vazio é o "tema teológico dominante de Jo 20,1-18" (p. 242).

Encontramos a razão desse envolvimento nos três versículos de sua história do túmulo, que o evangelista põe na boca da mais conhecida discípula de Jesus, Maria de Magdala (cf. M 104: lado esquerdo). Trata-se da narrativa de Jo 20,1-18, formulada independentemente daquela de Mc 16,1-8:

I. No romper do domingo da Páscoa, ao visitar o túmulo, Maria vê de longe a pedra removida da entrada do túmulo (v.1). Sem certificar-se do que havia acontecido, corre até Pedro e os discípulos, surpreendendo-os com a notícia: *"Retiraram* (gr. *aírein*) o Senhor do sepulcro e não sabemos onde o colocaram" (Jo 20,2).

II. Onze versículos após, Maria responde aos dois anjos que lhe perguntaram pelo motivo de seu choro: *"Levaram* (gr. *aírein*) o meu Senhor e não sei onde o colocaram!" (Jo 20,13).

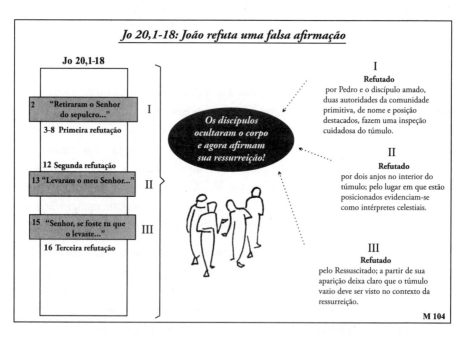

III. Por fim, Maria pede ao "jardineiro" que aparece repentinamente: "Senhor, se foste tu que o *levaste* (gr. *bastázein*), dize-me onde o puseste e eu o irei buscar" (Jo 20,15).

Os verbos "tirar" ou "levar" (gr. *aírein / bastázein*) nos apontam as pegadas que nos levam ao problema com o qual João se depara. Trata-se, supostamente, de opositores judeus atacando a pregação cristã da ressurreição com a acusação de que os discípulos teriam *transferido* o corpo de Jesus para outro túmulo. Eles sabiam muito bem que a proclamação cristã não teria qualquer chance se o corpo pudesse ser apresentado. Curiosamente, o túmulo vazio não é negado; muito pelo contrário ele é expressamente afirmado, com a suposta ocultação do corpo.

Acompanhando Mateus, também João parte para o contra-ataque. Com a sua narrativa, constituída de muitas camadas, oriundas de diversas fontes, parcialmente orais outras escritas (cf. M 87), João refuta a acusação dos opositores sob três ângulos (cf. M 104: lado direito):

I. O túmulo de Jesus não foi esvaziado mediante transferência ou furto do corpo, o que é comprovado por *duas testemunhas com nome e posição*, como é exigido em Dt 19,15. Ninguém menos que autoridades como Pedro e o discípulo amado se põem a inspecionar cuidadosamente o túmulo (cf. o deslize da história do túmulo dos sinóticos, apontando apenas *mulheres* como testemunhas do túmulo vazio). O que ambos constatam é altamente notável (cf. M 105):

Pedro e o discípulo amado na "inspeção" do túmulo de Jesus (Jo 20,3-10)

Um **Evangeliário do Imperador Otto III** (aprox. 900), guardado no tesouro da catedral de Aachen, apresenta Pedro na inspeção ao interior do túmulo (cf. Jo 20,3-10). Diante dele, sobre um estrado de pedra, encontram-se um pano de linho e – pouco mais atrás – enrolado feito bola, o sudário que cobria a cabeça de Jesus. Atrás de Pedro, mas ainda fora do túmulo, o discípulo amado aguarda ansiosamente a sua hora de entrar. Escondida atrás de flores estilizadas, Maria Madalena o observa atentamente.   M 105

Fora as faixas de linho (gr. *othónia*) e o sudário (gr. *soudárion*), que cobrira a cabeça de Jesus, o túmulo estava vazio. Curiosamente, o sudário dobrado estava à parte "em um lugar" (v. 7). Os panos cuidadosamente ordenados provam: o corpo de Jesus não foi removido por arrombadores de túmulo nem por amigos, muito menos havia sido arrastado para outro lugar por animais selvagens. Os primeiros não teriam tomado o tempo para deixar o túmulo organizado, os amigos não teriam profanado o corpo. "Com essa constatação pedante do narrador, quer-se excluir, em todos os casos, o roubo do corpo, perseguindo dessa forma a clara intenção apologética" (Schulz, p. 242). Schnackenburg cita Amônio de Alexandria (aprox. 200 d.C.): "Se inimigos o tivessem furtado, não teriam deixado as roupas para trás por causa do proveito. Se amigos o tivessem feito, não teriam tolerado que o corpo fosse desonrado..." (p. 367 A. 27). *Sui generis* também é a reação do discípulo amado: vê os panos aí ordenados e chega à fé pascal (v. 8). Os panos são suficientes para ele; mesmo a Escritura como ajuda é excluída no v. 9 de forma explícita.

II. Além disso, a afirmação dos opositores perde seu fundamento por meio *dos dois anjos* (vv. 12-14), postados no interior do túmulo, demarcando exatamente o lugar sobre o qual o corpo de Jesus havia sido deitado. Como emissários divinos eles dirigem o olhar para cima. Quem após a inspeção do túmulo por parte de Pedro e do discípulo amado ainda tivesse dúvidas quanto à pergunta sobre o ou sobre os responsáveis pelo túmulo esvaziado, agora pode ter toda a certeza: aqui *Deus* havia entrado em ação.

III. A suspeita de que o corpo fora transferido para algum lugar ignorado perde finalmente sua força pelo *próprio ressuscitado*. Pelo fato de mostrar-se a Maria de Magdala, também a última dúvida cai por terra: o túmulo de Jesus tem a ver com a ressurreição de Jesus. O túmulo está vazio porque Jesus ressuscitou.

O quarto evangelista atribui ao túmulo vazio um significado até então desconhecido. Ao deixar inspecionar o túmulo cuidadosamente por Pedro e o discípulo amado, João assegura, num nível mais elevado, o *fato do túmulo vazio* por meio dos dois anjos, e através do ressuscitado transforma o vazio da sepultura "num testemunho cabal" (Schnackenburg, p. 183), isto é, na *prova* da ressurreição (cf. Schulz, p. 242). Quem crê, como o discípulo amado, pode chegar à fé pascal por meio do túmulo vazio (cf. a diferença em relação às narrativas dos sinóticos). Com isso, João apresenta o túmulo vazio como caminho à fé na ressurreição além das aparições, distanciando-se de Paulo e dos três outros evangelistas (cf. M 98).

Síntese: Observamos na Igreja dos primórdios uma crescente importância do túmulo vazio. Para *Paulo* (após 50 d.C.), ainda tem grande relevância; para *Mateus* (aprox. 80 d.C.), torna-se "prova" na controvérsia com o judaísmo; para *Lucas* (após 80 d.C.), passa a ser argumento decisivo da ressurreição num contexto da filosofia grega, que nega o corpo; para *João* (no fim do século I), o túmulo vazio é elevado à categoria de testemunho de valor pleno, podendo-se chegar à fé pascal por meio dele.

5.9.6 É tema relevante ainda no século II d.C.

As difamações por parte de judeus do furto e da ocultação do corpo resistem *por muitos séculos*, mantendo-se vivas ainda no século II, é o que demonstram pelos menos dois documentos (cf. M 106).

1) Justino, o mártir, acusa o judeu Tryfon (aprox. 160 d.C.):

[...] E apesar disso, depois de terdes ouvido de sua ressurreição dos mortos, não só não vos convertes como ainda enviastes homens escolhidos ao mundo todo, como já vos disse, proclamando: uma seita ímpia e horrível surgiu através de certo galileu Jesus, um enganador; nós o crucificamos, *mas os discípulos de noite o furtaram do túmulo, em que havia sido depositado após sua retirada da cruz, procurando convencer o povo de que teria ressuscitado dos mortos* (p. 108,2).

2) No chamado *"Toledót Yeshú"*, narrativas romanceadas e populares, cujas raízes chegam ao século II d.C. (cf. Bösen, p. 211), é relatado do jardineiro Yehuda que tira o corpo de Yeshu, atirando-o num canal e cobrindo-o novamente com água. Quando seus discípulos chegam e não o encontram, anunciam à rainha que Yeshu teria ressuscitado (cf. Klausner, p. 59-62).

Chama a atenção que o *fato do túmulo vazio*, ainda meio século após os evangelistas, continuava controvertido. Na busca de explicações, percebe-se pouca originalidade. Justino repete a hipótese do furto, conhecido há muito tempo (cf. Mt 28,11-15). Um tanto rebuscada, até meio sem jeito, soa a narrativa lendária do jardineiro Yehuda no *Toledót Yeshú*.

Para superar ambas as vozes, precisou-se de 1700 anos. O filósofo e crítico bíblico H. S. Reimarus de Hamburgo, dando asas à fantasia, enriquece ainda mais a narrativa; suspeita que os discípulos furtaram o corpo de Jesus, ocultando-o cuidadosamente até que se desfizesse a ponto de não ser mais reconhecido, para em seguida proclamar ao mundo todo que teria ressuscitado (cf. síntese em Albert Schweitzer. *Geschichte der Leben-Jesu-Forschung*. 6. ed. Tubinga, 1951, p. 21).

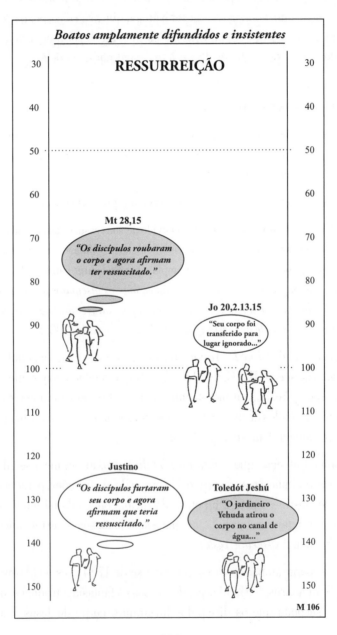

Fontes: Nauck. *Bedeutung*, p. 243-267; Vögtle / Pesch. *Osterglauben*, p. 85-98; Lehmann. *Auferweckt*, p. 80s; Kremer. *Osterevangelien*, p. 38, 49s; Gnilka *Matthäus II*, p. 489-497; Ernst. *Lukas*, p. 501; Merklein. *Jesusgeschichte*, p. 235-238; Schulz. *Johannes*, p. 242; Schnackenburg. *Johannes III*, p. 183, 367s; Bösen. *Bethlehem*, p. 210s; J. Klausner. *Jesus von Nazareth*. Seine Zeit, sein Leben und seine Lehre. 3. ed. Jerusalém, 1952, p. 59-62.

5.9.7 Como se relacionam sepultura vazia e aparições?

As *aparições* e o *túmulo vazio* têm importância central na comunidade primitiva ao buscar argumentos que tornam a ressurreição de Jesus assegurada. O *querigma pascal*, assemelhando-se a uma abóbada, repousa sobre as aparições e o túmulo vazio como se fossem colunas de sustentação. Nisso, nada mudou na crença popular até o dia de hoje. Diante da pergunta pela coluna que sustenta o peso maior, a maioria dos cristãos decide-se pelo *túmulo vazio* – e, com isso, se opõe aos textos bíblico-neotestamentários.

É através das *aparições* que os discípulos e as discípulas experimentam e reconhecem que Jesus, após a crucificação no Gólgota, não ficou em poder da morte, em outras palavras, que ele vive (cf. M 107: parte superior). "Fé pascal nasce só a partir da experiência e do encontro com o ressuscitado" (Lehmann, p. 85). Repetindo mais uma vez: para a comunidade primitiva, o *querigma pascal* baseia-se no fato de que muitas pessoas, mulheres e homens, *encontraram* o ressuscitado, *experimentaram-no como vivo*, *conversaram* e *tomaram uma refeição* com ele (cf. M 57: Paulo; M 58: Lucas; M 59: João).

Esses encontros e essas experiências, literalmente avassaladoras (M 75), com o Jesus terreno e celestial, conhecido e desconhecido, humano e divino deixam os discípulos e as discípulas primeiramente *perplexos*. Como interpretar esses encontros que rompem tudo o que conheciam até então e para os quais estavam completamente despreparados? Não se trata de alucinações ou imaginações? Não se oculta nesse acontecimento algum fantasma ou espírito? (Cf. Lc 24,37.39.) Acaso o diabo não está envolvido nisso? Diante dessa perplexidade, o *túmulo vazio* vem em socorro; torna-se uma "chave hermenêutica" (Mussner, p. 133) relevante, isto é, uma chave de compreensão e interpretação que permite que se penetre mais profundamente no significado da ressurreição. Ao relacionar-se a *experiência das aparições* aqui com o *fato do túmulo vazio* lá, refletindo-os no contexto (cf. M 107: parte inferior), discípulas e discípulos de repente percebem, como escamas caindo de seus olhos: o túmulo de Jesus não foi arrombado por ladrões ou violado por opositores, nem devastado por animais selvagens; não, ele foi *"esvaziado" por Deus de uma forma maravilhosa*. Nenhum outro entrara em ação senão o próprio Deus. O túmulo vazio era um *sinal* inequívoco de que *Jesus foi ressuscitado por Deus* (cf. Mussner, p. 133).

> Com isso o túmulo vazio serve de "um certo apoio para as aparições" (Trilling, p. 158), como, por outro lado, as aparições livram o túmulo vazio de suas múltiplas interpretações.

Duas imagens servirão de ajuda ao ser humano na modernidade para tornar mais compreensível a *relação entre aparições e túmulo vazio* (cf. M 108). Com seu uso ocorre alguma perda de significado e passa-se uma visão unilateral, mas releva-se tudo isso com vistas à superação de mal-entendidos.

Numa *primeira* imagem, as *aparições* assemelham-se a uma *coluna* de uma Igreja medieval, formada de muitos blocos isolados (cf. M 108: lado esquerdo). Ela sustenta o peso maior da *abóbada,* como símbolo da *mensagem da ressurreição*. Em um dos quatro lados da coluna, usando o simbolismo, apoia-se uma *coluna menor* que é o *túmulo vazio*. O peso que ela poderá sustentar é pequeno. Mesmo sendo removida, não representa qualquer risco à "abóbada". Para as discípulas e os discípulos do século I d.C., essa "pequena coluna" desempenhou um papel importante (cf. cap. III.5.9); na discussão teológica atual (diferentemente da compreensão de fé, amplamente aceita), cabe a ela antes a função de uma *coluna ornamental*.

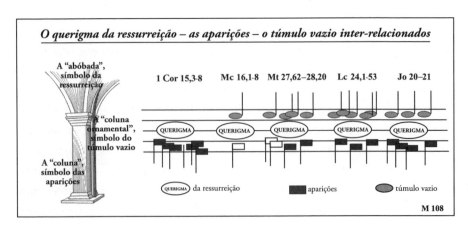

O querigma da ressurreição – as aparições – o túmulo vazio inter-relacionados

M 108

O mesmo *querigma* – "Jesus foi ressuscitado dentre os mortos!", "Ele vive!", "Deus o exaltou e o fez Senhor e Messias"! – ressoa em todas as tradições disponíveis durante décadas no século I d.C., e isso de uma forma vigorosa. Com isso chegamos à *segunda imagem* (cf. M 108: lado direito). Uma "melodia de fundo" é sustentada por 18 tons baixos, representados pelas notas retangulares, simbolizando as *aparições*. Sem esses tons a "melodia da ressurreição" ficaria sem som, sem "boca", sem audição, por isso também não faltam em nenhuma das cinco tradições (cf. Paulo, Mc, Mt, Lc e Jo), mesmo que em Marcos haja apenas um indício deles (cf. Mc 16,7 par. Mt). Ao *túmulo vazio* cabe apenas a função secundária de delicados "tons mais altos" em meio a uma melodia vigorosa constituída de "querigma" e "tons mais baixos". Mesmo assim o túmulo vazio é significativo para os três últimos evangelistas, o que se conclui da frequência (13 vezes) com que esses autores se referem a ele. Para nós no século XXI, a "melodia da ressurreição", sem esses tons que a acompanham, com certeza soará mais "pobre", mas não colocará em risco seu conteúdo (cf. cap. III.5.1).

> *Síntese:* No "processo de conhecimento" da Páscoa, ambas as dimensões são importantes – as *aparições* e o *túmulo vazio*. Num primeiro momento, as *aparições* deixaram as pessoas que exerciam alguma responsabilidade inseguras e perplexas. Somente a partir da *sepultura vazia* reconheceram que aparições eram *encontros com Jesus, o ressuscitado por Deus*. Ambas – aparições e sepultura vazia – se complementam. Como as aparições necessitam do túmulo vazio para ser compreendidas corretamente, assim o túmulo vazio perde sua multiplicidade de interpretações através das aparições.

Fontes: Lehmann. *Auferweckt*, p. 85; Mussner, *Auferstehung*, p. 133; Trilling. *Fragen*, p. 158.

Relevância atual: um sinal ambivalente

Que relevância tem o túmulo vazio hoje? Poderá nos servir de auxílio na fé na ressurreição de Jesus?

O túmulo vazio – uma provocação: Na cosmovisão do ser humano moderno e esclarecido não há espaço para o túmulo vazio. A ausência do corpo é algo suspeito para muitos. O teólogo que se põe a falar sobre a descoberta do túmulo aberto e vazio revive o que Paulo passou em Atenas: alguns caçoam, outros dizem: "A respeito disso vamos ouvir-te outra vez!" (At 17,32). Demonstrando compreensão, acenam com a cabeça em sinal de desaprovação e se despedem desse tema, senão exteriormente ao menos interiormente. Para muita gente em nossa sociedade o túmulo vazio representa um obstáculo que de bom grado estamos dispostos a superar.

O túmulo vazio – um sinal que desperta reflexão: O túmulo vazio representa uma *pedra de tropeço,* mas ele nos pressiona a nos determos por um instante para em seguida buscar uma nova orientação. Na escola aprendemos que Jesus ressuscitou sem refletir sobre o significado desse enunciado. Eventualmente, o túmulo vazio pode nos *sacudir* e nos *despertar!* O túmulo vazio por si só não leva à fé, mas pode nos colocar a caminho da Páscoa, servindo de "emissor de sinais luminosos" que desencadeará um processo de reflexão sobre o maior de todos os mistérios. Ele provoca e questiona: "Que feitos eu atribuo a Deus?" Em última análise, o que me torna perplexo e me faz ajoelhar não é o túmulo vazio, mas a *ressurreição de Jesus.* Quem se dispõe a crer que Deus tem o poder de arrancar Jesus da morte e presenteá-lo com nova vida, terá pouca dificuldade com o túmulo vazio.

Na questão do *túmulo vazio,* encontramo-nos diante do mesmo problema como no caso do *nascimento virginal* de Jesus. Muitos se escandalizam com ele, mas não se dão conta de que *ele* não é o grande tema, com o qual nos debateremos até o fim da vida, mas a *encarnação de Deus.* Diante do fato de que o todo-poderoso Deus se põe a visitar nosso mundo minúsculo, tornando-se um de nós, em tudo semelhante, exceto no pecado, essa pergunta pelo *como da encarnação* torna-se marginal (cf. Bösen, p. 214s).

O que o *nascimento virginal* representa para a *encarnação de Deus,* isso o *túmulo vazio* significa para a *ressurreição de Jesus.* Em ambos os casos, trata-se de *Deus,* de seu poder e de sua grandeza (cf. cap. I.1). Como o nascimento virginal não é problema para quem aceita o poder e o amor ilimitado de Deus, também o túmulo vazio não o é para quem vê Deus maior e mais poderoso do que a morte. Quem compreende corretamente o "signo" (sinal, no latim) do túmulo vazio, para esse ele ainda poderá tornar-se um sinal que o seduz e o coloca a caminho do Monte Everest da fé cristã.

O túmulo vazio – ainda um sinal de ajuda para muitos: Apesar de todas as dificuldades e reservas, para muitos *ainda hoje* o túmulo vazio *continua um sinal de ajuda.*

Não é entendido como ajuda que leva à fé pascal! Nem nos tempos da comunidade primitiva desempenhou tal função. A fé no ressuscitado, como naquele tempo, ainda hoje é desencadeada por uma "experiência de aparição", independentemente qual seja sua feição (cf. M 109: I).

Uma vez despertada a fé, mais cedo ou mais tarde virá o momento em que ela irá se debater com o túmulo vazio (cf. M 109: II). Como os discípulos e as discípulas, essa fé experimentará o túmulo vazio como "sinal que aponta e confirma" (KEK, p. 202), do qual ninguém gostará de desistir, se com isso faltar algo à ressurreição. Mesmo que o túmulo vazio não possa suscitar a fé pascal, ele constitui uma "estação" importante no caminho em sua direção.

Fontes: Bösen. *Bethlehem*, p. 214s; KEK, p. 202.

6. As promessas do Ressuscitado

Os evangelhos nos transmitem duas promessas importantes do ressuscitado – a promessa *do Espírito Santo* e o *de sua presença permanente*. São promessas fortes que ainda em nosso tempo consolam e encorajam. Onde estão testemunhadas nos evangelhos? Como estão ancoradas no ressuscitado? O que elas contêm?

6.1 A promessa do Espírito Santo (cf. Lc 24,49; At 1,4s.8; Jo 14-16)

A promessa do Espírito Santo nos é transmitida em duas tradições – em Lc e Jo (cf. M 110; Hainz, p. 371s; Kremer, p. 1306-1308).

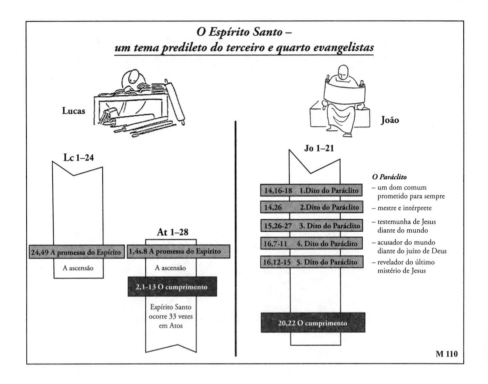

Na terceira de suas narrativas pascais (cf. Lc 24,36-49), *Lucas* fala do ressuscitado, na noite do domingo da Páscoa, aparecendo aos Onze e aos demais discípulos, reunidos em uma sala em Jerusalém, comunicando-lhes: "Enviarei a vós o *dom*, prometido por meu Pai. Permanecei na cidade até serdes revestidos da *força do Alto!*" (v. 49). A mesma promessa ele repete logo no início nos Atos dos Apóstolos, a continuação do Evangelho: "Não vos afasteis de Jerusalém, mas aguardai a *promessa do Pai*... João batizou com água, mas vós sereis batizados com o Espírito Santo dentro de poucos dias... Recebereis o *poder do Espírito Santo* que descerá sobre vós" (At 1,4.5.8). Para o terceiro evangelista, a promessa do Espírito Santo é um tema relevante (cf. Dormeyer / Galindo, p. 21s), a ponto de falar dele no *fim do Evangelho* e uma segunda vez *no início de Atos dos Apóstolos* (cf. M 110: lado esquerdo).

Um interesse igualmente destacado em relação ao Espírito Santo demonstra o *quarto evangelista* (cf. M 110: lado direito). Diferentemente de Lucas, João não situa a promessa em lugar de destaque, mas no *centro do Evangelho*, isto é, nos *três discursos de despedida* (cf. Jo 14-16), e isso em nada menos que *cinco ditos breves*, chamados *ditos do Paráclito* (cf. Jo 14,16s; 14,26; 15,26-27; 16,7-11; 16,12-15; cf. Schnackenburg, p. 156-172; Kügler, p. 1372).

6.1.1 Duas tradições bem ancoradas

De onde vem, para ambos os evangelistas, a promessa do Espírito? A pergunta evidencia-se difícil e requer mais que uma frase para ser respondida.

6.1.1.1 Ancorada no Jesus terreno

Segundo Schnackenburg, o *Jesus terreno* já falou do Espírito Santo como Mc 13,11 o registra. Trata-se do encorajamento para não se preocupar antecipadamente quando se está diante do tribunal, porque o *Espírito Santo* falará. "Talvez seja o único dito de Jesus em que, originalmente, se falou do Espírito Santo", comenta Schanckenburg (p. 136).

Parece duvidoso que o *ressuscitado tenha* falado do Espírito Santo, uma vez que só Lucas preservou tal promessa. Sabe-se que João relatou uma *doação do Espírito*, mas não uma *promessa do Espírito* feita pelo ressuscitado (cf. M 110). O silêncio de *Marcos* sobre isso não surpreende, visto que na sua "história da Páscoa" (Mc 16,1-8) ele se limita apenas àquilo que é importante (querigma, aparições e túmulo vazio). Agora, o silêncio de *Mateus* surpreende muito, já que a cena da aparição no monte da Galileia com os três ditos de Jesus, altamente grandiosos (cf. Mt 28,16-20), oferecia-se como boa oportunidade para inserção de um quarto *lógion* (cf. M 113).

6.1.1.2 Ancorada na experiência da Igreja primitiva

Uma fonte adicional para a tradição lucânica e joanina sobre a promessa do Espírito seguramente constituem as *experiências com o Espírito nas comunidades primitivas*.

1) Mesmo que *Lucas*, com sua sensibilidade dramatúrgica, tenha exagerado na sua apresentação de Pentecostes, como um evento sensacional acompanhado

de bramido de tempestade, línguas de fogo e milagre das línguas (At 2,1-4 e M 111: lado direito), há como identificar como núcleo histórico dessa narrativa uma *experiência do Espírito com efeito arrebatador* (cf. Weiser, p. 87s; Dormeyer / Galindo, p. 41-44). Essa se manifesta no pequeno grupo de discípulos e discípulas desanimados, incultos, traumatizados pela prisão, condenação e crucificação de Jesus; inesperadamente tomam coragem para apresentar-se em público a uma multidão, proclamando-lhes a ressurreição de Jesus, aquele que morrera na cruz. Fazem isso de forma destemida, embora saibam que o crucificado era "escândalo para judeus e loucura para gentios" (1Cor 1,23).

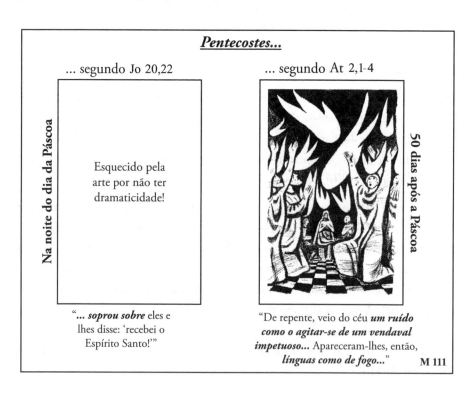

2) João confirma tal experiência não somente por meio dos seus cinco ditos do Paráclito (cf. M 110: lado direito), mas também por meio de uma breve notícia na sua segunda narrativa pascal (cf. Jo 20,22: "[...] soprou sobre eles e lhes disse: 'recebei o Espírito Santo!'"), podendo ser considerada o *Pentecostes joanino*. Como se trata de uma versão destituída de toda e qualquer dramaticidade, ela foi esquecida pela arte e pela maioria dos cristãos (M 111: lado esquerdo).

3) O quanto *Paulo* aposta no Espírito Santo evidencia um breve olhar na 1.ª Carta aos Coríntios e na Carta aos Romanos. Nos três grandes capítulos (cf. 1Cor 12 e 14; Rm 12), ele não deixa qualquer dúvida a quem ele deve edificação, direção e vivacidade da comunidade. Os diversos carismas e dons da graça (do gr. *cháris*: graça), que podem ser observados no culto bem como na vida mútua, são efetuados por *um e mesmo* Espírito.

6.1.2 A afirmação de auxílio efetivo no tempo após Jesus

O Jesus lucano e joanino na sua promessa dirige o olhar dos discípulos em direção ao *futuro*. Com a ordem explícita do ressuscitado de não deixar Jerusalém antes do cumprimento da promessa divina (cf. Lc 24,49; At 1,4), Lucas faz o leitor identificar Pentecostes como um evento histórico-eclesiástico marcante. Mais claro ainda é o quarto evangelista ao inserir o tempo pós-jesuânico no seu texto, colocando na boca do "seu" Jesus o primeiro dito do Paráclito: "Não vos deixarei órfãos!" (Jo 14,18).

Aquele que o ressuscitado promete mandar, *Lucas* denomina, no Evangelho, "Poder do Alto" (Lc 24,49: *dýnamis*), nos Atos dos Apóstolos, "Espírito Santo" (At 1,5.8). Conhecemos a palavra grega *dýnamis* do seu derivado "dinamite". O Espírito Santo é o "dinamite de Deus", um "pacote cheio de poder", como jovens talvez formulassem hoje.

O *Jesus joanino* chama a esse que deverá ficar junto de suas discípulas e discípulos (cf. Mt 28,20) "para sempre" (Jo 14,16) de "Paráclito" (gr. *parákletos*), o que não poderá ser reproduzido apenas com "consolador" como quer Lutero. Como é explicitado nos cinco ditos do "Paráclito", o termo significa o mestre e intérprete, a testemunha de Jesus diante do mundo, o acusador do mundo diante do juízo de Deus, o revelador do último mistério de Jesus; em síntese, "Paráclito" significa "alguém que dá assistência a outrem", na melhor acepção dessa expressão. "O Espírito, portanto, não é apenas iluminação e esclarecimento, mas também encorajamento e fortalecimento, dados por Deus" (Ernst, p. 671).

Esse espírito nos foi *doado* – do Alto (Lc 24,49), do Pai (Lc 24,49; At 1,4; Jo 14,16.26), de Jesus (Jo 15,26; 16,7)! O literato Goethe o chama de "presente sublime de Deus". O que o mundo tem a oferecer em termos de pensamento positivo, nova consciência não pode ser confundido com o Espírito Santo. Por meio de meditação e contemplação, podemos no máximo nos preparar para sua vinda, mas não podemos adquiri-lo ou mesmo trazê-lo até por coação. "O mundo não poderá recebê-lo, porque não o vê nem o conhece" (Jo 14,17).

O ressuscitado promete aos discípulos que serão *"revestidos* (como com um vestido) *da força do Alto"* (Lc 24,49: gr. *endýsesthe*) e *"batizados (como com água)* com o Espírito Santo" (At 1,5). Duas imagens querem tornar claro em que sentido esse enviado divino "dá sua assistência"; ele envolverá, preencherá e permeará por completo seus assistidos (cf. M 112: lado esquerdo), o que não poderá ser entendido como se ele dominasse totalmente e determinasse unilateralmente a vida dos discípulos. "Liberdade" é um vocábulo preferencial de Deus!

Envolvido e permeado pelo Espírito Santo, aquele que da parte de Deus "presta assistência"

O ressuscitado *lucano* diz a seus discípulos:
"... permanecei na cidade até serdes **revestidos** da força do Alto!"
(Lc 24,49)

"[...] sereis **batizados** com o Espírito Santo dentro de poucos dias!"
(At 1,5)

O Jesus *joanino* diz aos Doze: "[...] e ele vos dará outro Paráclito, para que **convosco** permaneça para sempre... Vós o conheceis, porque permanece **convosco** e está **em vós**!"
(Jo 14,16s)

M 112

Essa atuação poderosa do Espírito para Lucas se confirma em muitos pontos na retrospectiva que se estende sobre 50 anos. A missão entre gentios (At 8), a polêmica em torno das leis alimentares (At 10), mais ainda o significado da circuncisão (At 15), as viagens cheias de riscos do apóstolo Paulo (At 15ss) e outras coisas mais deixam claro que a causa de Jesus não teria qualquer chance sem o vigoroso apoio do Espírito Santo. O Espírito Santo é a força que perdura por décadas. Assim, os Atos dos Apóstolos, com cerca de 33 menções ao Espírito Santo, constitui um só hino de louvor ao Espírito Santo (cf. At 2,33.38; 4,8; 5,3.32; 6,5; 7,51.55; 8,15.17.19 e outras).

Esse *estar-em* e esse *estar-com existente entre Espírito e receptor*, que Lucas procura descrever com os verbos "vestir" e "batizar", João expressa através de um "jogo" hábil de preposições sinalizando proximidade íntima (cf. M 112: lado direito). A outra "assistência", a ser dada pelo Pai aos discípulos "para sempre e eternamente" (gr. *eis tòn aiôna*) manifestar-se-á *com* (gr. *metá*), *junto a* (gr. *pará*) e *em* (gr. *en*) seus seguidores (Jo 14,16s).

O Espírito Santo é *uma força suave*, comparável a um sopro de vento. "O vento sopra onde quer e ouves seu ruído, mas não sabes de onde vem nem para onde vai" (Jo 3,8). Lucas num certo sentido "distorceu" nossa visão com sua descrição de Pentecostes, fazendo-nos associar esse evento e o próprio Espírito Santo com tempestade ruidosa e línguas de fogo e discurso corajoso e poderoso (cf. At 2,1-13). Com isso nos passa despercebido o Pentecostes joanino, segundo o qual o ressuscitado apenas *soprou* (gr. *enefýsesen*) o Espírito sobre os discípulos com as palavras "Recebei o Espírito Santo!". Trata-se de uma representação *sui generis* que se apoia em Gn 2,7, em que é dito que Deus *soprou* (gr. *enefýsesen*) nas narinas do ser humano o hálito da vida! João não só une *Páscoa* e *Pentecostes*, mas também desiste conscientemente, em contraposição a Lucas, de uma demonstração poderosa, apontando, assim, para o *Espírito* que age *sem chamar a atenção*. E isso até o dia de hoje! Quem estiver em busca de pegadas do Espírito divino terá de aprender a tornar-se sensível para os tons mais silenciosos.

> Roger Schutz, prior de Taizé (†2005), conta em seu livrinho *Luta e contemplação* de uma experiência marcante que fez em conexão com uma longa entrevista à TV canadense: "O repórter é alguém que tem desconfiança em relação à Igreja; sem ser agressivo, suas perguntas são objetivas e honestas. Dou respostas a ele sobre o que jamais tinha pensado ..." (p. 102). – O Bispo Reinhold Stecher sintetiza uma experiência de manifestação do Espírito com a seguinte declaração: "Aqui ocorre um *insight* que ele proporciona – lá um consolo libertador que ele oferece. Acolá, nasce coragem para o bem e, em outro lugar, uma iniciativa vigorosa – e tu não conheces sua origem nem sua causa. Aqui, se desfaz um preconceito, uma barreira de ódio existente há séculos; lá, floresce uma comunhão encorajadora; ambas as ações acontecem ao sopro do Espírito" (p. 61s).

O Espírito Santo age ainda hoje – como prometido por Jesus – fortalecendo, iluminando e consolando. Raramente "de forma violenta e descontrolada", como soa em um hino de Pentecostes (cf. GL 249.4); ele age, muito mais, em pequenas e imperceptíveis "línguas de fogo" como, por exemplo, Francisco de Assis, a pequena Teresa de Lisieux, o Papa João XXIII, a Madre Teresa e muitas outras pessoas.

Fontes: J. Hainz. "Geist". I. Biblisch-Theologisch: 2. Neues Testament. In: *LThK* 4 (1995), col 371s. (Lit); J. Kremer. "Geist". I. Biblisch-theologisch: 2. Neues Testament. In: *LThK* 4 (1995), col. 1306-1308 (Lit); Dormeyer / Galindo.

Apostelgeschichte, p. 21s, 41-44; Schnackenburg. *Johannes III*, p. 136. 156-172; J. Kügler. "Paraklet". In: *LThK* 7 (1998), p. 1372 (Lit.); A. Weiser. *Apostelgeschichte I*, p. 45-60. 75-88; cf. A. Weiser. "Pfingsten, Pfingstfest". I. Biblisch-theologisch: 2. Neues Testament. In: *LThK* 8 (1999), p. 187-189 (Lit.); Ernst. *Lukas*, p. 671; R. Schutz, *Kampf und Kontemplation*. Auf der Suche nach Gemeinschaft mit Allen. Freiburg i. Br., 1974, p. 102; R. Stecher. *Singen*, p. 61s.

6.2 A promessa de presença constante (Mt 28,20)

Enquanto Lucas e João narram várias aparições do ressuscitado (cf. M 60), *Mateus* sintetiza o encontro de Jesus com os Onze em uma única cena (cf. Mt 28,16-20). O ressuscitado mostra-se a eles sobre "o monte" na Galileia, o mesmo do sermão da montanha, conforme Mt 5,1. O texto que se resume a somente cinco versículos estrutura-se da seguinte forma (cf. M 113: lado direito): I. uma breve introdução narrativa (vv. 16-18a); II. um "manifesto do ressuscitado" (Gubler, p. 33) constituído de três *lógia* (cf. 1. *Proclamação e autoapresentação* [v. 18b]); 2. *Envio e incumbência* [v. 19.20a]; e 3. *Promessa garantindo companhia* [v. 20b]), cuja extensão perfaz o dobro da introdução (cf. Frankemölle, p. 537-560; Gnilka, p. 501-512).

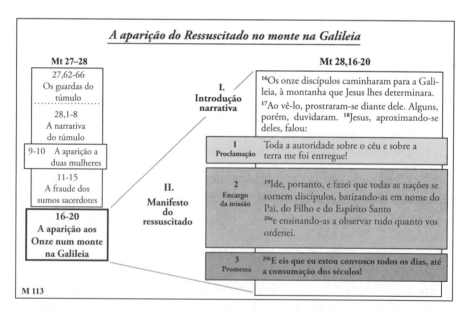

O ponto alto da narrativa recai claramente sobre a fala do ressuscitado (vv. 18b-20); os três ditos de Jesus conferem à perícope seu verdadeiro peso. Chama a atenção o reiterado emprego do adjetivo que expressa totalidade (cf. "toda autoridade"; "todas as nações"; "tudo quanto vos ordenei"; "todos os dias"); isso dá ao texto "o caráter do definitivo, portanto, de um texto conclusivo" (Gnilka, p. 502); Frankemölle fala do "epílogo do Evangelho de Mateus" (p. 537). O ápice desse ponto alto configura então a grandiosa palavra de consolo e de despedida "E eis que estou convosco todos os dias, até a consumação dos séculos!". Evidencia-se como um grandioso acorde final, que continua ecoando na mente do leitor mesmo depois de o leitor ter colocado o Evangelho de lado.

6.2.1 Provavelmente, um "lógion no Senhor" e não "do Senhor" (Grundmann)

De onde provém essa promessa da presença permanente? Trata-se de fato de uma palavra do ressuscitado? – Observações relevantes depõem a favor de uma redação posterior.

1) A perícope Mt 28,16-20, em que a promessa de sua companhia configura o encerramento do Evangelho, dá a impressão de ter sido *totalmente construída:* a *parte narrativa* (cf. vv. 16-18a) evidencia parentesco temático com outras narrativas de aparição (cf. Galileia; os Onze; a dúvida), mas as indicações de pessoas e de lugar (ausência de indicação cronológica) são pobres e pouco nítidas. Chama a atenção que não há paralelos em nenhum dos demais evangelhos para esses três ditos de Jesus, tão ricos em conteúdo (cf. a *proclamação* no v. 18b, o *encargo da missão* nos vv. 19.20a e *a promessa de estar do lado* dos discípulos no v.20b), formando o ponto alto da perícope.

2) A introdução, bem como as palavras de Jesus, evidenciam não só uma forte *influência do Antigo Testamento* (cf. v. 18b com Dn 7,13s; v. 20b com Gn 26,24; Ex 3,12; Js 1,5 e outras), como também estão marcadas por *características linguísticas de Mateus* (cf. o tema *monte; reverenciar; fazer discípulos* e outras mais).

3) A teologia e a cristologia dos três *lógia* têm uma feição muito própria de Mateus: a *proclamação* (cf. v. 18b) explica-se como aperfeiçoamento do querigma da comunidade primitiva – "ressurreição como exaltação". No *encargo da missão* (cf. v. 19.20a), Mateus utiliza-se de três elementos: de sua experiência com a expansão do Evangelho entre "todas as nações"; da prática batismal no Deus trinitário, própria do seu tempo; e da edificação de comunidades por meio de doutrinas.

Na *promessa de sua companhia* (cf. v. 20b), Mateus estende o arco de volta até Mt 1,23, em que Jesus fora apresentado como "Emanuel", Deus conosco.

4) Mesmo que no caso da *promessa de sua companhia* (cf. v. 20b) se trate "apenas" de uma palavra de Mateus ou de outro teólogo da Igreja primitiva colocada na boca do ressuscitado (cf. Gnilka, p. 505), ela é sobremaneira *autêntica*. Jesus, o ressuscitado por Deus, é *elevado à sua direita*, isto é, colocado em posição de igualdade com Deus (cf. Excurso I.4). Nessa reflexão, ele não só é reconhecido como aquele que está aí para os seres humanos, mas também é *experimentado*, de forma concreta, especialmente pela jovem comunidade pós-pascal, inúmeras vezes ameaçada (cf. M 114).

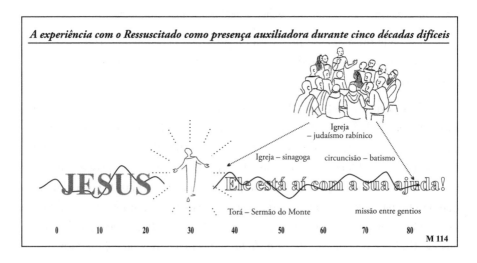

As primeiras décadas após aquela sexta-feira sombria e aquele domingo reluzente foram difíceis, uma vez que havia lutas com *inimigos de fora* e *opositores de dentro* da comunidade. Muitas questões não estavam esclarecidas como a relação da Torá com a mensagem de Jesus, do templo e culto sacrificial, bem como a questão da obrigatoriedade do cumprimento das leis alimentares, da missão entre gentios. Todos esses problemas não teriam sido equacionados não estivesse aí o ressuscitado, prestando seu auxílio. A promessa da presença auxiliadora não foi formulada a partir do nada; não, a fonte decisiva, da qual se bebia nesses difíceis anos iniciais, foi "a própria experiência da presença viva do Senhor exaltado" (Kessler, p. 1187); é dela que se extraiu a formulação da promessa da presença.

> *Síntese:* Mt 28,16-20, com toda a probabilidade, é uma *história pascal* profundamente retrabalhada por Mateus, cujo núcleo remonta a um *encontro do ressuscitado com os Onze na Galileia* (cf. Mc 16,7; Jo 21). Se as três palavras de Jesus como um todo provêm do ressuscitado e, em especial, se a promessa de sua presença procede dele, não poderá mais ser esclarecido. Há muitos argumentos que depõem a favor de que as três palavras sejam "*lógia* **no** Senhor" e não "*lógia* **do** Senhor" (Grundmann, p. 573).

6.2.2 A promessa de presença auxiliadora até o fim dos tempos

O ressuscitado, na sua despedida, promete aos discípulos estar com eles "todos os dias até o fim do mundo" (v. 20). A dupla indicação cronológica foi escolhida conscientemente para ressaltar *a presença permanente que perdurará nos tempos*. A fórmula anteposta "E eis!" (gr. *kaì idoú*) quer convocar o leitor a uma maior *atenção*, bem como transmitir o sentimento de *certeza*, no sentido de: "Estejam certos! O que eu prometo aqui, eu vou cumprir!".

De que modo, o ressuscitado estará *junto dos discípulos* (gr. *meth'hymôn*)? Mateus, com habilidade, responde valendo-se de dois acessos, perceptíveis apenas ao leitor com conhecimentos bíblicos (cf. M 115).

Num primeiro, ele dirige o olhar para o passado, empregando a "fórmula do estar-com" (cf. M 115: parte inferior). A promessa do estar-aí-com – "eu estou convosco ou junto de vós!" (gr. *ego meth'hymôn eimí*) – tem seu modelo no Antigo Testamento, em que Yahvé assegura ao indivíduo, a seu enviado ou a todo Israel a sua presença auxiliadora, por exemplo, a Isaac (cf. Gn 26,24: "Não temas pois estou contigo"), a Moisés (cf. Ex 3,12: "Eu estarei contigo!", a Josué (cf. Js 1,5: "Estarei contigo: jamais te abandonarei, nem te desampararei") e outras referências. Sobretudo, o caminho de Israel do Egito, pelo deserto, até a terra prometida quer ser entendido como visualização narrativa da "fórmula do estar-com". Nos simbólicos "40 anos", Yahvé se manifesta em situações de necessidade exemplares como Deus auxiliador, que salva, dá de comer e beber, defende e conduz seu povo (cf. Ex 13-17). O mistério do Deus do Antigo Testamento evidencia-se na sua *relação pessoal* conosco, como seres humanos. A "fórmula" na boca de Jesus não expressa outra coisa senão que ele agora se colocou no lugar de Yahvé. Em Jesus, Yahvé se faz presente. "Jesus, também aqui, se coloca no lugar de Yahvé, como já no encargo da missão, assumindo o ministério divino com vistas ao novo Povo de Deus" (Gnilka, p. 510).

No segundo acesso, a "fórmula" ganha conteúdo nos capítulos que se estendem de Mt 3 a 28 (cf. M 115: II. centro). O ressuscitado estará aí como nos tempos de sua atuação como Jesus terreno: curando (cf. Mt 8; 9; 12 e outras), consolando (cf. Mt 5-7), perdoando (Mt 9; 18 e outras). Ele fora anunciado como "Emanuel" (Deus-conosco) a José em sonho pelo anjo do Senhor (Mt 1,23); nos 28 capítulos do Evangelho segue-se a comprovação de que ele fizera jus a essa promessa. A ideia do estar-aí ergue-se como duas colunas majestosas, uma no *começo* (Mt 1,23) e outra no *fim* do Evangelho (Mt 28,20); o Evangelho, com seus 28 capítulos, "estende-se" por entre esses dois polos, preenchendo assim a promessa com seu respectivo conteúdo. Assim, Mateus consegue dizer, de forma inequívoca, que aspecto em Jesus lhe parece central: para ele, judeu, que vivia na fé em Yahvé, o "Deus-a-caminho com seu povo", Jesus é o novo "Emanuel", o Deus-conosco.

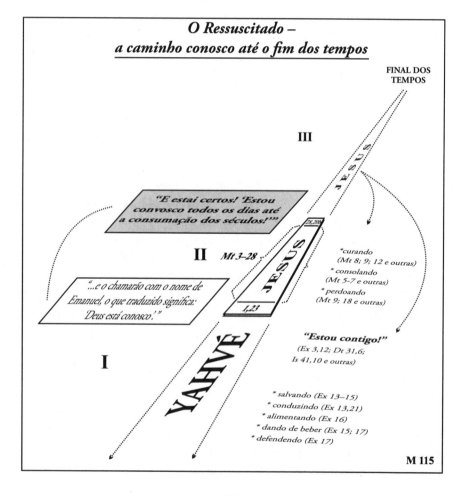

Se o Jesus do Evangelho de Mateus se despede dos Onze "sobre o monte na Galileia" com a promessa de *estar aí até o fim do mundo*, então para o leitor versado em Bíblia ressoa aí um duplo pano de fundo. À pergunta pelo como da presença afiançada nesse futuro, temporalmente infinito e que está irrompendo, Mateus responde a partir do *Antigo Testamento* e a partir da *vida de Jesus* (cf. M 115: III).

Como Yahvé "esteve com" Israel *salvando, conduzindo, saciando fome e sede e defendo-o* e como Jesus "esteve com" seus contemporâneos *curando, consolando e perdoando-os*, da mesma forma o ressuscitado "estará com" sua comunidade até o fim dos tempos. Como Mateus não fala de qualquer *despedida do ressuscitado*, sua palavra ecoa com mais força para dentro de qualquer espaço e tempo. Para além de sua vida terrena, Jesus é o "Emanuel", o Deus-conosco. A comunidade de fé experimentará através dele, também após a sua morte, a *presença auxiliadora e graciosa* de Yahvé.

Fontes: Frankemölle. *Matthäus II*, p. 537-560; Gnilka. *Matthäus II*, p. 501-512; H. Kessler. "Auferstehung Christi. II Theologiegeschichtlich; III Systematisch--theologisch". In: *LThK* 1 (1993), col. 1182-1190; W. Grundmann. *Matthäus*, p. 572-580.

Relevância atual: com "força de comprovação" para pessoas com os "olhos do coração" iluminados (Ef 1,18).

Poderão nos auxiliar as duas promessas do ressuscitado, a *do espírito* e a *de sua companhia*, ainda hoje em nossa fé pascal?

Sim, contudo só a pessoas que contemplam o mundo e sua história com os "olhos do coração" (Ef 1,18), que sabidamente têm um alcance mais profundo do que os olhos da razão. O Espírito do Deus e o ressuscitado não podem ser localizados por meio de sondas, muito menos têm seu efeito mensurado por algum instrumento. E isso não vem de hoje! O salmista anônimo do Sl 139 confessa tomado de admiração e perplexidade: "Quão insondáveis são para mim, ó Deus, teus planos! E como é grande a soma deles!" (v. 17). Ninguém participou do planejamento do mundo, consequentemente ninguém poderá perscrutar sua história. Um pressentimento de admiração de quando em vez toma conta daquele que visualiza o curso deste mundo como que através de um buraco de fechadura (cf. M 116).

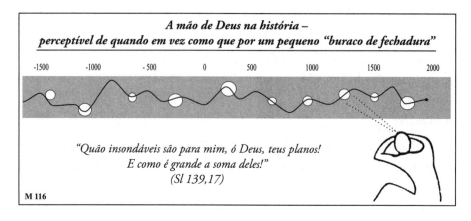

*A mão de Deus na história –
perceptível de quando em vez como que por um pequeno "buraco de fechadura"*

"Quão insondáveis são para mim, ó Deus, teus planos!
E como é grande a soma deles!"
(Sl 139,17)

M 116

A feição de uma história interpretada a partir da perspectiva de Deus pode ser vista nos livros do Antigo Testamento, especialmente também nas genealogias apresentadas por Mateus e Lucas (Mt 1,1-18; Lc 3,23-38; cf. Bösen, p. 34-43.200s). Ninguém ousaria analisar os últimos 2000 anos como história dirigida por Deus, apesar de que nessa "curvatura febril" de 2000 anos possam ser percebidos altos e baixos com a mão de Deus intervindo. Em um século marcado por quedas espetaculares de impérios, sistemas e ideologias, a *Igreja*, como administradora da herança jesuânica, merece mais que ser considerada, apesar de diversas "rachaduras" e em seus "muros".

Seu início no Gólgota há 2000 anos, podendo ser descrito por historiadores, é mais que espetacular (cf. M 117: lado esquerdo). No madeiro ignominioso de uma cruz, no dia 7 de abril do ano 30 d.C., condenado como criminoso pelo procurador romano Pilatos, morre Jesus de Nazaré, um pregador itinerante controvertido, também reverenciado por muitos como profeta. Naquela hora, seus discípulos e amigos, escolhidos cuidadosamente por ele, encontravam-se em fuga para Galileia, tentando salvar sua própria pele. Umas poucas mulheres da Galileia, algumas doentes e sem recursos, todas tomadas de medo e oprimidas pela dor por causa do seu amado guia e mestre, mantinham-se à distância, prescrita pela lei romana. Nos escritórios de concurso para publicação de obras em Londres, se existissem naquele tempo, nenhum dos livreiros apostaria um centavo sequer no "empreendimento Jesus": a situação inicial era por demais comprometedora e sombria, sua garantia de sucesso era baixa demais.

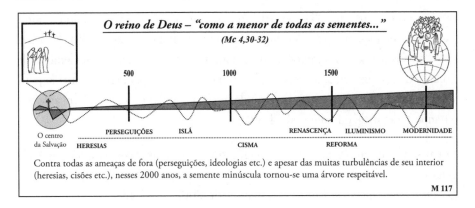

Contra todas as ameaças de fora (perseguições, ideologias etc.) e apesar das muitas turbulências de seu interior (heresias, cisões etc.), nesses 2000 anos, a semente minúscula tornou-se uma árvore respeitável.

M 117

Após 2000 anos, oferece-se a nós um quadro tremendamente modificado (cf. M 117: lado direito). Às mulheres amedrontadas no Gólgota, contrapõe-se um globo terrestre em que vivem milhares de pessoas, distribuídas em cinco continentes, marcadas pelo "estigma de Cristo". Apesar de que os registros dos membros das Igrejas contenham inúmeros inativos, ainda assim pode-se falar de sucesso do "empreendimento". *Ameaças consideráveis provenientes de fora* (cf. perseguições, islã, renascença, iluminismo, comunismo e modernidade e outras mais) e igualmente *dificuldades no interior* (cf. heresias como a gnose, cismas, cruzadas e tentativas de reformas e outras mais) não puderam impedir um crescimento continuado. Em 2000 anos de história da Igreja, comprovou-se a verdade da parábola do grão de mostarda, com a qual Jesus procurou encorajar seus discípulos, aparentemente desanimados (cf. Mc 4,30-32). De um grão de semente minúsculo, "sendo a menor de todas as sementes" (v. 31) formou-se uma "árvore" respeitável, em cuja rica "ramificação" muitas pessoas encontraram sua casa espiritual.

Para quem crê em Jesus e nas suas promessas, esse olhar sobre 2000 anos de história da Igreja é, sem dúvida, de ajuda. A partir da retrospectiva percebemos com maior clareza que os evangelistas: sem a *presença auxiliadora do ressuscitado* e sem *a poderosa atuação do Espírito Santo*, o Evangelho não teria qualquer chance de sobrevivência. Jesus acompanha a Igreja e seu povo através da história até o fim dos tempos, trajando muitas vezes a "vestimenta de peregrino" (GL 249,4), sem chamar a atenção e sem ser reconhecido como no caminho a Emaús.

Essa certeza dá coragem em tempos como os nossos, em que a Igreja luta com "águas revoltas". Uma freira da ordem de santa Clara conta que, após uma reportagem na televisão que a deixou desanimada, foi ao jardim do convento para refletir sobre o que vira. "De repente eu acreditei ouvir uma voz dizendo a mim: 'Não te preocupes com isso, eu também estou aí ainda'" (Bots, p. 39). Isso soa como uma promessa "Eu também estou aí ainda!" e, em última análise lembra Mt 28,20 (cf. "eis que estou convosco...!"), faz o efeito de um pequeno empurrão para voltar a olhar para aquele que, da proa do navio, pode dar ordens, poderosamente, à tempestade, e ele o fará (cf. Mc 4,39).

Fontes: W. Bösen. *Bethlehem*, p. 34-43, 200s; Ch. Bots. "Nichts in deiser Welt gehört mir, es ist alles nur geliehen". In: L. Fijen (ed.). *Wie werde ich glücklich? Lebensweisheit aus dem Kloster*. Freiburg i. Br. 2003, p. 37-43.

7. O testemunho de discípulas e discípulos

O testemunho das *primeiras testemunhas* desempenha uma função relevante. Elas o viram e o encontraram e com ele falaram. Quão confiável, pois, é seu testemunho? Tem como dar crédito a elas? Não estariam tomadas por fantasias patológicas? Todo questionamento crítico terá de partir forçosamente da *confiabilidade das testemunhas*. A fé pascal ganha confiabilidade a partir de sua integridade, autenticidade e idoneidade.

7.1 Um testemunho crítico

O testemunho de discípulas e discípulos é tudo menos algo *acrítico* e *leviano*. A despeito de todas as intervenções redacionais, as narrativas pascais nos evangelhos conservaram pegadas inequívocas de questionamento crítico e de busca cuidadosa.

7.1.1 Ainda duvidando chegam à fé no ressuscitado

"Quando ouvimos alguém afirmar a 'ressurreição', então nosso ser interior, por assim dizer, bate à porta, e da imagem da pessoa tomada por essa notícia parece nascer de repente uma figura mítica com feição de fantasma" (Thielicke, p. 170). É assim hoje, e já o foi 2000 anos atrás. Deparamo-nos com *dúvidas* em vários textos pascais; houve *dúvida* na fé pascal desde o princípio do cristianismo primitivo.

1) Ao mostrar-se aos onze discípulos reunidos no monte na Galileia, eles prostraram-se em adoração (gr. *proskýnesan*) diante do ressuscitado; "alguns, porém, duvidaram (gr. *edistasan*)" (Mt 28,17).

2) O ressuscitado pergunta aos discípulos reunidos na noite do domingo da Páscoa: "Por que estais perturbados e por que surgem tais *dúvidas* (gr. *dialogismoí*) em vossos corações?" (Lc 24,38). Mesmo após ter mostrado suas mãos e seus pés e após ter solicitado que o tocasse, "por causa da alegria, não podiam acreditar ainda..." (Lc 24,41). Com vistas a sua comunidade extremamente crítica, Lucas caracteriza os discípulos como céticos obstinados, que não se deixam convencer tão facilmente (cf. M 73).

3) João, o último dos quatro evangelistas, dá à *dúvida* de sua comunidade um rosto concreto, e vivo até o dia de hoje, na pessoa do Tomé "incrédulo" (Jo 20,24-29). Através dessa cena que "se torna o ponto alto de toda a história da aparição" (Wilkens, p. 54), João confronta seus leitores (e a nós também) com a "dura" realidade de que terão de se arranjar sem "ver" o ressuscitado, isto é, sem aparição e túmulo vazio. Ao observar-se o culto dominical transparecendo através da narrativa (cf. v. 26: "oito dias depois..."), poder-se-á ver no indício discreto à eucaristia o lugar onde experimentar a presença do ressuscitado.

O *tema da dúvida* é "mais do que constante" (Gubler, p. 33) em quase todos os relatos pascais, como o demonstra uma visão de conjunto. Sim, a partir de uma listagem observa-se como na tradição ele ganha cada vez mais espaço – ainda timidamente em *Mateus*, fortemente destacado por *Lucas* e até personalizado por *João*. Não somos, pois, os primeiros a ter problemas com a ressurreição de Jesus; a dúvida cresce com o fator distanciamento do evento pascal. Não é de se admirar que um mundo totalmente diferente, como é o nosso, vivendo com uma visão atrofiada em relação ao ser humano, esteja celebrando triunfos!

Talvez nos console o pensamento de que *dúvida e fé* estão muito próximos e gostam de ser chamados "irmãos gêmeos". Nada é mais ameaçador à fé do que a segurança. Um jogo de palavras de Erich Fried recomenda: "Não duvides daquele que diz ter medo, mas tenha medo daquele que diz não conhecer quaisquer dúvidas". Para Thielicke, a dúvida é "um envelope ocultando mensagens divinas" (p. 181). Não deveríamos colocar de lado esse envelope temido, mas abri-lo com coragem. Quem faz perguntas ainda duvidando mostra com isso que está em busca e está disposto a debater-se com o assunto. Dúvidas são sinais de vivacidade e profundidade. "Não é de se admirar que no contexto da fé na ressurreição se fale de 'dúvida'. Admirável seria o contrário, se não devessem surgir dúvidas" (Blank, p. 183).

7.1.2 Céticos mesmo diante do testemunho de várias discípulas extremamente fiéis

As *mulheres* retornam à cidade relatando "aos Onze e aos demais discípulos" (Lc 24,9) a descoberta do túmulo vazio e o encontro com os dois anjos. Os *apóstolos*, no entanto, consideram tudo conversa fiada e não lhes dão crédito (Lc 24,11). *Modificações* evidentes feitas por Lucas no texto base marcano (cf. Mc 16,1-8) chamam a atenção e exigem um exame mais cuidadoso.

Surpreendente é, por exemplo, ver o terceiro evangelista transferir conscientemente os nomes das três mulheres (Maria de Magdala, Joana e Maria, mãe de Tiago) do v. 1 (cf. Mc 16,1, par. Mt/Jo) *para o fim*, v. 10 (cf. M 118: centro), *ampliando-os* com a menção aos "demais". O resultado é um *círculo bem mais amplo* (cf. *Mc*: três mulheres; *Mt*: duas mulheres; *Jo*: apenas Maria de Magdala), constituído parcialmente de mulheres da Galileia, *discípulas conhecidas nominalmente* e reconhecidamente *fiéis* (cf. Lc 8,2s; 23,49.55; cf. M 118: lado esquerdo).

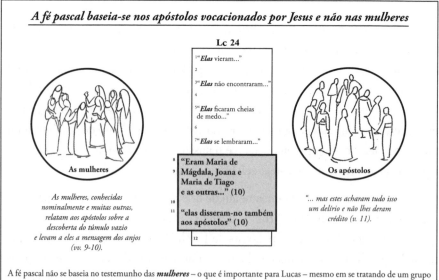

Não é coincidência que a esse grupo importante de mulheres em Lucas esteja contraposto o dos *apóstolos* no v. 10 (cf. M 118: lado direito). O conceito apóstolo é algo característico para o terceiro evangelista (cf. Bösen, p. 16ss). Diferentemente de Mt (cf. 10,2), Mc (6,30) e Jo (13,16), o termo ocorre 34 vezes (no Evangelho: 6 vezes; em Atos dos Apóstolos: 28 vezes); em cinco ou seis dessas referências, provavelmente o próprio evangelista introduziu o tema (cf. Lc 6,13; 11,49; 17,5; 22,14; 24,10). "Nenhum outro autor do Novo Testamento promoveu tanto a ideia do apostolado dos Doze como Lucas" (Schneider, p. 146). Para ele "apóstolos" designam um *grupo definido de doze eleitos*, vocacionados por Jesus após uma noite inteira de oração em um monte na Galileia (Lc 6,12-16). Distinguem-se dos demais por terem estado com Jesus desde a primeira hora, tornando-se assim as testemunhas oculares especiais (cf. At 1,22).

Ao relato feito pelo grupo de *discípulas* conhecidas e fiéis, liderado por Maria de Magdala (cf. M 66), os *apóstolos* reagem de forma curta e breve: "e *não lhes deram crédito!*" (Lc 24,11). A notícia da descoberta do túmulo vazio e do encontro com os anjos eles rejeitam como *"lêros"* (bobagem) (Bauer; um *hapaxlegomenon*, que se encontra somente aqui).

Com isso fica patente esse acento relevante colocado por Lucas: apesar de a *origem* das mulheres, seu *número*, sua *fidelidade a Jesus* as qualificarem como testemunhas confiáveis, os apóstolos, como autoridades da comunidade primitiva, não as aceitaram como testemunhas pascais. Com isso tornam-se dependentes do espírito reinante em sua época, uma vez que mulheres eram consideradas não confiáveis (cf. Josefo Ant IV 8,15; Ap II 24).

> *Síntese:* Essa visão geral sobre o tema da dúvida nos evangelhos e o pano de fundo da redação do terceiro evangelista em Lc 24,9-11 são suficientes para demonstrar que os responsáveis pela liderança na comunidade *primtiva* não trataram a mensagem da ressurreição com leviandade. No caminho à *fé no ressuscitado*, as primeiras testemunhas, bem como as pessoas por elas conquistadas, tinham de superar fases sombrias da dúvida. Na questão tão relevante como a da *testemunha* procedia-se de forma extremamente crítica e cautelosa; Lucas, escrevendo entre os anos 80 e 90 d.C., é um exemplo disso.

Fontes: H. Thielicke. *Ich glaube*, p. 170-182; U. Wilkens. *Auferstehung*, p. 50-55; M.-L. Gubler. *Stein*, p. 33; J. Blank. *Johannes 4/3*, p. 182-189; W. Bösen. *Jesusmahl. Eucharistisches Mahl. Edzeitmahl. Ein Beitraga zur Theologie des Lukas* (SBS 97), Stuttgart, 1980, p. 16ss; G. Schneider. *Lukas I*, p. 144-148 (Lit.).

7.2 Testemunho existencial, isto é, confirmado pela própria vida

Como foi visto anteriormente, o encontro com o ressuscitado exerceu um efeito "abalador" (cf. M 75), e não durou apenas algumas horas ou alguns dias! A conversão durou por uma vida inteira e não havia mais como reverter. O melhor exemplo disso é Paulo (cf. Eckert, p. 1494-1498; WUB 20).

Entre a sua conversão no ano 33/34 d.C., diante da cidade de Damasco, e sua morte como mártir em Roma no ano 64 d.C., estende-se uma vida admirável a serviço da mensagem daquele que se mostrara a ele (cf. em M 119 a aparição do ressuscitado em meio a sua vida, tornando-se fonte de energia para os 30 anos subsequentes).

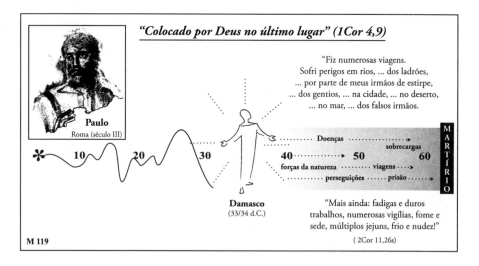

Ele preenche isso com detalhes nos chamados "catálogos de sofrimentos" ou "catálogos de *perístases*", uma espécie de lista com palavras-chaves que descrevem os perigos, as fadigas e ameaças sofridos em três décadas (cf. Rm 8,35-39; 1Cor 4,9-13; 1Cor 4,8-12; 6,4-10; 11,32s).

Citando apenas dois textos marcantes: "Na verdade, parece-me que Deus nos expôs, a nós, apóstolos, *em último lugar*, como condenados à morte [...] Até o momento presente ainda sofremos fome, sede e nudez; somos maltratados, não temos morada certa [...] Somos caluniados [...]; somos amaldiçoados [...]; somos perseguidos [...]; somos caluniados [...] Até o presente somos considerados como o lixo do mundo, a escória do universo" (1Cor 4,9.11-13).

Esta composição de sofrimentos e perigos de 2Cor soa como um grito de desespero: "Dos judeus recebi cinco vezes os quarenta golpes menos um. Três vezes fui flagelado. Uma vez apedrejado. Três vezes naufraguei. Passei um dia e uma noite em alto-mar. Fiz numerosas viagens. Sofri perigos nos rios, perigos dos ladrões, perigos por parte dos meus irmãos de estirpe, perigos dos gentios, perigos na cidade, perigos no deserto, perigos no mar, perigos dos falsos irmãos! Mais ainda: fadigas e duros trabalhos, numerosas vigílias, fome e sede, múltiplos jejuns, frio e nudez! E isto sem contar: a minha preocupação cotidiana, a solicitude que tenho por todas as Igrejas!" (2Cor 11,24-28). Segundo a tradição da Igreja antiga, essa vida tão cheia de sofrimentos, privações e fadigas atinge seu ápice no martírio sob o imperador Nero (cf. 1Clemente 5,7).

Se é verdade que "um testemunho vale tanto quanto a testemunha" (Frossard, p. 146), então o testemunho de Paulo é convincente, especialmente por não basear-se apenas em argumentos racionais, mas porque vem sinalizado com o melhor dos "atestados de autenticidade", isto é, ele vem acompanhado de uma longa vida cheia de fadigas a serviço do ressuscitado.

O que vale para Paulo, também serve para Pedro, Tiago, o irmão do Senhor, e muitos outros discípulos, porque não podiam deixar de falar daquilo que *ouviram e viram* (cf. At 4,20), sofrendo sanções que chegavam até o martírio; não há um preço mais caro do que pagar com a própria vida.

Fontes: J. Eckert. "Paulus, Apostel". In: *LThK* 7 (1998), col. 1494-1498) (Lit.); Idem. *Paulus. Ein unbequemer Apostel.* WUB 20, Stuttgart, 2001; A. Frossard. *Gott existiert. Ich bin ihm begegnet.* Freiburg i. Br. 1972, p. 146.

Relevância atual: auxilia!

Apesar de todas as intervenções de ordem pastoral e apologética dos evangelistas, os textos pascais revelam que os responsáveis pela liderança na comunidade primitiva pós-pascal de forma alguma são "pessoas de crença fácil, agarrando-se a todo e qualquer fio de esperança" (Gubler, p. 3) e dando crédito a notícias duvidosas. Muito ao contrário, essas histórias descrevem-nas como pessoas *altamente críticas e cautelosas, como pessoas céticas e cheias de dúvidas*, que precisaram de um enorme "empurrão" do Espírito para encontrar coragem, colocando-se diante da multidão e surpreendendo-a com a mensagem: "Jesus de Nazaré, morto na cruz, vive e exerce domínio!".

A percepção disso ainda hoje infunde coragem, pois nos mostra que as *testemunhas pascais da primeira hora* não estão tão distantes de nós, que lamentamos o espaço de tempo que nos separa do tempo de Jesus. De tudo o que se pode depreender das entrelinhas dos textos, teremos de nos precaver de taxá-las como pessoas ingênuas e levianas em questão de fé, acreditando que nós, sim, somos pessoas críticas e cautelosas. Mesmo que 2000 anos nos separem delas, sentimo-nos unidas a elas por uma cautela e um ceticismo idênticos. A exigência de verificação, como o quarto evangelista a coloca na boca do cético Tomé (cf. Jo 20,25), continua viva em cada um de nós. "É grande o grupo dos céticos e supercríticos, exigindo para as verdades sustentadoras da vida o mesmo tipo de provas exatas, existentes no universo dos instrumentos de medição e de experimentos, de laboratórios, de calculadoras e computadores – como se pudéssemos contemplar o céu estrelado com uma lupa para examinar selos" (Stecher, p. 61). O cético Tomé é um personagem atemporal.

Por tratar-se de um testemunho genuíno, comparável ao ouro puro, o depoimento de discípulas e discípulos não ficou sem dar fruto. Como uma "árvore" boa, ele foi transplantando pelo tempo, produzindo, a partir de muitos outros testemunhos, uma "ramificação" ampla, chegando até a atualidade (cf. M 120, em que, a exemplo de Paulo, aponta-se para o crescimento da corrente de testemunhas em apenas 200 anos). Em 2000 anos inúmeras pessoas seguiram o exemplo das primeiras testemunhas e confirmaram as experiências delas com o ressuscitado mediante uma vida conforme o Evangelho, não raras vezes até através do martírio.

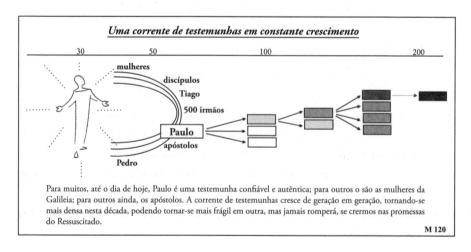

Para muitos, até o dia de hoje, Paulo é uma testemunha confiável e autêntica; para outros o são as mulheres da Galileia; para outros ainda, os apóstolos. A corrente de testemunhas cresce de geração em geração, tornando-se mais densa nesta década, podendo tornar-se mais frágil em outra, mas jamais romperá, se crermos nas promessas do Ressuscitado.

M 120

Encontramo-nos, hoje, diante de uma "árvore de testemunhas" constituída de milhares e milhares de integrantes, tendo seus inícios com aqueles homens e mulheres da comunidade primitiva, mencionados naqueles textos neotestamentários. Quem hoje recusa a mensagem pascal com o argumento de um testemunho insuficiente, põe em dúvida a confiabilidade de um "exército" de pessoas a perder de vista, distribuído por todos os tempos e presente em todas as raças, que se empenhou seriamente por uma vida no seguimento a Jesus.

Fontes: Gubler. *Auferweckt*, p. 2-7; Stecher. *Singen*, p. 61.

8. Mudanças históricas relevantes

"A Igreja dos primórdios conseguiu substituir antigas tradições, profundamente radicadas na consciência do povo judeu, por novas. A força para tanto deriva da experiência pascal; a ressurreição de Jesus tornou-se o motor para promover mudanças portadoras de história", como o formula um pregador americano (McDowell, p. 143s).

O que há de consistente nessa afirmação que procura conectar a Páscoa a inovações culturais e sociais? É possível verificar "intervenções" no legado da tradição judaica por parte da Igreja dos primórdios, que podem ser fundamentadas a partir da ressurreição? O raciocínio parece consequente. Se Páscoa, realmente, foi *o* evento fundamental, transformador da realidade do mundo, como exposto acima, então ela não teve apenas consequências *intracomunitárias*, mas deixou também vestígios *sociais*. Aqui o historiador é solicitado a levar em conta o tempo anterior e posterior à Páscoa e buscar mudanças ocorridas. Com base em dois exemplos, quer se mostrar que a afirmação do pregador americano tem algo de verdade.

8.1 A troca do sábado sagrado pela antiga "segunda-feira"

O *shabbat* é presente enorme do judaísmo ao mundo; esse dia de descanso semanal para humanos e animais, tanto para quem era natural do país quanto para o estrangeiro, já estava em vigor séculos antes da era comum (cf. Haag; Dohmen, p. 43-47). Para o judeu piedoso, ele foi proclamado pelo próprio Deus no Sinai como mandamento (cf. Ex 20,8; Dt 5,12), impregnando-se na consciência de todo um povo como instituição intocável (cf. M 121: lado esquerdo). No judaísmo do século

II a.C., diante da ameaça extrema do dominador helenístico Antíoco IV Epífanes (cf. M 40), houve quem preferisse a morte, sem qualquer resistência, a transgredir o sábado sagrado (cf. 1Mc 2,29-38). Na *transição para a era comum*, o mandamento do sábado já perde um pouco do seu vigor, mas ainda representava uma fortaleza inviolável entre as leis, cuja integralidade era assegurada por inúmeras prescrições. Aliás, o conflito de Jesus com seus adversários (cf. Mc 2,1-3,6 par; Lc 14,1-6; Jo 5,1-30; 7, 21-24; 9,16) não toca "no sábado como instituição, mas na sua interpretação como dia de descanso" (Haag, p. 1403). Sua máxima – o sábado está aí para o ser humano e não o contrário, o ser humano em função do sábado (cf. Mc 2,27) – não tem como objetivo o desvio do mandamento, mas a recuperação da intenção original por parte de Deus. Para o judeu piedoso vale até hoje: talvez o mandamento deva ser interpretado, jamais poderá ser transgredido.

Em meados do século I d.C. acontece algo praticamente inconcebível: um grupo pequeno, constituído de mulheres e homens, sem uma educação formal, oriundo da Galileia, modifica de tal maneira o calendário, praticado há séculos, a ponto de trocar o sétimo dia santificado por Deus pelo dia mais profano da semana, a antiga "segunda-feira" (cf. M 121: lado direito).

1) Paulo recomenda à comunidade de Corinto, em torno do ano 50 d.C., *sempre no primeiro dia da semana,* pôr de lado algo para os pobres da comunidade primitiva em Jerusalém (cf. 1Cor 16,2).

2) Lucas relata em At 20,7 que a comunidade da Ásia Menor, Trôade, se reunia *no primeiro dia da semana,* para "a fração do pão", isto é, para celebrar a ceia eucarística (ver adiante).

3) O relato joanino das duas reuniões dos apóstolos em Jo 20,19 *no primeiro dia da semana* e em Jo 20,26 *oito dias após,* apoia-se claramente em uma prática litúrgica no domingo cristão (cf. Schnackenburg, p. 393s).

4) A vocação do visionário de Patmos ocorre, curiosamente, no *dia do Senhor* (Ap 1,10). O "dia do Senhor" equivale ao domingo "no qual nossa vida se ergueu (isto é, da sepultura)" (Ignácio Magno 9,1, aprox. 110 d.C.).

Os textos cobrem um espaço de tempo que se estende por 50 anos. Isso significa concretamente: a troca do sábado pelo domingo ocorreu aos poucos e lentamente, provavelmente somente após muitas e intensas discussões; talvez no início ainda mantinha-se um após o outro e ao lado do outro. Mesmo assim vale: a mudança para muitos seguramente foi violenta e bem dolorosa, uma vez que o sábado era "a prova da piedade e da identidade judaicas" (Becker, p. 1403).

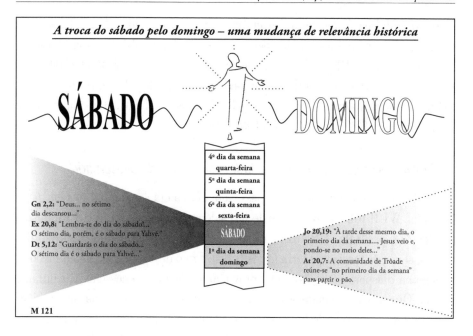

O que dá aos responsáveis pela liderança essa coragem de intervir em um costume tão antigo? Certamente não foi a vontade de documentar um novo começo, marcando assim exteriormente sua delimitação em relação ao judaísmo! Tal fundamentação teria sido fraca demais e não seria aceita pelos adeptos. O que em última análise impulsionou a troca está contido na indicação cronológica *no primeiro dia da semana* (Mc 16,1s. par.; Jo 20,1): "No primeiro dia da semana" (Mc 16,1s. par.; Jo 20,1) as mulheres descobriram o túmulo vazio, "no primeiro dia da semana" o ressuscitado mostra-se como vivo a mulheres e homens e revestido do fulgor celestial (cf. M 121: centro, parte superior) e ceia com eles (cf. Jo 20,19.26; At 1,4; 10,41). Em resumo: somente o fato da vitória de Jesus sobre a morte e o diabo iniciar um novo tempo para o mundo, isto é, o prometido fim dos tempos, enche de coragem os Onze, liderados por Pedro, para elevar o primeiro dia da semana como dia festivo semanal.

Síntese: A troca do *shabbat* pelo domingo é algo sensacional, podendo ser explicada de forma plausível unicamente a partir da *ressurreição de Jesus*, isto é, com as experiências "abaladoras" ocorridas nos *encontros com o ressuscitado* e na *descoberta do túmulo vazio*.

Fontes: J. McDowell. *Die tatsache der Auferstehung.* Bielefeld, 1993; E. Haag. *Vom Sabbat zum Sonntag.* Eine Bibeltheologische Studie. Trier, 1991; E. Haag. "Sabbat". I. Altes Testament; III Neues Testament. In: *LThK* 8 (1999), col. 1041-1404 (Lit.); Chr. Dohmen. "Der siebte Tal soll ein Sabbat sein". In: *WUB* 17 (2000) p. 43-47; Schnackenburg. *Johannes III*, p. 393s; H.-J. Becker. "Sabbat". II. Frühjudentum; IV Judentum. *LThK* 8 (1999), col. 1403, 1404 (Lit.).

8.2 O culto totalmente diferente: comunhão de mesa em lugar de culto sacrificial

O coração do povo judeu na passagem para a era comum pulsava em *Jerusalém* (cf. WUB 16), mas o coração de Jerusalém era o *templo* (cf. WUB 13; Bösen. *Letzter Tag,* p. 89-96. 178-181). Era lá que Yahvé estava em casa, no santo dos santos, seus pés tocavam a terra (cf. Is 6,1ss). Era o desejo de todo judeu piedoso, mesmo na diáspora mais distante, aproximar-se dele ao menos uma vez durante a vida. Quem tivesse condições na circunvizinhança como Galileia, nas regiões além do Jordão e no sul de Judá viajava à cidade santa, ao menos uma vez por ano, numa das três festas de peregrinação (cf. Bösen. *Galiläa*, p. 247-261). "Alegrei-me quando me disseram: 'Vamos à casa do Senhor'..." soa o júbilo de um salmista desconhecido (Sl 122,1; cf. Keel, p. 16-21).

Tendo chegado a Jerusalém, o primeiro caminho do peregrino o levava ao templo e ainda diretamente ao interior do santuário (gr. *naós*), separado por uma barreira e acessível apenas a judeus. Enquanto as mulheres tinham de permanecer no "antepátio das mulheres", os homens tinham acesso livre ao "antepátio dos israelitas", estendendo-se como faixa estreita diretamente diante dos locais de abate e do altar do holocausto (cf. GBL III 1538). A partir daí podiam participar bem perto do culto do templo, o ponto alto absoluto de qualquer peregrinação à cidade santa (cf. Maier, p. 233-235). Uma equipe constituída de 300 sacerdotes e 400 levitas (cf. Maier 232s) alternavam-se semanalmente, cuidando do desenrolar festivo da liturgia, ao qual pertencia antes de tudo a *sacrifício* de bois, ovelhas, cabras e pombos (cf. Maier, p. 228-231). Juntavam-se aos sacrifícios prescritos para as festas os não programados, as ofertas não oficiais e privadas, de aproximadamente 500 mil peregrinos que anualmente visitavam a cidade. Mediante o sacrifício de animais, *agradecia-se* a Deus, *pedia-se* sua ajuda e *expiava-se* culpa e pecado. Nenhuma oração acontecia sem uma oferta! Toda ação de graça, toda petição, toda expiação obedecia a uma prescrição de um catálogo de leis. Aquilo que a Carta aos

Hebreus escreve sobre purificação e perdão que "quase todas as coisas se purificam com sangue; e sem efusão de sangue não há remissão" (cf. Hb 9,22), vale da mesma maneira para a ação de graças e a petição (cf. M 122: lado esquerdo). O fogo sobre o imponente altar do holocausto, de vários metros de altura, nunca se extinguia, nem mesmo durante a noite; um constante cheiro de carne queimada sentia-se na cidade.

Após a Páscoa ainda encontramos os discípulos de Jesus no templo (cf. At 2,46), mas não mais no culto sacrificial junto ao altar do holocausto, o centro do culto do templo, mas os encontramos em oração (cf. Schenke, p. 157-164; Vögtle, p. 33). Seu culto, entrementes, ganhara nova feição (cf. Vögtle, p. 36-39); tornara-se doméstico, isto é, ocorria provavelmente em diferentes casas e de forma alternada (cf. At 2,46). À noite havia reuniões em torno do chamado "partir do pão" (cf. Lc 24,30.35; At 2,42.46; 20,7). O "partir do pão" descreve toda a ceia, para a qual Jesus tanto convidara durante sua atuação (cf. Mc 2,13s; Lc 7,36ss; 11,37ss; 14,1ss e outras) e ainda na noite antes de sua morte pedira aos Doze que a continuassem promovendo (cf. Bösen. *Letzter Tag,* p. 100-121). Aqui, sob as dádivas de pão e vinho, ele queria estar presente e dar aos convivas da ceia participação na reconciliação efetuada por sua morte e, com isso, conceder-lhes a salvação do fim dos tempos. Conforme At 2,46, a celebração acontecia "com alegria e simplicidade de coração", o que não deve ser entendido como prática de excessos. O clima reinante era de contentamento e alegria escatológicos (cf. M 122: lado direito).

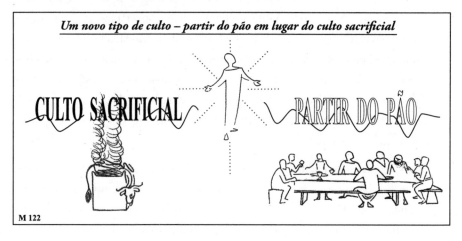

O "partir do pão" – um *novo tipo* de culto a Deus que não somente exteriormente nada tinha em comum com o culto sacrificial! O que dava essa coragem à comunidade de discípulos de romper com uma tradição tão profundamente radicada e ousar algo radicalmente novo? Seguramente a *prática da ceia* e também a *última ceia* desempenharam um papel nas reflexões que motivaram a mudança, mas isso só *a posteriori*. O fator decisivo, no entanto, que desencadeou a discussão e que avivou de novo o agir de Jesus foram os *encontros pós-pascais com o ressuscitado na ceia* (cf. Lc 24,13-35; Jo 21,1-14; At 1,4; 10,41). Sem as *aparições* (cf. M 122: centro), a comunhão de mesa do Jesus terreno não passariam de belas lembranças, apesar do clima *sui generis* e carga escatológica reinantes. Somente a ceia comum com o *ressuscitado* em Emaús (Lc 24,30), no cenáculo de Jerusalém (At 1,4) e no lago de Tiberíades (Jo 21,13) proporcionaram o necessário impulso para o novo início.

Fontes: "Fascination Jerusalem" (*WUB* 16). Stuttgart, 1999; "Der Tempel von Jerusalem" (*WUB* 13). Stuttgart, 1999 (Lit.); W. Bösen. *Letzter Tag*, p. 89-96. 100-121. 178-181; W. Bösen. *Galiläa*, p. 247-261; O. Keel. "Kommt wir ziehen hinauf zum Berg des Herrn". In: *WUB* 33 (2004), p. 16-21; GBL III 1538; J. Maier. *Zwischen den Testamenten*. Geschichte und Religion in der Zeit des Zweiten Tempels. Würtzburg, 1990, p. 218-235; Schenke. *Urgemeinde*, p. 157-164; Vögtle. *Dynamik*, p. 33. 35-39.

Relevância atual: dificilmente serve de ajuda

A *troca do sábado pelo domingo* e a *reconfiguração do culto* significaram uma intervenção violenta especialmente para judeus convertidos, profundamente radicados na sua tradição. Antes de participar dessa mudança, a ordem era examinar a fundamentação. O que afinal justificava tamanhas mudanças? Elucubrações, suposições e vaidades dificilmente convenceriam alguém. As ideias só teriam qualquer chance de concretização se seus autores dispusessem de um acontecimento "material" como fundamentação convincente. Uma *mudança expressiva* exigia um *"desencadeador" poderoso*!

Esse "desencadeador" foi a *ressurreição de Jesus*. Os encontros com o ressuscitado arrebataram os responsáveis pela liderança na comunidade primitiva, provocando transformação e mudança de rumo de 180 graus em suas vidas. Foi isso que lhes deu a coragem para considerar mudanças como a troca do sábado e a reconfiguração do culto. Sem a ressurreição de Jesus como evento "abalador" ninguém do grupo de discípulos ousaria tocar em "antigos costumes" (Ignácio Magno 9,1) da tradição judaica e trocá-los por novos.

Essa *relação de inovação e ressurreição de Jesus* era perceptível para convertidos no século I d.C.? Com certeza o era para judeus e também para pessoas familiarizadas com costumes judaicos, como "prosélitos" e "tementes a Deus"! Quem examinasse com atenção reconheceria na troca do sábado bem como no novo culto indícios discretos da *ressurreição de Jesus como um evento real, fundamental e provocador de mudanças no mundo.*

O que acontece conosco hoje? Os exemplos explicitados acima servem de ajuda para nós no caminho à fé pascal? Dificilmente! *Shabbat* e culto sacrificial são estranhos a nós e realidades distantes e que não nos causam qualquer tropeço.

IV. Balanço crítico e perspectivas

Perguntamos anteriormente se existem auxílios no caminho à fé na ressurreição de Jesus. Em oito capítulos examinamos textos bíblicos, fatos históricos e dados teológicos.

A pesquisa não foi fácil, pois o *método histórico-crítico* serviu-nos de "ferramenta", utilizada tanto por exegetas quanto por historiadores e especialistas em literatura. Num primeiro olhar esse método parece brutal e destruidor, decompondo textos, como com um bisturi de um cirurgião, em unidades minúsculas, para em seguida recompô-las novamente. Numa poesia interessa primeiramente sua estrutura, métrica e rítmica. Apenas *a posteriori* evidencia-se a importância de tais análises, possibilitando o acesso mais profundo à conexão maravilhosa existente entre a forma e o conteúdo.

Um efeito semelhante produz o método histórico-crítico na análise de textos bíblicos. Quem se defronta com ele pela primeira vez fica estarrecido. Textos "sagrados" são desmontados impiedosamente em pequeníssimas partes, questionados criticamente em todas as direções para, finalmente, após muitos trabalhos preliminares, apresentar seus enunciados. Àqueles que enxergam nesse método crítico um destruidor da fé seja dito que sua intenção não é "subtrair a ousadia da fé através do questionamento histórico e da combinação de dados históricos" (Blank, p. 148). Muito ao contrário, seu interesse reside, antes de mais nada, em permitir a "participação na ousadia da fé através da compreensão correta da mensagem pascal" (Blank, p. 148). A mensagem da ressurreição de Jesus vem a nós por meio de testemunhos antigos. Para Wilkens, "a compreensão de textos de tempos passados é a tarefa mais difícil que se coloca ao ato de compreender... Quem realmente quer compreender textos antigos, terá de procurar o caminho mais penoso e cheio de espinhos que conduz ao tempo presente daquelas produções literárias, que para nós pertence ao passado" (p. 75). Não há como renunciar ao método histórico-crítico em um tempo orientado pela razão como é o nosso.

A confissão de Paulo em 1Cor 14,15 reproduz o espírito da exegese moderna ao declarar: "*Orarei* com meu *espírito* (lat. S*piritus* / gr. *Pneûma)*, mas hei de orar também com a minha *inteligência* (lat.*mens* / gr. *noûs*). *Cantarei* com o meu *espírito*, mas cantarei também com a minha *inteligência*". 1900 anos mais tarde, Leonardo Boff escreve: "A fé não torna a razão supérflua. Se a fé quer ser verdadeira, ela deverá querer compreender aquilo que crê e não para pôr fim ao mistério, mas para poder vislumbrar suas reais dimensões e poder cantar, cheio de admiração, a graciosa lógica de Deus" (p. 20). As questões existentes entre ciência e fé nunca foram solucionadas ao desligar a razão.

Uma fé que não aguenta o ato de pensar não merece esse nome. "A fé quer compreender" (idem, p. 20).

1. Ficando ainda mais seguro no caminho ao "topo do monte da ressurreição"

O resultado de nossa pesquisa surpreende: de oito dados textuais, históricos e teológicos apenas seis ou menos ainda têm "poder de comprovação" (cf. M 123: n. 1-6). Uma *tradição* ampla e bem testemunhada (1), uma *prática* abaladora de uma tradição, completamente nova e secular ao mesmo tempo (2), um *testemunho* pago com sangue (3), um numeroso grupo das mais diferentes *testemunhas de aparição* (4) deveriam ser suficientes para convencer a pessoa com interesses em história. Quem crê na presença e no agir de Deus no mundo e em sua história não poderá passar ao largo das Escrituras do *Antigo Testamento* (5) e das *experiências* da comunidade primitiva (6) sem deixar de ficar impressionado. O *túmulo vazio* (7) e as *predições de Jesus* (8) por si só não servem como provas incontestes e dados seguros.

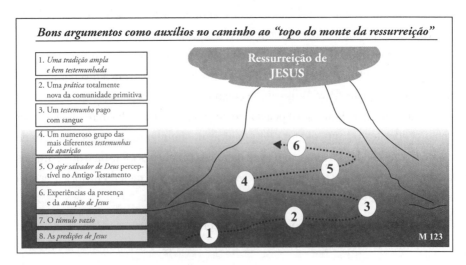

Olhando para trás, ficamos gratos por ter optado pelo caminho do método histórico-crítico para realizar nossa pesquisa. Chegando ao fim, pudemos constatar agora que nossa fé pascal baseada nos testemunhos neotestamentários é "intelectualmente honesta e responsável" (Weiser, p. 161), e que podem ser "mencionados fundamentos convincentes para essa fé" (Trilling, p. 160). Mesmo não podendo prová-lo no sentido da ciência natural, isso ainda não significa que devêssemos dar férias à nossa "razão domiciliar" (Stecher) e arriscar o salto no lago de águas escuras. Como veremos mais adiante, o "salto" no lago em que devemos nos atirar é indispensável, mas suas águas são tudo menos escuras e ameaçadoras, como o demonstraram as análises críticas e os questionamentos.

O caminho ao "topo do monte da ressurreição" segue em meio a uma "névoa espessa", mas que dá lugar à luz à medida que avançamos na escalada (cf. M 123). A ressurreição de Jesus de fato confronta o ser humano na modernidade com perguntas nada fáceis, mas trata-se de "dificuldades superáveis", segundo um teólogo bem crítico como Hans Küng (p. 415).

> *Síntese:* No caminho ao "topo do monte ressurreição" podemos nos apoiar em argumentos racionalmente bem fundamentados, que naturalmente não vão dirimir todas as dúvidas. "Deus não construiu para a sua verdade provocadora uma rodovia, que de forma elegante contornasse a grande cidade, evitando com isso o mar da dúvida e da resistência, do desprezo e da procura, da luta renhida e do debate. Sempre será difícil crer no Cristo ressuscitado num mundo marcado por dificuldades..." (Stecher, p. 40).

Fontes: Blank. *Johannes* 4/3, p. 148; Wilckens. Auferstehung, p. 75; L. Boff. "Die Erzählung von der Kindheit Jesu: Theologie oder Historie?". In: L. Hohn-Kemler (ed.). *Jesus von Nazaret. Für wen sollen wir ihn halten?* Freiburg i.Br. 1997, p. 17-25; Weiser. *Wunder,* p. 161; Trilling. *Fragen,* p. 160; Stecher. *Singen,* p. 26, 40; H. Küng. *Christ sein.* 6. ed. München, 1983, p. 415.

2. Convidado a outra aproximação

A análise crítica de oito fatos relacionados com o tema *levou-nos mais próximo do* "topo do monte da ressurreição", mas ele ainda continua distante! Temos como nos aproximar ainda mais dele? Sim, contudo, sem a ajuda da *razão*! Por mais importante que seja a análise *racional,* nesse caso ela não basta, necessitará ser complementada via "caminho do conhecimento" do *coração*! Do que o *coração* é capaz é delineado (1900 anos antes de Antoine de Saint-Exupéry) por Lucas na narrativa de Emaús (Lc 24,13-35), a mais longa e bela de todas as narrativas pascais do Novo Testamento (cf. M 124).

Ao partirem de Jerusalém (v. 13), a escuridão reinava no *coração* dos dois discípulos. Ambos ainda estavam em estado de choque por causa do Gólgota; decepção e desesperança tomaram conta deles (cf. M 124: partida).

Enquanto caminhavam cabisbaixos, conversando sobre os acontecimentos dos últimos dias (v. 14), Jesus se junta a eles sem ser notado (v. 15). "Seus *olhos,* porém, estavam impedidos de *reconhecê-lo*" (v.16). O luto e o desespero deixaram seu olhar turvo; o que se passa ao seu redor, eles nem percebem, mesmo tratando-se de um estranho. Aquela imagem do messias real, cumulado de esperança, de quem aguardavam a redenção de Israel (v. 21), desfez-se no ar, e com ela toda a esperança também se extinguiu (cf. M 124: vv. 14-24).

Quando o estranho que os acompanhava explica o acontecimento de Gólgota com o auxílio das Escrituras (vv. 25-27), seu *coração* começa a *"arder",* como iriam confessar posteriormente (v. 32). Pessoas tomadas pela paixão sabem o que isso significa. Um coração "ardente" não só bate mais depressa e intensamente, mas enxerga mais, porque é capaz de ver com mais profundidade. Como num vulcão coberto por lava queimada brota uma flor delicada, desafiando todas as evidências externas (cf. M. 124: lo topo).

Após a chegada na aldeia, os dois discípulos "insistem" (v. 29) para que a pessoa que os acompanhara fique com eles. A pessoa consente, pois está anoitecendo. Enquanto estão à mesa acontece o inesperado. O desconhecido toma o pão, abençoa-o, parte-o e o dá aos discípulos (v. 30). O que acontecia aí diante deles? Cléofas e seu companheiro ficam estupefatos. Não era assim que Jesus, seu mestre querido, agia durante as suas refeições? A ceia comum não é algo típico, *sua* marca registrada? "Então seus olhos *foram* abertos" (por Deus; observe-se o passivo divino) – e eles "reconhecem" no companheiro de caminhada a pessoa de Jesus, morto na cruz fazia poucos dias. Mesmo que não se mencione explicitamente o *coração* no contexto do "reconhecimento do ressuscitado" (v. 31), ele terá de ser pressuposto como o órgão decisivo que possibilita esse reconhecimento (cf. M 124: 2.º topo).

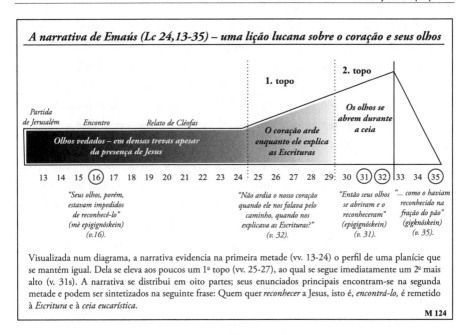

O *coração* é mais do que um músculo, cujo funcionamento nos garante a vida, como os antigos já o sabiam (cf. Sl 38,11; Is 1,5 e outras). Como o olho capta a luz e o ouvido os sons, assim o coração é *órgão que percebe o sentido*. Essa tradição o autor da Carta aos Efésios tem diante de si ao falar dos "olhos do coração" (Ef 1,18) como também Antoine de Saint-Exupéry com sua frase, que entrementes se tornou lugar-comum, de que só se enxerga bem com o *coração*. Enxergar um objeto, um tema ou um ser humano com o "olho do coração" como uma espécie de "terceiro olho" (H. Halbfas) significa fazê-lo a partir do núcleo de sua pessoa, do centro do eu, munido do olhar profundo. Quem enxerga com o coração, enxerga com mais profundidade, "reconhece" outra realidade por trás da superfície. Para quem enxerga com o coração, a rosa não representa apenas uma beleza singular com sua forma e seu perfume, mas é símbolo do amor. Do coração brotam bons pressentimentos e boas percepções e não somente sentimentos. A caracterização de uma pessoa como não tendo coração expressa mais do que dizer que não tem sentimento.

O ato de *ver com o coração* quer ser *exercitado*, uma vez que o caminho da cabeça ao coração é um caminho, sabidamente, difícil e enredado. Em nossos cursos superiores treinamos a razão, mas descuidamos do desenvolvimento do coração. Sobretudo teólogas e teólogos necessitam dessa *formação do coração* como complemento ao seu aprimoramento *intelectual*.

Contemplar a ressurreição de Jesus com o *coração* significa percebê-la na sua *integralidade, com todos os sentidos*. Alcançamos isso mais facilmente na *celebração litúrgica*. Velas, canto, incenso acompanhados da comunhão contribuem para que na noite da Páscoa o coração se eleve e entre num clima festivo. *Todo domingo* representa uma pequena Páscoa. Quem 52 vezes ao ano festeja conscientemente o domingo faz brotar lentamente um grão de semente e faz brilhar uma imagem. Helmut Thielicke, um teólogo com uma sensibilidade profunda para o que seja o poder da Páscoa, recomenda que o enunciado "ressuscitou dentre os mortos!" terá de se tornar a "carta magna" de minha vida; "ele teria que constar antes do meu nome na carteira de identidade, figurando como manchete de noticiário. Teria de se tornar efetivo e determinante por onde quer que eu circule (no laboratório, no escritório, na sala ou no quarto da minha casa). Se Jesus Cristo vive e exerce seu domínio, por exemplo, eu não poderia perder completamente a esperança. Minha ansiedade teria de se manter a uma distância mínima de três metros de mim..." (p. 171).

Contemplar a ressurreição *com os olhos do coração* significa imitar o filho do indiano na seguinte história:

> Juntamente com mais dois irmãos, ele fora enviado ao mundo distante por seu pai para demonstrar coragem, habilidade, esperteza e sabedoria. Depois de muitas semanas, ele retornava à aldeia como último dos três. Os aldeões curiosos, que se aproximaram dele, ficaram decepcionados. Não trouxe nenhum vestígio de uma enorme pena de águia, sinal de sua habilidade, com a qual o primeiro os surpreendera; nem vestígio da enorme porção de ouro que o segundo carregava nas costas. Contudo, não demorou para que percebessem que seu olhar refletia um brilho nada comum. Ao ser interrogado sobre o que lhe acontecera, começou a contar de como vira do topo do monte santo o sol nascente e o mar. Teriam sido tão belos e fascinantes que não conseguia desviar seu olhar deles. Por dias seguidos, ficou aí sentado, sem comer nem beber, não se importando com chuva e vento, apenas contemplando até seus olhos absorverem, como uma esponja seca, aquilo que via. Desde então brilhava em tudo o que via, mesmo nas coisas mais insignificantes, aquela luz dourada do sol nascendo sobre o mar, transfigurando tudo com seu resplendor.

Por experiências semelhantes poderá esperar quem diariamente contemplar o sol pascal, pois "é impossível que uma pessoa olhe para o sol sem que seu rosto fique iluminado" (Bodelschwingh). Poderá esperar que seus olhos internos se encham de tanta luz, a ponto de transformar a morte bem como a vida. Do Papa João XXIII vem a palavra: "Veja, todos os dias penso no meu fim. E à medida que esse pensamento se me torna familiar, ele me mantém bem humorado e amável" (In: *Winterhalter*, p. 159). Um contemporâneo desconhecido lamenta: "Desaprendemos a descansar os olhos sobre algo, por isso reconhecemos tão pouca coisa!".

> *Síntese:* Com a ajuda dos "olhos do coração" (Ef 1,18) aproximamo-nos mais do misterioso "topo do monte ressurreição", perpassamos as primeiras camadas esparças do mar de nuvens e começamos a "sentir" sua proximidade.

Fontes: Theo Sorg. "Herz". In: *Theologisches Begriffslexikon zum Neuen Testament I*. 3. ed. Wuppertal, 1983, col. 681ss; H. Thielicke. *Ich Glaube*, p. 171; C. Winterhalter (ed.). *Vertieftes Leben*. Ein Buch zur geistlichen Betrachtung. 3. ed. Freiburg i. Br., 1981, p. 159.

3. Encorajado ao "salto" para a fé pascal

Com o auxílio da *razão* e graças ao *coração* já estamos parados *abaixo* do "topo do monte da ressurreição", mas ainda encobertos por uma espessa "nuvem". Como perpassá-la? O que fazer para superar esse último "empecilho"? Três aspectos terão de ser levados em conta.

1) A última etapa do caminho até o "topo" só poderá ser vencida pela *fé*. "Por mais convincentes que sejam todos os argumentos e sinais a favor da credibilidade do testemunho pascal, esse nos coloca diante de uma decisão pessoal, isto é, se lhe damos crédito ou não" (Kessler, p. 1187). Em outras palavras, só alcançamos o "topo do monte da ressurreição" mediante um "salto de fé" corajoso.

2) O exigido "salto de fé" – como visto acima – *não é um salto em um lago de águas turvas*, do qual não se sabe se tem a profundidade suficiente. Graças aos *argumentos da razão* e graças aos *conhecimentos profundos do coração*, o *risco* tornou-se calculável. Mesmo que razão e coração não puderam construir uma "plataforma de salto" segura para alcançar o "topo do monte da ressurreição", eles tornaram o percurso conhecido de tal modo que ele não terminasse como ilusão de ótica ou num abismo.

3) Apesar disso, não obstante as boas fundamentações oferecidas pela razão e a linguagem clara passando pelo coração, esse salto continua uma exigência que beira o absurdo. O "pico do monte da ressurreição" permanece encoberto enquanto vivemos. Quem quiser contemplar o mundo, o presente e o futuro, a partir desse topo, não terá outro acesso a não ser, munido de toda coragem, saltar cegamente para dentro da nuvem espessa.

A situação em que nos encontramos diante do mistério da ressurreição poderá ser ilustrada melhor do que por meio de muitos argumentos racionais através da experiência (autêntica, isto é, não inventada) com quatro filhotes de pardais:

> Durante quatro semanas não se via outra coisa senão o casal de passarinhos levando, incansavelmente, no bico minhocas, besouros e lagartas. Entravam por uma pequeníssima abertura da parede de concreto de uma sacada no segundo andar de um prédio, para chegar a uma caixa afixada na parte de dentro, bem protegida do vento, que servia de ninho. Chegou o dia, e cabecinhas de filhotes curiosos olhavam para fora da pequena abertura. O que viam do grande mundo era algo insignificantemente pouco: paredes cinzentas de concreto da pequena sacada e um pedaço do céu azul acima deles. Qualquer visão mais ampla estava-lhes cerceada pelas paredes da sacada. Não podiam nem sonhar com árvores e ramos, pois jamais tinham visto um exemplar. Também o arbusto que crescia cinco metros abaixo, em cujos galhos as primeiras folhinhas o ornamentavam, continuava oculto a seus olhos.

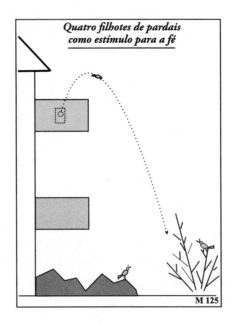

Quatro filhotes de pardais como estímulo para a fé

Após algumas semanas, veio finalmente o grande dia. Os pais voavam agitados de um lado para outro, do apoio da sacada procuravam atrair seus filhotes, mergulhavam até o arbusto abaixo para chamar mais alto ainda pelos filhotes. Faziam isso repetidas vezes por meia hora ou mais. Aí aconteceu o inesperado, de repente, em questão de fração de segundos. Um primeiro rosto de passarinho que se mostrara na abertura do ninho dando seus pios, agora de corpo inteiro se pôs para fora; arrisca um primeiro voo em forma de arco, transpõe o apoio da sacada e se atira nas profundezas pousando no arbusto onde os pais saltavam de galho em galho, chamando seus filhotes. O mais corajoso foi o primeiro a arriscar o salto; até o quarto e último filhote de pardal também reunir a coragem para dar seu salto levou uma tarde inteira.

É isso que acontece conosco também em relação à fé. Há 2000 anos a Igreja chama e convida a dar o "salto" para a fé pascal. Cada qual, individualmente, tem de arriscar esse "salto"; ninguém pode pedir que outro o faça em seu lugar. Como foi visto acima, não se trata de um "salto" num "lago" de águas turvas, mas mesmo assim persistem a incerteza e a insegurança. Quem, porém, assume esse "risco" e ousa dar o "salto" adquire "uma esperança viva" (1Pd 1,3) – para sua morte bem como para sua vida atual.

3.1 ... em cuja luz a morte perde muito de sua escuridão

Desde tempos imemoráveis o *ser* humano é atormentado pela pergunta pelo *fim*. Aonde nos conduz o caminho após a morte? Ao *sheol*, onde mortos como sombras levam uma existência sem alegria, como podemos verificar no Antigo Testamento? Ou dirigimo-nos ao *hades*, um mundo igualmente escuro e frio, como o acreditavam os gregos há 2000 anos? Ou ainda retornamos a este mundo, renascendo como seres superiores ou inferiores, como o afirmam hinduísmo e budismo? Não é de se admirar que muitos, diante de tantas opções, preferem mergulhar no nada e ser extintos completamente! Por isso também os agnósticos afirmam que o caminho do ser humano leva ao nada.

Quando no ano de 627 o monge e missionário Paulinus, durante sua viagem missionária a Nordengland, pediu na corte do rei Edwin permissão para pregar o cristianismo, um nobre solicitou a palavra em meio à discussão, dizendo:

Ó rei, se compararmos a vida presente do ser humano na terra com o tempo do qual nada sabemos, isto é, com o tempo anterior e posterior à morte, então isso me parece o voo rápido de um pardal pelo salão de festas no qual tu te encontras à mesa com teus conselheiros num dia de inverno. No centro do salão o fogo agradável da lareira aquece o ambiente enquanto lá fora agem tempestades de chuva e neve. O pardal voa entrando por uma porta e saindo por outra. Enquanto ele está lá dentro, ele está protegido das tempestades de inverno, mas após poucos momentos de calor agradável, ele desaparece novamente no mundo gélido de onde viera. Da mesma forma aparece o ser humano na terra por pouco tempo, mas daquilo que houve antes de sua vida e o que haverá após nada sabemos. Se a nova doutrina nos trouxer um saber seguro sobre o tempo após a morte, então me parece mais que correto que a sigamos (Beda. *History of the English Church and People* II.13).

De fato, a ressurreição de Jesus nos dá uma resposta clara à pergunta pelo "para onde" no fim da vida, fazendo com que a morte, esse temível "buraco negro" (*Glaubensverkündigung*, p. 517), perca muito de sua escuridão.

3.1.1 Iluminada pela ressurreição de Jesus, a morte torna-se um acesso à luz

"Ele foi ressuscitado"! soa o querigma pascal, e podemos acrescentar ele o foi "por Deus!", reproduzindo, assim, o passivo divino. *Deus* é o causador, *Deus* é o alvo da ressurreição de Jesus.

Com isso o caminho pelo qual também *nós* deveremos seguir após a morte foi prefixado. Desde a ressurreição de Jesus o discípulo de Jesus *sabe* mais. A ressurreição de Jesus não só lhe representa a *garantia* da própria ressurreição, mas também lhe serve de "sinalizador de caminho". Desde a Páscoa ele sabe que a morte não tem a última palavra e que ela não significa o fim; temos um futuro que "se encontra além da história terrena" (Mussner, p. 171). A Páscoa nos declara que nosso curso de vida não se interrompe com a morte, mas que corre para dentro da eternidade. A morte torna-se o acesso pelo qual ingressamos em outro mundo, torna-se a ponte que une duas margens. "Tu terás de atravessá-la corajosamente!" estimula o bispo e mestre da Igreja, Ambrósio de Milão (†397), os leitores de seu livro ao qual ele deu o título surpreendente "Sobre *o lado bom* da morte" (de *bono mortis*). "Pois a travessia leva da corruptibilidade para a incorruptibilidade, da mortalidade para a imortalidade, da confusão para o descanso."

Assim como Jesus ressuscita para dentro de *Deus*, também o nosso caminho na morte não nos distancia de Deus, mas nos leva para dentro de *Deus* – por mais incompreensível que possa parecer. Deus é essencialmente *luz*, descrevendo-o com o mais belo dos possíveis atributos. *Luz* é paráfrase para claridade, calor, bem-estar; em resumo, para vida. Por isso também "luz" e "vida" (gr. *phôs – zôe*) são as palavras preferidas, encontradas em epitáfios, cuja origem bíblica está firmemente enraizada no quarto evangelista (cf., por exemplo, Jo 8,12: "Eu sou a luz do mundo. Quem me segue... terá a *luz da vida*."). Quando as cortinas se erguerem na morte não vamos olhar para dentro de um buraco negro, mas para uma luz límpida (E. Stein). Vai aí mais uma imagem para ilustrar e firmar essa importante ideia: no fim de nossa trajetória de vida, lá onde transpomos o "monte" que separa os mundos, virá ao nosso encontro uma luz que aquece e deixa tudo claro (cf. M 126).

Nossa trajetória de vida – um caminho para a luz

M 126

Gostaríamos de ter maiores informações sobre o esperado mundo da luz, mas apoiados em Paulo, lamentavelmente, temos de constatar "o que os olhos não viram, os ouvidos não ouviram e o coração do homem não percebeu tudo o que preparou para os que o amam" (1Cor 2,9). O mundo de Deus no qual haveremos de entrar é *totalmente diferente* do atual. Mesmo assim, ele não nos parecerá tão estranho que não possamos nos sentir em casa. Talvez nos aconteça o que aconteceu ao cardeal americano Joseph Bernardin que encerra seu livro cativante – ainda poucos dias antes de sua morte, causada por câncer, no dia 14 de novembro de 1996 –, relatando uma experiência marcante de seus dias de vida saudável.

Muitas pessoas me pediram que lhes falasse do céu e da vida após a morte. Às vezes eu sorria quando me solicitavam isso, pois eu não sabia mais do que elas. Quando, contudo, um jovem me perguntou se eu estava contente de estar unido com Deus e todos os que me antecederam, tracei um paralelo com uma experiência (anterior). Quando viajei com minha mãe e minha irmã para Tonadico de Primiero, no norte da Itália, a terra natal de meus pais, eu tive a impressão de já ter estado lá. Depois de anos, em que havia folheado no álbum de fotos de minha mãe, eu conhecia as montanhas, as casas e as pessoas. Quando chegamos àquele vale, eu disse: 'Meu Deus, eu conheço este lugar; estou em casa'. Eu acredito que mais ou menos assim será a passagem desta para a vida eterna. Estarei em casa (p. 129s).

3.1.2 À luz da ressurreição de Jesus, a morte torna-se a hora do encontro

Saber que morremos *para dentro de Deus* é um primeiro consolo. Como discípulos de Jesus podemos dar um passo a mais, já que para nós Deus não é *id* impessoal, um ser destituído de pessoa. Na pessoa de Jesus, Deus se deu um rosto, tornou-se alguém que está diante de mim, transformou-se num *tu*. Desde a manifestação de Jesus sabemos como Deus pensa, sente e age. Na eternidade, o Deus todo-poderoso e totalmente santo não nos espera numa luz sem forma, como no hinduísmo; espera-nos numa *pessoa* concreta – um ser humano, que evidenciou seu amor e sua dedicação aos marginalizados da sociedade de então de uma forma palpável: doentes, publicanos, pecadores e mulheres; alguém que por meio de diversas parábolas deixou claro que vai atrás da ovelha perdida como um bom pastor, espera como um pai pelo filho perdido, correndo ao seu encontro para abraçá-lo. "Sim, eu creio na ressurreição", confessa o médico e terapeuta francês Paul Tornier, "mas diante da morte que se aproxima fica claro para mim que minha última segurança não se baseia tanto nessa doutrina e sim na relação íntima que me prende à pessoa de Jesus Cristo. Na morte, não estarei sozinho; estarei na companhia de Jesus que se defrontou com a morte... É *na ligação pessoal com Jesus Cristo* que se baseia a certeza" (p. 217s).

Quem já fez uma viagem ao exterior conhece esse sentimento: deixamos o *hall* de chegada do aeroporto, nervosos e inseguros, até que identificamos entre as muitas pessoas à espera atrás da barreira alfandegária aquela que será nosso guia. Muito do nosso medo se desfaz. Sabemos: a partir desse instante estamos nas mãos de um conhecedor do país, que tem apenas um objetivo, acompanhar-nos na viagem, conduzir-nos por caminhos seguros e mostrar as belezas de sua terra a nós.

É isso que nos acontecerá na morte: na ressurreição de Jesus foi nos dada a esperança de que ele nos espera, vindo ao nosso encontro e recebendo-nos como nosso *guia*. Mesmo que a expressão *guia turístico* é algo moderno, que ainda não está presente nos escritos neotestamentários, a coisa em si ocorre várias vezes. Assim, os Atos dos Apóstolos falam do "chefe/guia" (*archegós*) e do "príncipe da vida" (At 3,15), a Carta aos Hebreus, do "iniciador da salvação" (Hb 2,10) e do "iniciador e consumador" (Hb 12,2). A figura de Jesus como guia tem a melhor fundamentação bíblica possível, podemo-nos ater a ela e descrevê-la neste sentido: estamos sendo *esperados* no outro lado da fronteira da morte, e isso por alguém que nos conhece e nos chama por nosso nome. "Ele não nos questionará a respeito de culpa e justiça, mas nos atrairá a si com uma alegria infinita. Essa será a experiência propriamente dita de nossa morte: o amor, a bondade e a misericórdia de Deus" (Lohfink, p. 605ss). Quando na morte a porta se abrir, seremos bem-vindos. Quem ultrapassar o limiar da morte é VIP, uma *very important person*, uma pessoa importante.

Essa acolhida de saudação no limiar da morte é assegurada a cada um, mesmo àquele que não trabalhou mais de uma hora na vinha (cf. Mt 20,9), isto é, quem só à margem se interessou pelo reino de Deus e pouco se envolveu nele. Há que se ter em conta também que a cordialidade da acolhida tem a ver com a *intensidade da amizade*. Amizade não é uma via de mão única; amizade quer ser cultivada. Quem em vida tratou da relação com Jesus apenas no plano do conhecimento superficial não poderá esperar que, no outro lado da eternidade, o amigo esquecido lhe estenda um tapete vermelho.

A morte nos separa de nossos entes queridos neste mundo, mas abre-nos ao mesmo tempo o mundo dos que nos precederam. Lá não encontraremos apenas Jesus e seu círculo de discípulos mais próximo; a Jerusalém celestial é cidade com brilho de ouro, é salão de festas ornamentado e é formada de prados paradisíacos com espaço para uma humanidade por maior que ela possa ser. Cristãos são os únicos que diante da morte podem dizer "até a vista!". Podemos estar certos do reencontro "no outro lado" com todos aos quais estivemos ligados por laços de amizade, mas também com nosso "vizinho" pouco simpático. Sim, *teremos* de aceitar essa última inclusão, porque Deus não trairá seu ser que é puro amor por nossa causa. Aliás, nem nos oporíamos a isso, já que a lei divina do amor estará escrita em nossos corações (cf. Jr 31,33). Para Abbé Pierre (†2007), o sacerdote mais popular da França, graças a seu engajamento com os sem-teto em todo o mundo, a morte significa "o encontro mais fantástico que alguém poderá imaginar: o encontro com Deus e com aproximadamente 90 bilhões de pessoas que viveram antes de nós – não sei como isso acontecerá, mas estou convicto da simultaneidade desse encontro" (p. 108).

3.1.3 À luz da ressurreição de Jesus, a morte torna-se a hora da *coroação*...

Como Jesus foi *elevado* por Deus na ressurreição, também nós o seremos, contudo não como Jesus o foi na ressurreição, sendo colocado à direita de Deus, isto é, na posição do dominador dos mundos e juiz do fim dos tempos. Vários textos do Novo Testamento apontam para a "elevação" no sentido de "coroação" como recompensa: 1) Em *1Cor 9,25* Paulo motiva os coríntios valendo-se de uma comparação do mundo antigo do esporte: "Os atletas se abstêm de tudo; eles, para ganharem uma coroa perecível; nós, porém, para ganharmos uma *coroa imperecível*". 2) O escritor da primeira epístola de Pedro consola seus leitores com a promessa: "Assim, quando aparecer o supremo pastor, recebereis a *coroa imarcescível da glória*". 3) O autor da 2Tm 4,7-8 já vê agora "*a coroa da justiça*" reservada para ele. 4) A epístola de Tiago promete a *coroa da vida* a quem permanecer firme e for aprovado (cf. Tg 1,12), e o Apocalipse a assegura a quem for fiel até a morte (cf. Ap 2,10; 3,11).

Qual a feição concreta dessa *coroa de vitória* imperecível, dessa *coroa da glória* imarcescível e *coroa da vida*? – Diante desse impasse, a Bíblia recorre a diversas imagens. Trata-se de figuras que traduzem aflições, desejos e saudades daquele tempo, seguramente também ocultam experiências reais, vividas intensivamente em determinados momentos. Hoje, os autores, sem dúvida, recorreriam a outras imagens mais familiares de nosso tempo. Sejam lá quais forem essas imagens, elas sempre ficarão aquém da realidade a ser descrita; tratar-se-á de tentativas desesperadoras de aproximação com uma realidade inimaginável, impossível de ser apreendida em conceitos e imagens.

3.1.3.1 ... com nova vida

Na ressurreição Deus presenteia Jesus com *vida* – e esse é o primeiro aspecto (cf. M 13). Não o dota com vida terrena e imanente (como a deu a Lázaro, à filha de Jairo e ao jovem de Naim), mas com *vida escatológico-celestial*. "Vida do fim dos tempos" é resposta de Deus à *morte de Jesus*, "vida do fim dos tempos" é também a vida com que Deus nos presenteará na "porta da transcendência".

O significado dessa "nova vida do fim dos tempos" só podemos tentar descrever por meio de *analogias*. Das muitas figuras citadas nesse contexto (compare-se lagarta-borboleta; ninfa aquática-libélula), é a do embrião no útero da mãe ou a do recém-nascido que mais impressiona.

Apesar de estar envolto pelo útero e ter seus movimentos limitados, o *embrião* sente-se visivelmente bem na barriga da mãe. Aí dentro é escuro, reinam trevas até, onde nada se pode enxergar, mas é lugar agradavelmente aquecido onde dá para sentir-se em casa. Ele poderá sentir-se seguro, protegido por camadas de gordura e pelo peritônio. O que esse minúsculo corpo precisa para seu crescimento e desenvolvimento ele recebe pelo cordão umbilical, e em porções conforme suas necessidades. Sim, uma vida como ele pediu a Deus!

Agora, que vida é essa *após o nascimento!* Que liberdade, que luz, que largueza são essas, das quais nem sonhava porque não as conhecia! Quem observa recém-nascidos nos seus primeiros dias ficará admirado dos olhos grandes, dos dedinhos se estendendo, das perninhas em movimento e dos ouvidos atentos – tudo isso são tentativas temerosas para descobrir este mundo, repentinamente, novo e desconhecido. Sobre o rostinho de Annika com apenas dois dias de vida, mostram-se sinais de querer esboçar um sorriso – vestígios de alegria, da alegria de viver que acaba de descobrir. A vida pode ter perspectivas muito diversas!

É uma imagem eloquente, mas ainda continua fraca diante da "nova" vida além do limite da morte. Assim como o embrião não sabe o que o espera no nascimento, também nós não sabemos o que virá ao nosso encontro após a morte. Esta, porém, é a mensagem da ressurreição de Jesus – haveremos de *viver*. A vida não nos será tirada na morte, mas será transformada de tal forma que poderá ser comparada a uma *criação radicalmente nova*. É isso que também lemos no exórdio à morte católico: *Vita mutatur, non tollitur!*, isto é , "a vida será transformada e não tirada". A morte, portanto, é mais metamorfose do que destruição, não é fim, muito menos extinção, não é supressão, mas consumação (cf. Küng, p. 147).

3.1.3.2 ... com um lar preparado por Jesus

No Evangelho de João o ressuscitado se esquiva do "toque" de Maria de Magdala com o pedido: "Não me retenhas, pois ainda não subi ao Pai!" (Jo 20,17). Por que o ressuscitado não quer ser retido, por que sua pressa, ficamos sabendo em Jo 14,2: "Vou ao Pai *preparar-vos um lugar*" (gr. *tópos*). Não precisamos como as almas dos celtas irlandeses, segundo um costume antigo, lembrado no dia 31/10 de cada ano, andar errantes pelas noites em busca de um lar e assustando as pessoas com travessuras; algo que há alguns anos está sendo revitalizado com o Halloween. Ao contrário, Jesus nos tomará pela mão, conduzindo-nos para o "nosso lugar" (cf. Lc 14,10).

A declaração de Paulo, tentando descrever a pátria celestial, nasce de sua experiência profissional ao formular: "Sabemos, com efeito, que, se a nossa morada terrestre, esta tenda, for destruída, teremos no céu um *edifício, obra de Deus, morada eterna, não feita por mãos humanas*" (2Cor 5,1). Como artesão de tendas, ele conhece a diferença entre tenda e casa firme. No céu, finalmente, ele poderá se mudar para lá, o que sonhara uma vida inteira. A casa, que passará a ser seu lar, Deus mesmo ergueu.

O Apocalipse já nos preveniu de nos abstermos de uma descrição exata quando fala da nova Jerusalém: "Seu esplendor é como o de uma pedra preciosíssima, uma pedra de jaspe cristalino. Ela está cercada por muralha grossa e alta, com doze portas... O material de sua muralha é jaspe, e a cidade é de ouro puro, semelhante a um vidro límpido. Os alicerces da muralha da cidade são recamados com todo tipo de pedras preciosas... As doze portas são doze pérolas: cada uma das portas era feita de um só pérola. A praça da cidade é de ouro puro como cristal transparente" (Ap 21,10-12.18s.21). Sentimos a dificuldade do autor. Para expressar a singularidade da Nova Jerusalém, ele recorre em sua perplexidade a imagens que elevam sua descrição ao plano do irreal e fantástico. Não há como negar, o mundo de Deus é uma realidade *totalmente diferente*.

3.1.3.3 ... com um banquete festivo

A noção de "lugar", "morada", "casa" expressa pouca vivacidade. A imagem do *banquete festivo* parece ser de maior ajuda à nossa imaginação; encontra-se no Antigo Testamento (cf. Is 25,6-8) e também Jesus se vale dela para tornar perceptível a salvação escatológica trazida por ele. Aquele que chega à eternidade é recebido com o convite: "Vinde, já está tudo pronto!" (cf. Lc 14,17).

Num círculo descontraído teremos tempo – tempo para o deleite, tempo para a conversa, tempo para o riso. Não haverá mais luto, nem clamor, nem aflição (Ap 21,1-4), nossa felicidade será plena. É mais fácil imaginar do que descrever essa realidade, porque neste mundo experimentamos amor, paz, justiça e alegria apenas *de forma pontual*. Com o auxílio da imaginação aproximamo-nos, aos poucos, do que significa *plenitude da salvação;* especialmente quando nos conscientizamos dos raros momentos de felicidade, que nos preenchem por algumas frações de segundos, fazendo-nos quase perder os sentidos. Como diz Goethe a um desses momentos: "Fica um pouco, tu és tão belo!". O momento não se deixa reter, vai adiante. Na eternidade será diferente; Deus, como plenitude de toda a salvação, nos dá a certeza para tanto. A partir dessa lógica, no mundo de Deus não haverá realidades apenas pela metade: não haverá amor pela metade, nem justiça pela metade, nem alegria pela metade. Reinará unicamente a plenitude, porque ele mesmo a constitui!

Junto à mesa redonda, que se curva sob a fartura das dádivas da ceia, encontraremos o mundo (cf. Is 25,6-8). Sim, haverá um reencontro de todos os povos, raças e nações! Nessa festa estarão parentes, conhecidos e amigos, mas também os que outrora foram adversários e inimigos. Todas as guerras e disputas, todo ódio e toda inveja, toda desavença e rivalidade, seja lá com quem for, estarão esquecidos. Como um suave orvalho da manhã o *shalom* do fim dos tempos, com suas facetas de amor, paz, alegria e justiça, descerá sobre os convivas alegres e de um colorido tão diverso, e isso de forma definitiva e eternamente.

3.1.3.4 ... com a possibilidade de ver a Deus face a face

Mesmo que a saudade de estar com Deus esteja soterrada em muitas pessoas em nossa sociedade secular, ela continua fervilhando em todo ser humano como o pequeno gêiser vulcânico, ao qual falta a última força para lançar seus jatos ao ar. Jó confessa a seus três amigos os anseios de seu coração: "E depois que minha pele foi assim dilacerada, já sem a minha carne, verei a Deus; eu, sim, verei aquele que está a meu favor; meus olhos contemplarão quem não é um estranho" (Jó 19,26s). E Paulo escreve em sua Primeira Carta aos Coríntios: "Agora vemos em espelho e de maneira confusa, mas, depois, veremos face a face" (1Cor 13,12).

A *contemplação de Deus* – a quinta-essência da eternidade! Como imaginá-la? De forma alguma "como se estivéssemos sentados diante de uma estátua, contemplando-a incessantemente" (Pesch, p. 146s). Eternidade significa vida eterna e não descanso eterno. Deus é como um diamante com mil facetas. Independentemente de que lado eu contemple, ele reluz e brilha numa só luz. Terei uma eternidade inteira para contemplá-lo. Não será por demais enfadonho?

Uma lenda medieval fala de um monge que se perguntava se a eternidade não seria enfadonha. Completamente absorvido por seus pensamentos, ele vai à floresta, onde ouve um rouxinol cantar. Ele escuta atentamente. Depois de uma hora ele retorna ao convento, e ninguém o reconheceu. Disse seu nome e o do abade, mas ninguém se lembrava de seus nomes. Após consultar as crônicas antigas, constatou-se que haviam passado mil anos desde que ele saíra para a floresta. Enquanto ele espreitava o canto do rouxinol, o tempo havia parado. Também o ser humano na modernidade experimenta algo parecido. Quando ele vive, passa a admirar ou amar intensamente, as horas não contam. O tempo passa voando: um antegosto da eternidade... (*Glaubensverkündigung*, p. 537).

Síntese: desde a Páscoa a vida dança sobre as sepulturas

Quem visitar o cemitério nas noites do dia de Todos os Santos, no dia 1º de novembro, e de Todos os Mortos, no dia 2, em regiões católicas, ficará surpreso com o mar de luzes que encontra. Familiares, amigos e conhecidos acenderam velas sobre os túmulos de seus mortos. Nesse lugar, normalmente tão sombrio, reina quase um clima romântico. Observando à distância, pode-se ter a impressão de que uma multidão em festa se reunira aí junto às sepulturas.

Cemitérios não são depósitos para coisas de má aparência e mortas; cemitérios são muito mais jardins da vida. O "sol da Páscoa" nasce sobre os túmulos de nossos mortos graças à ressurreição de Jesus, anunciando nova vida (cf. M 127).

Cemitérios à luz do sol da Páscoa – jardins da vida

Fontes: Kessler. "Auferstehung Christi" III. Systematisch-theologisch. In: *LThK* 1 (1993), col. 1185-1190; *Glaubensverkündigung*, p. 517, 537; Mussner. *Auferstehung*, p. 171; Joseph Louis Bernardin. *Das Geschenk des Friedens*. Reflexionen aus der Zeit des Loslassens. 2. ed. München, 1999, p. 129s; Paul Tornier. *Erfülltes Leben*. Älterverden will gelernt sein. Berna, 1973, p. 217s; Gerhard Lohfink. *Was kommt nach dem Tod?* KatBl 100 (1975), p. 605-609; Abbé Pierre. *Mein Testament*. Augsburgo, 1995, p. 108; Hans Küng. *Christ sein*, p. 147; Otto Hermann Pesch. *Heute Gott erkennen*. Mainz, 1980, p. 146s.

3.2 ... em cuja luz a vida aqui e agora se transforma

A ressurreição de Jesus lança muita luz sobre a fronteira da morte e sua região limítrofe, a transcendência. Como se não bastasse, na *esperança de uma vida após a morte*, é dado ao discípulo de Jesus um "sol", em cuja luz já a vida aqui e agora se transforma, desde que ele olhe o suficiente para esse "sol pascal" (como o faz o terceiro filho do indiano, citado anteriormente. No passado, a Igreja, de uma forma unilateral, fixou seu olhar na transcendência falando de uma redenção de ansiedades, temores e aflições que aconteceria num outro mundo. "Seria isso de fato o essencial da proclamação de Cristo nos evangelhos e em Paulo? Eu contesto essa visão. A esperança cristã da ressurreição distingue-se da visão mitológica por remeter o ser humano para a vida sobre a terra, e isso de uma forma ainda mais acentuada do que o Antigo Testamento" (Bonhoeffer, p. 167). Perguntemo-nos, portanto, como *a vida aqui e agora* se transforma!

3.2.1 À luz da esperança da ressurreição, a vida *se torna menos tensa*

Para a pessoa agnóstica, concentrada na imanência e sem crer numa ressurreição após a morte, a vida compreende 50 a 60 anos, e se for vigorosa chega a 80 ou 90 anos. Ela tem no nascimento seu início, oficialmente registrado com exatidão, e na morte, seu fim constatado pelas autoridades competentes.

O que, à primeira vista, parecia uma viagem a um alvo distante evidencia-se como viagem penosa e rápida no "trem expresso da vida", e o tempo só voa embora, para dizê-lo em palavras proverbiais. E resta apenas o lema: *carpe diem!*, "aproveita o tempo!" "O que hoje deixares de fazer estará definitivamente perdido!" São palavras de ordem martelando nos ouvidos de uma sociedade sedenta de prazer e diversão. Em um tempo sentido como curto demais, vale a pena espremer ao máximo os poucos anos de vida como se espreme um limão, para que não se perca uma gota sequer. Pressa é a ordem do momento, pois o tempo é precioso. E, por favor, nada de falsos escrúpulos! Receios de ordem moral são completamente dispensáveis. O *slogan* "depois de mim só o dilúvio!" oculta egoísmo e ânsia por lucro. "O medo de deixar passar algo, de ter sido passado para trás, de viver à margem da vida é uma espécie de fome, amplamente difundida..." (Sir Isa Vermehren). Isso, naturalmente, traz consequências de longo alcance para a moral, mas também para a saúde.

Agora, a perspectiva se amplia tremendamente para quem espera uma vida após a morte. À luz da ressurreição de Jesus, seu olhar rompe o limite da morte e se estende eternidade adentro. Quem crê na ressurreição descobre o futuro. O efeito dessa perspectiva *ampliada* é perceptível: diferentemente daquele que é "do mundo", o cristão pode reagir de forma *tranquila*. O peso de uma vida bem-sucedida não se concentra mais no aqui e agora. O que lhe foi negado aqui, Deus o reservará na eternidade. Deus não permitirá que todas as pessoas que ficaram em desvantagem sejam consideradas, definitivamente, grandes perdedoras.

3.2.2 À luz da esperança da ressurreição, a vida ganha em profundidade

Soa deprimente o que o poeta russo Jewtuschenko (*1933), um destacado escritor lírico e ateísta confesso, escreve como síntese de uma vida: "Cada qual tem seu mundo próprio, secreto e pessoal. Neste mundo há o melhor momento e neste mundo há a hora mais terrível; tudo isso, no entanto, nos é oculto. Quando um ser humano morre, morre com ele sua primeira neve, seu primeiro beijo, sua primeira luta..., tudo isso ele leva consigo. O que sabemos sobre os amigos, os irmãos, o que, de fato, sabemos sobre a nossa gente mais querida?... As pessoas se vão... Aí não há retorno. Seus mundos secretos não poderão resistir. E sempre de novo eu gostaria de gritar essa condição do irrecuperável. Tudo se perderá, de forma irrecuperável, nada ficará".

O que o cristianismo tem a contrapor a uma perspectiva tão sombria e deprimente? Muita coisa! A partir da fé em uma vida após a morte, o cristão sabe que o momento não se basta a si mesmo. O que ele faz aqui e agora, por mais imperceptível que possa ser, tem um efeito que se estende eternidade adentro, tem valor eterno. O que ele doou em termos de amor, amizade, compreensão, paciência e ajuda; o que ele suportou em termos de sofrimento e dor ficará guardado no mundo de Deus; não se extingue simplesmente como um fogo sob um céu ao anoitecer.

Junto a Deus nada se perde, nem um grão de areia e nenhum pensamento; mesmo um sofrimento silencioso, no cubículo perdido no sótão de uma casa, é importante para ele; nenhuma lágrima e nenhum grito de dor desaparecem sem mais no lixo da história.

Nesse sentido Jesus conclama a um agir que tem eternidade no horizonte. Um homem ainda jovem lhe pergunta o que deveria fazer para ganhar a vida eterna e ele responde: "Vai, vende o que tens, dá aos pobres e terás um *tesouro no céu!*" (Mc 10,21; par. Mt/Lc). – No sermão da montanha encontra-se o conselho: "Não ajunteis para vós tesouros na terra, onde a traça e o caruncho os corroem e onde os ladrões arrombam e roubam!" (Mt 6,19s; par. Lc).

Quem age com vista à eternidade, age diferente – *será mais responsável, mais consciente e mais motivado*. Não o fará, necessariamente, por causa de sanções "celestiais", como se gosta de afirmar, mas porque a promessa libera forças inimagináveis. Para o ser humano um "céu" é irrenunciável!

Quem não tiver um "céu" para onde olhar afunda fácil e rapidamente no "brejo" do cotidiano. Por outro lado, com a eternidade no horizonte nasce uma motivação para os serviços mais insignificantes, duros e arriscados. "Quem tem um alvo, enfrenta mesmo estradas e caminhos em péssimas condições", afirma a beneditina Kyrilla Spiecker. A decadência moral e dos costumes tem a ver com a retirada da eternidade de nosso mundo.

3.2.3 À luz da esperança da ressurreição, a vida torna-se mais leve

No caminho por este mundo gememos sob cargas e pesos dos mais distintos; em parte, são de nossa própria responsabilidade e em parte o destino os reservou para nós.

1) Ruth Pfau, uma médica e freira que por décadas combateu doenças como a Hanseníase e outras, escreve em seu livro *Sem lágrimas para chorar*: "Eu acho a vida realmente desconcertante e revoltante. Experimentei tantas coisas, tantas coisas marcadas por sofrimento que não gostaria de reprimir no meu inconsciente..." (p. 28). Igualmente atingido, grita o sacerdote, monge e escritor de livros religiosos Carlos Caretto: "Tudo o que me cerca é terrivelmente incompleto, incompreensível, provisório, sofrido e arbitrário. Se não considerasse isso... um primeiro passo, ao qual outros se seguem..., eu me sentiria forçado a exigir de Deus prestação de

contas por ter feito as coisas de tão má qualidade, por ter criado um mundo tão cheio de buracos, incorporando terremotos e um céu tão louco a ponto de desencadear intempéries destruindo as cabanas de pobres pescadores" (Winterhalter, p. 183).

De fato, quem anda atentamente pelo mundo, sempre de novo se verá afligido por uma só pergunta: *Por quê? Por que* há poucos anos 26 alunos do primeiro ano do fundamental foram soterrados em meio a um terremoto por uma laje de concreto de sua escola? *Por que* uma mãe de 7 crianças pequenas morre de câncer? *Por que* 250.000 pessoas perdem sua vida em dezembro de 2004 por causa de uma onda gigante (Tsunami), e isso em questão de minutos? *Por quê?* Interrogam-se inúmeros seres humanos no mundo todo diante de uma miséria bradando aos céus.

Também para quem crê na ressurreição não há uma resposta satisfatória para as inúmeras perguntas sobre por quê. No entanto, para esse há uma esperança que poderá lançar luz sobre sua vida aqui e agora. A partir de sua fé ele sabe que chegará a hora em que poderá fazer perguntas, lançar um olhar sobre o plano de Deus e conhecer seus bastidores. É isso que o diferencia da pessoa agnóstica. Focado nessa hora, Ruth Pfau elabora cuidadosamente uma chamada "lista escatológica" contendo todas "as experiências e observações que não cabem numa imagem de um Deus do amor" (p. 28). Na hora de sua morte, ela pretende apresentá-la a Deus e pedir dele explicações. Também Carlos Caretto se consola com a ideia de que a hora da morte esclarecerá o nexo de todas as coisas, de que "na morte entenderá o porquê da vida" (p. 183).

2) Peter Wust (1884-1940), o filósofo de Rissenthal, uma pequena e pobre aldeia ao norte de Saarland (Alemanha), que não existe mais, expõe suas memórias biográficas em seu livro *Figuras e pensamentos* (1940): fora "descoberto" pelo pároco que, por vários anos, todas as tardes lhe dava aulas particulares, preparando-o para o ingresso no ginásio (2.º grau) que ficava na distante cidade de Trier; sem esse serviço dedicado e altruísta do pároco, com certeza nunca teria frequentado o segundo grau e cursado o ensino superior.

Como na vida de Peter Wust, também na de muitos outros há anjos em figura humana, demonstrando total desprendimento – pais, irmãos, professores, sacerdotes e outros. Feliz aquele que ainda em vida pode honrar e agradecer esse envolvimento, independentemente de que forma o faz! O que acontecerá àqueles que reconhecem tarde demais o que lhes foi presenteado, que na agitação dos anos em atividade profissional negligenciam a oportunidade da gratidão? A *dívida da gratidão* pode significar opressão e peso, justamente no nosso tempo que cobra por todo gesto. Para o discípulo de Jesus, a promessa do encontro na eternidade significa libertação. Lá haverá, finalmente, uma vez mais, a possibilidade de recuperar o que foi negligenciado, de expressar a gratidão, até então só possível no silêncio do seu interior.

3) Ainda mais difícil para nós é lidar com as histórias de *culpa*. Muita coisa só fazemos pela metade, outras de forma deficitária, e diante de algumas até fracassamos totalmente. Está aí um motorista embriagado que atinge um grupo de pedestres em alta velocidade matando a mãe de três filhos. Por meio de uma difamação alguém destrói a vida e a carreira de outro. Por inveja e maldade, um chefe nega a promoção a um funcionário, seu concorrente, deixando de reconhecer o que lhe garante o plano de carreira. Outro faz com que um terceiro perca todos os seus bens por causa de leviandade e falta de habilidade. A culpa tem muitas variações desde procedimentos ingênuos e simples até sofisticados e criminosos. Ninguém poderá se isentar de culpa, já que ninguém ficará poupado de horas de fraqueza humilhante e de fracasso vergonhoso. Olhando para a história de Israel, Paulo adverte a comunidade de Corinto: "Aquele que julga estar em pé, tome cuidado para não cair" (1Cor 10,12).

É muito raro que um indivíduo tenha sua consciência tão bloqueada a ponto de ficar insensível diante de prejuízos e destruições causados a outros e pelos quais tenha de responder pessoalmente. É mais frequente do que imaginamos que sentimentos de culpa corroam de forma insistente o interior de alguém, transformando sua vida num inferno até mesmo durante o sono; para alguns esses sentimentos brotam apenas no fim da vida. O que não ouviríamos de sacerdotes, psicoterapeutas e psicólogos se pudessem quebrar o sigilo?

Onde se abre aí uma oportunidade para que ocorra absolvição? No final, na eternidade poderei apresentar a Deus tudo o que me compromete e pedir seu perdão. "Tudo estará 'abolido', isto é, ficará sem efeito, graças ao poder terapêutico de Deus, a sua misericórdia" (Schladoth, p. 237s).

4) Uma notícia no ano de 1993 explodia como uma bomba; a televisão a transmitia nos horários nobres e os jornais a destacavam em suas manchetes: "O conhecido Cardeal Joseph Bernardin de Chicago incriminado por crimes de violência

sexual!" A notícia se manteve por semanas na mídia, também porque se inseria perfeitamente no contexto das acusações contra o clero norte-americano por conta de abusos sexuais e homossexuais. O acusado se defendeu e finalmente pôde desvendar a notícia como difamação maldosa de um ex-seminarista, querendo vingar-se do abuso sofrido por um sacerdote. Acontece o encontro entre o autor da difamação e o difamado, ao qual se segue a reconciliação. O relato desses acontecimentos publicado mais tarde em seu livrinho emocionante (cf. p. 29-48) soa autêntico, mas haverá quem o acredite? A difamação é como as plumas de um travesseiro rasgado que o vento espalhou em todas as direções. Como não é mais possível recolhê-las todas, também um boato maldoso não poderá mais ser completamente extinto.

Já Ben Sirá, no século II a.C., teme a "calúnia" (Eclo 26,5-7), pois "muda o bem em mal" (Eclo 11,31). Mesmo que seja uma rara exceção o que aconteceu ao Cardeal Bernardin, diariamente corremos o risco de ser "depenados" em nossa honra por línguas invejosas e maldosas, como uma cozinheira o faz com seu frango da sopa. Ao discípulo de Jesus resta a esperança de que virá o dia da reabilitação, o dia em que todos os nexos ficarão às claras, e todos serão declarados totalmente justos. Tudo isso alivia a carga que nessa vida está sobre os nossos ombros, mesmo que com frequência isso seja rejeitado como consolo barato. Na eternidade, Deus mesmo nos apresentará a toda a humanidade com nossas intenções honestas e íntegras.

3.2.4 À luz da esperança da ressurreição, a própria vida é iluminada

Nossa vida se parece menos a um passeio num parque bem cuidado, mas muito mais a uma caminhada numa trilha penosa. No trajeto haverá trechos mais planos e de fácil percurso, mas não faltarão travessias bem mais duras e subidas íngremes que exigirão de nós as últimas forças. Estarão representadas por doenças, dificuldades financeiras, problemas na profissão, na parceria da vida a dois ou na família. Poderão ser fases tão penosas que queiramos nos esconder e morrer como o fez Elias no deserto (1Rs 19,4). Como se evidencia aqui a esperança pela continuidade da vida?

Em Piemont, ao badalar dos primeiros sinos da Páscoa, as pessoas correm para o poço no meio da vila para lavar seus olhos da sujeira do ano que passou. Um costume cheio de simbolismo querendo mostrar que olhos iluminados pela luz da Páscoa enxergam com mais clareza do que a visão proporcionada por óculos.

Doenças, desastres e catástrofes continuam realidades cruéis mesmo para "olhos iluminados pela Páscoa", e, mesmo assim, perdem seu tom sombrio para as pessoas com essa nova visão. Em todos os casos, muitas pessoas que creem na ressurreição comprovaram que a partir da esperança após a morte aprenderam a lidar, de forma corajosa e ousada, com esses "monstros" apocalípticos. Dietrich Bonhoeffer sintetiza a sua experiência na declaração: "Quem conhece a Páscoa não poderá mais desesperar". Para Martin Gutl, quem crê na ressurreição dá "passadas firmes".

3.2.5 A esperança da ressurreição liberta a vida do medo paralisante da morte

O temor da morte deita-se sobre nossa vida como a sombra e, terá de se admitir, mais sobre uns do que sobre outros. Esse medo é compreensível, uma vez que na morte estamos a caminho de uma viagem rumo ao desconhecido, cheia de questões abertas. Ninguém sabe a duração dessa última caminha até a eternidade, quão penosa ela será e que esforços ela exigirá de nós. Seguro é que deixaremos para trás parentes e amigos, a quem até então podíamos recorrer; teremos de enfrentar sozinhos o caminho para a transcendência.

Desde a antiguidade, o mundo se modificou em muitos aspectos, mas uma coisa não mudou, seu temor diante da morte. Quando ela se aproxima, mesmo a pessoa mais forte torna-se criança que chora. O profeta Isaías, no século VIII a.C. escreve: "Por aquele tempo, adoeceu Ezequias de uma enfermidade mortal. O profeta Isaías, filho de Amós, veio procurá-lo e lhe disse: 'Assim diz Iahweh: Dá as tuas últimas ordens à tua casa porque hás de morrer; não te recuperarás!' Ezequias voltou-se para a parede e orou a Iahweh e disse: 'Ah, Iahweh, lembra-te de que tenho andado na tua presença com fidelidade e de coração inteiro, e fiz o que é agradável aos teus olhos'. E Ezequias verteu abundantes lágrimas" (Is 38,1-3).

Se em tempos antigos o morrer e a morte pertenciam à vida, hoje ambas as realidades são declaradas tabu, e isso numa medida assustadora. Reprimimos a morte e tudo o mais que se relaciona a ela, motivados pelo medo de sofrer alguma paralisia no nosso pensar e agir só porque vivenciamos a morte bem de perto. Nós procuramos afastar pessoas moribundas do nosso horizonte; reduzimos o contato com o próprio morto a uma breve despedida no cemitério e ocultamos debaixo o esquife ou a urna com os restos mortais sob um mar de flores. Não há dúvida de que a falta de uma ou da esperança da ressurreição pertença às causas de o morrer e a morte serem considerados tabus.

Há que se conceder que também o discípulo de Jesus, vivendo da esperança da ressurreição, não está completamente livre desses temores. O melhor exemplo disso é Karl Rahner (1904-1984), um teólogo, senão o maior, do século XX. Um pouco antes de sua morte, ao ser perguntado se sentia medo, disse diante das câmeras da televisão: "Eu diria que posso ter o direito de ter medo diante da morte. Aliás, Jesus também o experimentou no jardim das Oliveiras... Uma forma última e livre de dispor sobre a morte ou um último apelo estoico não posso aceitar; como se ao cristão fosse proibido, de antemão, ter medo diante da morte" (p. 118). Ao cristão, no entanto, sabendo o que está em jogo "não é possível sucumbir a um último horror da morte" (Winterhalter, p. 178). Quem formulou essa frase a confirmou pouco depois com a sua morte. Trata-se do Padre Alfred Delp, um dos que se opuseram ao nacional-socialismo (Alemanha). Segundo informações que temos, no dia 2 de fevereiro de 1944, pouco antes das 15h, com as mãos atadas nas costas, ele entra na sala de execução "de cabeça erguida e destemido" (p. 53) para, a seguir, morrer enforcado.

Também um velho monge beneditino viveu com o olhar firme voltado para a Páscoa, do qual um confrade narra o seguinte:

> Naquele tempo eu tinha a tarefa de fazer as celebrações e cuidar dos doentes do hospital (para onde o monge idoso fora levado para receber melhores cuidados). Numa manhã, após a missa, o médico me comunicou que o velho confrade não chegaria mais até o fim do dia. E acrescentou que o moribundo mereceria ser comunicado disso. Afinal, ele vivera de forma fiel e cuidadosa, e agora também *deveria* saber do seu estado real. Assim, assumi a dura caminhada até o leito do moribundo e me sentei junto a ele. Não lembro mais o quanto me faltava da necessária habilidade para conscientizá-lo de sua morte iminente. Recordo-me apenas do seu olhar pacífico e amável e atento às minhas palavras... Terminada a minha fala, o silêncio voltou a reinar entre nós. Então ele me disse: *Mas isso não acaba comigo!* (Pausch, p. 117s).

Lá onde o medo diante da morte diminui, abre-se espaço para a *alegria*. Não é o espaço para toda e qualquer alegria ruidosa da feira anual que acontece na região; trata-se antes da alegria silenciosa que acontece no fundo da nossa alma. Padre L. Wolker, que se tornou conhecido por causa de sua pastoral entre jovens, conta como certa vez ia ao sacramento da Páscoa, completamente abatido:

Aí me agarrou com força o confessor, um padre capuchinho idoso e me questionou: "Para que esse abatimento todo? É Páscoa! Agora, como penitência, o senhor reze cem vezes o aleluia (a aclamação pascal a ser traduzida por 'louvai a Iah[weh]!'). E nada mais, a não ser o aleluia!" (extraído de: W. Berger. *Das Jahr ist ein Atemzug Gottes*. Buxheim o. J.).

Conta-se do pastor evangélico e professor de Teologia, Karl Barth (†1968), que regularmente visitava o presídio de Basileia para celebrar cultos com presos e carcereiros. Após muitas visitas, já conhecia os presos pelo nome e, naturalmente, também suas tragédias. Ao visitar essa comunidade especial na manhã da Páscoa, percebeu imediatamente que faltava um dos presos. Pediu à comunidade reunida um pouco de paciência para ver por que o Sr. A. não se encontrava aí. Barth o encontrou completamente abatido em sua cela. Colocou seu braço sobre os ombros do preso e disse:

"Ei, Paule, hoje é Páscoa, não há motivo para tristeza. Vem comigo!" Juntos deixaram a cela e celebraram o culto pascal (segundo o Pastor Ulrich Pohl. "Zum Sonntag". In: *Neue Westfälische*, 18 de abril de 2003).

Síntese: Onde floresce a "rosa da ressurreição", a vida perde seu lado cruel!

Para quem crê em Cristo, a *morte* perdeu muito do seu horror, graças à ressurreição de Jesus. A esperança por uma ressurreição pessoal torna a vida *aqui e agora* clara e cheia de luz.

O mundo, o cotidiano, o trabalho – eles estão envolts e perpassados por um emaranhado de arame farpado e frio como símbolo de sua crueldade e desumanidade. "Sofrimento e penitência até a morte constituem esta vida!" lamenta o poeta indiano Tagore. Não há vida humana que seja poupada deles, mesmo que para cada habitante da terra tenha uma feição diferente. Para um terá o rosto da doença, por outro o do desemprego e da dificuldade financeira e para um terceiro terá o rosto da separação e da solidão. Tantas vidas humanas tantas "farpas", doendo e machucando!

Para o discípulo de Jesus, a "rosa da ressurreição" ou "rosa pascal" vem como ajuda (cf. M 128). Parece tão frágil e delicada que não iria sobreviver sem danos a um vento um pouco mais forte. Mas as aparências enganam! Onde a "rosa pascal" exala seu perfume, rompem-se a crueldade, a frieza e a severidade deste mundo, simbolizadas na figura do arame farpado. Para o teólogo Hemut Thielicke, a ressurreição é "uma flor encantadora, a cujo toque o mundo se transforma" (p. 171). Lamenta ter de constatar, no entanto, que "o ser humano não percebe que já carrega consigo a semente dessa flor. Somos pessoas que carregamos tudo no bolso o que poderia preencher nossa vida e que nos levaria ao destino de nossas saudades" (p. 171).

M 128

A "rosa pascal" não produz seu efeito por si mesma, não de forma automática e mecânica. Ela quer ser descoberta e cuidada. Como? Não com bons adubos e em clima quente, muito mais através do estudo dos textos pascais decisivos, por meio de *contemplação* e *meditação, oração* e *celebração*. À medida que se consegue fazer a "rosa pascal" florescer e exalar seu perfume, o cotidiano perde seus contornos cruéis.

Fontes: Dietrich Bonhoeffer. *Widerstand und Ergebung.* Briefe und Aufzeichnungen aus der Haft. 12. ed., editado por Eberhard Bethge. Gutersloh, 1983, p. 167; Ruth Pfau. *Wer keine tränen hat...Was mein leben trägt.* 2. ed. 2000, p. 28; C. Winterhalter (edit.). *Vertieftes Keben.* Ein Buch zur geistlichen Betrachtung. 3. ed. Freiburg, 1982, p. 183-185; Peter Wust. *Gestalten und Gedanken.* Rückblick auf mein Leben. 5. ed. München, 1961; Schladoth. *Glaube,* p. 237s; Joseph Louis Bernardin. *Das Geschenk des Friedens.* Reflexionen aus der Zeit des Loslassens. 2. ed. 1999, p. 29-48; Karl Rahner. "Der Gott unserer Zukunft". In: Idem. *Wo Gott mir begegnet ist.* Erfahrungen in unserer Zeit. Freiburg, 1965, p. 118-122; A. Delp. *Allen Dingen gewachsen sein.* Jahres-Lesebuch. Editado por F.-B. Schulte. Frankfurt, 2005, p. 53; J. Pausch. *Die Einheit leben.* Geistliche Wege im Alltag. Salzburg, 1987, p. 117s; Helmut Thielicke. *Ich glaube,* p. 171.

Bibliografia

BECKER, J. Das Evangelium nach Johannes. Kapitel 11-21. Gütersloh, 1984.

BEINERT, W. Das Christentum. Atem der Freiheit. 2. ed. Freibur i. Br., 2000.

_____. Tod und jenseits des Todes. Regensburg, 2000.

BLANK, J. Paulus und Jesus. Eine theologische Grundlegung. München, 1968.

_____. Das Evangelium nach Johannes 4/3. Düsseldorf, 1977.

BLANK, J. "Der Gott der Lebenden". In: FEINER, J.; VISCHER, L. (edit.). Neues Glaubensbuch. Der gemeinsame christliche Glaube. 7. ed. Freiburg, Zürich, 1973, p. 153-197.

BÖSEN, W. Galiläa als Lebensraum und Wirkungsfeld Jesu. 3. ed. Freiburg i. Br., 1998.

_____. Der letzte Tag Jesus von Nazaret. 4. ed. Freiburg i. Br., 1999.

BROER, I. Die Urgemeinde und das Grab Jesu. München, 1972.

BROER, I.; WERBICK, J. (ed.). "Der Herr ist wahrhaft auferstanden" (Lk 24,34) – Biblische und systematische Beiträge zur Entstehung des Osterglaubens. Stuttgart, 1988. (SBS 134)

BROWN R. E. Begegnungen mit dem Auferstandenen. Ein Begleiter durch die Osterevangelien. Würtzburg, 1997.

BULTMANN, R. Die Geschichte der synoptisichen Tradition. Göttingen, 1970. (FRLANT 29)

CAMPENHAUSEN, H. von. Der Ablauf der Osterereignisse und as leere Grab. 3. ed. Heidelberg, 1966.

CHARPENTIER, E. Führer durch das Neue Testament. Düsseldorf, 1983.

DORMEYER, D. Das Neue Testament im Rahmen der antiken Literaturgeschichte. Eine Einführung. Darmstadt, 1993.

DORMEYER, D.; GALINDO, F. Die Apostelgeschichte. Ein Kommentar für die Praxis. Stuttgart, 2003.

ERNST, J. Das Evangelium nach Lukas. 6. ed. Regensburg, 1993.

EVANGELISCHER Erwachsenenkatechismus. Kursbuch des Glaubens. 3. ed. Gutersloh, 1977.

FRANKEMÖLLE, H. Matthäus. Kommentar. Düsseldorf, 1997. v. 2.

GLAUBENSVERKÜNDIGUNG für Erwachsene. Deutsche Ausgabe des Holländischen Katechismus. Freibug i. Br., 1969.

GNILKA, J. Das Evangelium nach Markus: Mk 1-8,26. Zürich, Düsseldorf, 1978. v. 1; Das Evangelium nach Markus:Mk 8,27-16,20. Zürich, Düsseldorf, 1979. v.2.

_____. Das Matthäusevangelium:Mt 14,1-28,20. Freiburg i. BR., 1988. v.2.

GÖRG, M. Ein Haus im Totenreich. Jenseitsvorstellungen in Israel und Ägypten. Düsseldorf, 1998.

GUBLER, M.-L. Wer wälzt uns den Stein vom Grab? Die Botschaft von Jesu Auferweckung. Mainz, 1996.

GUBLER, M.-L. "Auferweckt als Erstling der Entschlafenen". In: BuK 1 (1997), p. 2-7.

GRASS, H. Ostergeschehen und Osterberichte. 3. ed. Göttingen, 1964.

GRUNDKURS Bibel. Neues Testament. Werkbuch für die Bibelarbeit mi Erwachsenen. Edit. pelo Katholisches Bibelwerk em colaboração com a Arbeitsstelle für Erwachsenenbildung (AStE) da Diocese de Rottenburg-Stuttgart. 4.ª parte: Die Botschaft von der Auferstehung Jesu. Von den ältesten Bekenntnissen zu den Ostererzählungen. Stuttgart, 1989.

GRUNDMANN, W. Das Evangelium nach Matthäus. 2. ed. Berlin, 1971. (Theologischer Handkommentar zum Neuen Testament 1.).

_____. Das Evangelium nach Markus. 7. ed. Berlin, 1977. (Theologischer Handkommentar zum Neuen Testament 2).

HOFFMANN, P. "Der Glaube an die Auferweckung Jesu in der neutestamentlichen Überlieferung". In: Idem. Studien zur Frühgeschichte der Jesusbewegung. Suttgart, 1994. p. 188-251.

KATHOLISCHER Erwachsenen-Katechismus. Das Glaubensbekenntnis der Kirche. Edit. pela Deutsche Bischofskonferenz. 2. ed. Kevelaer, Stuttgart, 1985.

KERTELGE, K. Markusevangelium. Würzburg, 1994. (NEB 2)

KESSLER, H. Sucht den Lebenden nicht bei den Toten. Die Auferstehung Jesu Christi in biblischer, fundamentaltheologischer und systematischer Sicht. Würtzburg, 1995.

KITTEL, G. Befreit aus dem Rachen des Todes. Tod und Todesüberwindung im Alten und Neues Testament. Göttingen, 1999.

KITTEL, G. "Das leere Grab als Zeichen für das überwundene Totenreich". In: ZThK 4 (1999). p. 458-479.

KLAUCK, H.-J. 1. Korintherbrief. 2. ed. Würzburg, 1987. (NEB 7)

KRATZ, R. Auferweckung als Befreiung. Eine Studie zur Passions- und Auferstehungstheologie des Matthäus (besonders Mt 27,62-28,15). Stuttgart, 1973. (SBS 65)

KREMER, J. Das älteste Zeugnis von der Auferstehung Christi. Eine Bibeltheologische Studie zur Aussage und Bedeutung von 1 Kor 15,1-11. 3. ed. Stuttgart, 1970. (SBS 17)

_____. ...denn sie warden leben. Sechs Kapitel über Tod, Auferstehung, Neues Leben. Stuttgart, 1972.

_____. Die Osterevangelien. Geschichten und Geshichte. 2. ed. Stuttgart, 1981.

KREMER, J. "Auferstehung Christi. I. Im Neuen Testament".In: LThK 1 (1993). col. 1177-1182.

KRUHÖFFER, G. Grundlinien des Glaubens. Ein biblisch-theologischer Leitfaden. Göttingen, 1989.

KÜNG, H. Ewiges Leben? München, 1982.

LAPIDE, P. Auferstehung. Ein jüdisches Glaubenserlebnis. 3. ed. Stuttgart, 1980.

LEHMANN, K. Auferweckt am dritten Tag nach der Schrift. Früheste Christologie, Bekenntnisbildung und Schriftauslegung im Lichte von 1Kor. 15,2-5. Freiburg i. Br., 1968. (QD 38)

LÜDEMANN, G. Die Auferstehung Jesu. Historie, Erfahrung, Theologie. Göttingen, 1994.

LOHFINK, G. "Der Ablauf der Osterereignisse und die Anfänge der Urgemeinde". In: ThQ 160 (1980). p. 162-176.

MERKLEIN, H. Die Jesusgeschichte – synoptisch gelesen. Stuttgart, 1994. (SBS 165)

MÜLLER, U. B. Die Entstehung des Glaubens an die Auferstehung Jesu. Historische Aspekte und Bedingungen. Stuttgart, 1998. (SBS 172)

MUSSNER, F. Die Auferstehung Jesu. München, 1969.

NAUCK, W. "Die Bedeutung des leeren Grabes für den Glauben an die Auferstehung". In: ZNW 47 (1956). p. 243-267.

NOCKE, F.-J. Eschatologie. Düsseldorf, 1982.

NÜTZEL, J. M. Da gingen ihnen die Augen auf. Wege zu österlichem Glauben. Freiburg i. Br., 1986.

OBERLINNER, L. (ed.). Auferstehung Jesu – Auferstehung der Christen. Deutungen des Osterglaubens. Freiburg i. Br., 1986. (QD 105)

PESCH, R. Das Markusevangelium. Kommentar zu Kap. 8,27-16,20. Freiburg i. Br., 1977. v. 2. (HThKNT 2,2)

PORSCH, F. Johannes-Evangelium. Stuttgart, 1988.

_____. Viele Stimmen – ein Glaube. Anfänge, Entfaltung und Grundzüge neutestamentlicher Theologie. Kevelaer, 1982.

RITT, H. "Die Frauen und die Osterbotschaft". Synopse der Grabesgeschichten (Mk 16,1-8; Mt 27,62-28,15; Lk 24,1-12; Joh 20,1-18). In: DAUTZENBERG, G; MERKLEIN, H.; MÜLLER, K. (ed.). Die Frau im Urchristentum. Freiburg i. Br., 1983. p. 117-133. (QD 95)

SCHEFFCZYK, L. "Auferstehung Jesu Christi". In: EuA 1 (1971). p. 19-29; EuA 2 (1976). p. 109-119.

SCHENKE, L. Auferstehungsverkündigung und leeres Grab. Eine traditionsgeschichtliche Untersuchung von Mk 16,1-8. 2. ed. Stuttgart, 1969. (SBS 33)

_____. Die Urgemeinde. Geschichtliche und Theologische Entwicklung. Stuttgart, 1990.

SCHIERSE, F. J. Christologie. Düsseldorf, 1979.

SCHILLEBEECKX, E. Jesus. Die Geschichte von einem Lebenden. 3. ed. Freiburg i. Br., 1975.

SCHLADOTH, P. Glaube im Alter. "Auch wenn ich alt und grau werde, verlässt du mich nicht." (Ps 70,9). Münster, 2004.

SCHLIER, H. Über die Auferstehung Jesu Christi. 3. ed. Einsiedeln, 1970.

SCHNACKENBURG, R. Das Johannesevangelium. (Joh 1-4). Freiburg i. Br., 1986. v. 1; Das Johannesevangelium. (Joh 5-12). Freiburg i. BR., 1971. vol. 2; Das Johannesevangelium. (Joh 13-21). Freiburg i. BR., 1975, v. 3. (HThKNT 4)

SCHNEIDER, G. Das Evangelium nach Lukas. Gütersloh, 1977. v. 1 e 2.

SCHOLL, N. Ein Bestseller entsteht: Das Matthäus-Evangelium. Regensburg, 1998.

SCHULZ, S. Das Evangelium nach Johannes. 16. ed. Göttingen, 1987.

SCHWEIZER, E. Jesus Christus im vielfältigen Zeugnis des Neuen Testaments. Münich, 1968.

_____. Das Evangelium nach Matthäus. 14. ed. Göttingen, 1976.

_____. Das Evangelium nach Markus. Göttingen, 1976.

_____. Jesus, das Gleichnis Gottes. Was wissen wir wirklich vom Leben Jesus? Göttingen, 1995.

SEIDENSTICKER, Ph. Die Auferstehung Jesus in der Botschaft der Evangelisten. Ein Traditionsgeschichtlicher Versuch zum Problem der Sicherung der Osterbotschaft in der apostolischen Zeit. 2. ed. Stuttgart, 1968. (SBS 26)

SÖLLE, D. Wählt das Leben. 4. ed. Stuttgart, 1986.

SPOTO, D. Jesus der Mann aus Nazareth. Sein Leben, seine Bedeutung, seine Geheimnisse. Hamburg, Wie, 1999.

STECHER, R. Ein Singen geht über die Erde. Österliche Bilder und Gedanken. 2. ed. Innsbruck, 1994.

STEMBERGER, G. Studien zum rabbinischen Judentum. Stuttgart, 1990.

THIELICKE, H. Ich glaube. Das Bekenntnis der Christen. Freiburg i. Br., 1971.

TRILLING, W. Fragen zur Geschichtlichkeit Jesu. 2. ed. Düsseldorf, 1967.

VÖGTLE, A. Die Dynamik des Anfangs. Leben und Fragen der jungen Kirche. Freiburg i. Br., 1988.

_____. Biblischer Osterglaube. Hintergründe – Deutungen – Herausforderungen. Neukirchen-Vluyn, 1999.

VÖGTLE, A.; PESCH, R. Wie kam es zum Osterglauben? Düsseldorf, 1975.

WALKER, P. Das Geheimnis des leeren Grabes. Ereignisse – Orte – Bedeutung. Würzburg, 2000.

WEISER, A. Was die Bibel Wunder nennt. 4. ed. Stuttgart, 1980.

_____. Die Apostelgeschichte. Gütersloh, 1981, v.1 e 2.

WENGST, K. Ostern – Ein wirkliches Gleichnis, eine wahre Geschichte. Zum neutestamentlichen Zeugnis von der Auferweckung Jesu. München, 1991.

_____. Bedrängte Gemeinde und verherrlichter Christus. Ein Versuch über das Johannesevangelium. 4. ed. München, 1992.

WERBICK, J. "Die Auferweckung Jesu – Gottes 'eschatologische Tat'"? Die theologische Rede vom Handeln Gottes und die historische Kritik. In: BROER, I.; WERBICK, J. (edit.). "Der Herr ist wahrhaft auferstanden" (Lc 24,34) – Biblische und systematische Beiträge zur Entstehung des Osterglaubens. Stuttgart, 1988. p. 81-133. (SBS 134)

WILCKENS, U. Auferstehung. Das biblische Auferstehungszeugnis historisch untersucht und erklärt. Gütersloh, 1974.

_____. Hoffnung gegen den Tod. Die Wirklichkeit der Auferstehung Jesu. 2. ed. Neuhausen-Stuttgart, 1997.

ZINK, J. Auferstehung – und am Ende ein Gehen ins Licht. Stuttgart, 1999.

Sumário

Siglas e abreviaturas..7

Prefácio...9

I. O que está em jogo na ressurreição de Jesus?....................13
  1. A ressurreição de Jesus como prova da divindade de Deus..................15
  2. A ressurreição como evidência da eleição singular de Jesus................17
  3. A ressurreição de Jesus como fonte geradora de um "novo" ser humano............22

II. Afinal, o que se entende por ressurreição?......................27
  1. Uma primeira aproximação..29
    1.1 "Ele foi ressuscitado" (grego, egérthe) como fórmula decisiva de fé........29
    1.2 Várias tentativas para chegar à precisão e interpretação........................30
    1.3 Sintetizado em duas "fórmulas breves"..33
  2. Outras buscas por precisão..35
    2.1 Maravilhosamente efetuado por Deus...35
    2.2 Realidades, não apenas imagens ou símbolos.......................................37
    2.3 ... mas realidades com qualidade própria..42
      2.3.1 Um evento observado por ninguém...42
      2.3.2 ... e não podendo ser descrito...45
      2.3.3 ... nem podendo ser comprovado..50
  Excurso I: Ancorado no Credo Apostólico..52

III. O que nos auxilia, hoje, no caminho à fé na ressurreição de Jesus? 79
  1. Os escritos do Antigo Testamento 80
    1.1 A ressurreição no AT, "um emocionante processo de conhecimento e aprendizagem" (Gisela Kittel) 81
      1.1.1 "Abandonado a mim mesmo entre os mortos, [...] dos quais já não te lembras" (Sl 88,6) 82
      1.1.2 "Se me deito no sheol, aí te encontro" (Sl 139,8) 83
      1.1.3 "E muitos dos que dormem no solo poeirento acordarão" (Dn 12,2) 85
      1.1.4 A esperança da ressurreição no período intertestamentário 87
    1.2 Interpretado corretamente pela Igreja primitiva 90
      1.2.1 A ressurreição de Jesus – sem base em textos isolados do AT... 90
      1.2.2 ...muito antes, interpretação da "grafia" de Deus em seu "manuscrito", documentado no AT 90
      1.2.3 Um contexto carente de elucidação 92
  2. As predições de Jesus 96
    2.1 Em que Jesus acreditava quanto à ressurreição? (Cf. Mc 12,18-27) 97
      2.1.1 Duas controvérsias entrelaçadas 97
      2.1.2 ... com uma mensagem dupla 99
    2.2 Jesus predisse sua ressurreição pessoal e antecipada? 101
      2.2.1 O sinal de Jonas (Mt 12,38-41, par. Lc 11,16.29-32) 101
      2.2.2 O assim chamado lóguion (dito) do templo 103
      2.2.3 As três predições de seu sofrimento (Mc 8; 9; 10, par. Mt / Lc) 105
  3. As condições das fontes 108
    3.1 Testemunhada em uma ampla tradição 108
    3.2 ... em uma tradição multifacetada de distintas formas literárias 109
    3.3 ... em tradições parcialmente muito antigas (cf. 1Cor 15,3-5) 112
    3.4 ... em uma tradição testada pela "acidez do tempo" (F. Werfel) 114
  4. As aparições do Ressuscitado 117
    4.1 Altamente significativas para a fé pascal 117
    4.2 Proclamadas na comunidade primitiva como fundamento da fé pascal 120
      4.2.1 As aparições – uma "prova" para Paulo (cf. 1Cor 15,5-8) 120

 4.2.2 Da descrença à adoração através de aparições (cf. Lc 24,1-53; At 1,3) 121
 4.2.3 "Ver" o ressuscitado – para João o caminho para a fé pascal
   (cf. Jo 20,1-29) 123
4.3 Têm sua facticidade assegurada... 124
 4.3.1 ... por uma espessa e concludente "nuvem de testemunhas" (Hb 12,1) 125
 4.3.2 ... a ser ampliada com pessoas não mencionadas 127
4.4 Mulheres como as primeiras testemunhas da aparição 129
 4.4.1 Duas fontes textuais (cf. Mt 28,9-10 e Jo 20,11-14) 129
 4.4.2 A fidelidade exemplar como forte argumento a favor 134
Excurso II: Quem foi Maria de Magdala? 136
 4.5 Controvérsias quanto ao como das aparições 145
 4.6 Atestadas na Galileia e em Jerusalém 165
 4.7 Apenas no dia da Páscoa ou ainda por quarenta dias ou até mais tempo 168
5. A sepultura vazia 172
 5.1 Qual a relevância da sepultura vazia para a ressurreição de Jesus? 172
  5.1.1 Altamente relevante para o judaísmo 172
  5.1.2 Menos relevante para nós hoje 174
 5.2 Onde e com que abrangência a sepultura vazia é atestada? 176
  5.2.1 Testificada apenas em quatro narrativas dos evangelhos... 176
  5.2.2 ... mas em duas tradições independentes (Mc 16,1-8/Jo 20,1-18) 178
  5.2.3 ... oriundas, claramente, de uma fonte antiga 180
 5.3 Como se explicam as muitas diferenças nas quatro histórias do túmulo? 182
  5.3.1 As diferenças em quatro aspectos relevantes 182
  5.3.2 Não são explicadas através de harmonizações 184
  5.3.3 Ao contrário, explicam-se a partir da personalidade dos evangelistas
     e do perfil de suas comunidades 185
 5.4 A sepultura estava realmente vazia naquela manhã de Páscoa? 188
  5.4.1 Dificilmente se trata de uma estrutura narrativa inventada
     a partir em um núcleo narrativo 188
  5.4.2 Tentativa de uma reconstrução dos acontecimentos na manhã da Páscoa ... 190
 5.5 Quem removeu a pedra da sepultura? 193

5.6 Um anjo na sepultura vazia, de fato, proclamou a ressurreição de Jesus?............ 196
    5.6.1 Uma dupla observação 197
    5.6.2 Um resultado inequívoco 198
5.7 Pode a sepultura vazia provar a ressurreição de Jesus? 201
    5.7.1 Não se trata de prova, por ter distintas explicações 201
    5.7.2 Não foi prova nem para a comunidade primitiva 203
5.8 A sepultura não foi vigiada por soldados o tempo todo? 205
5.9 Que significado a comunidade primitiva atribui à sepultura vazia? 209
    5.9.1 Para Paulo, não é digno de menção por estar
         subentendido (cf. 1Cor 15,3-5) 209
    5.9.2 Para Marcos, é relevante como sinal e confirmação da ressurreição 210
    5.9.3 Para Mateus, judeu, é algo indispensável 211
    5.9.4 Para Lucas, o túmulo vazio é relevante na controvérsia com leitores
         e opositores helenistas 214
    5.9.5 Para João, "um testemunho cabal" (Schnackenburg) 216
    5.9.6 É tema relevante ainda no século II d.C. 219
    5.9.7 Como se relacionam sepultura vazia e aparições? 221

6. As promessas do Ressuscitado 225
    6.1 A promessa do Espírito Santo (cf. Lc 24,49; At 1,4s.8; Jo 14-16) 226
        6.1.1 Duas tradições bem ancoradas 227
        6.1.2 A afirmação de auxílio efetivo no tempo após Jesus 229
    6.2 A promessa de presença constante (Mt 28,20) 232
        6.2.1 Provavelmente, um "lógion no Senhor" e não "do Senhor" (Grundmann) 233
        6.2.2 A promessa de presença auxiliadora até o fim dos tempos 235

7. O testemunho de discípulas e discípulos 240
    7.1 Um testemunho crítico 240
        7.1.1 Ainda duvidando chegam à fé no ressuscitado 240
        7.1.2 Céticos mesmo diante do testemunho de várias
            discípulas extremamente fiéis 242
    7.2 Testemunho existencial, isto é, confirmado pela própria vida 244

8. Mudanças históricas relevantes 247
   8.1 A troca do sábado sagrado pela antiga "segunda-feira" 247
   8.2 O culto totalmente diferente: comunhão de mesa em lugar de culto sacrificial.... 250

IV. Balanço crítico e perspectivas 255
   1. Ficando ainda mais seguro no caminho ao "topo do monte da ressurreição" ... 256
   2. Convidado a outra aproximação 257
   3. Encorajado ao "salto" para a fé pascal 261
      3.1 ... em cuja luz a morte perde muito de sua escuridão 263
         3.1.1 Iluminada pela ressurreição de Jesus, a morte torna-se um acesso à luz 264
         3.1.2 À luz da ressurreição de Jesus, a morte torna-se a hora do encontro 266
         3.1.3 À luz da ressurreição de Jesus, a morte torna-se a hora da coroação.......... 268
      3.2 ... em cuja luz a vida aqui e agora se transforma 273
         3.2.1 À luz da esperança da ressurreição, a vida se torna menos tensa 273
         3.2.2 À luz da esperança da ressurreição, a vida ganha em profundidade 274
         3.2.3 À luz da esperança da ressurreição, a vida torna-se mais leve 275
         3.2.4 À luz da esperança da ressurreição, a própria vida é iluminada 278
         3.2.5 A esperança da ressurreição liberta a vida do medo paralisante da morte... 279

Bibliografia 283

Impresso na gráfica da
Pia Sociedade Filhas de São Paulo
Via Raposo Tavares, km 19,145
05577-300 - São Paulo, SP - Brasil - 2015